장미를 위하여

그리고 **나를 찾아서**

장미를 위하여-그리고 나를 찾아서
홍태식 지음

초판 인쇄 2025년 08월 10일
초판 발행 2025년 08월 15일

지은이   홍태식
펴낸이   신현운
펴낸곳   연인M&B
기 획   여인화
디자인   이희정
마케팅   박한동
홍 보   정연순
등 록   2000년 3월 7일 제2-3037호
주 소   05056 서울특별시 광진구 자양로 73(자양동 628-25) 동원빌딩 5층 601호
전 화   (02)455-3987 팩스 02)3437-5975
홈주소   www.yeoninmb.co.kr
이메일   yeonin7@hanmail.net

값 17,000원

ⓒ 홍태식 2025 Printed in Korea

ISBN 978-89-6253-607-2 03810

* 이 책은 연인M&B가 저작권자와의 계약에 따라 발행한 것이므로 저자와 본사의 허락 없이는 어떠한 형태나 수단으로도 이 책의 내용을 이용하지 못합니다.

* 잘못된 책은 바꾸어 드립니다.

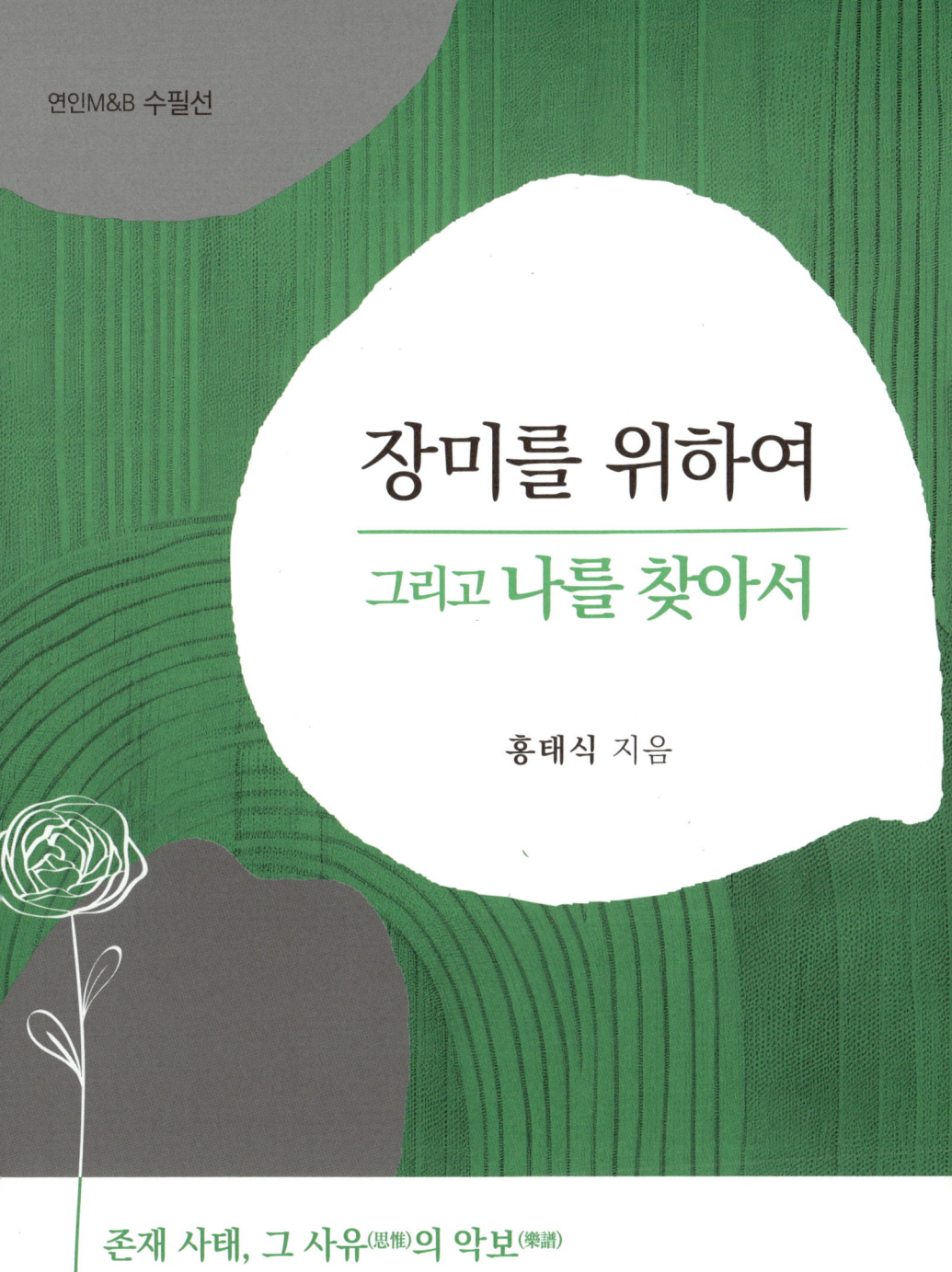

연인M&B 수필선

장미를 위하여
그리고 나를 찾아서

홍태식 지음

존재 사태, 그 사유(思惟)의 악보(樂譜)

동시에 나는 또 오늘 봄날 밤이 만들어 내는 이 낭만의 광장에서 일상에 대한 회의와 부정과 파괴, 그리고 그 대체물에 대한 강렬한 욕구, 그러기 위한 자기 혁신과 신생의 꿈을 그려 보게 된다. 이것이 이 봄날이 나에게 내리는 메시지요, 선물이라는 생각 때문이다.

연인M&B

프롤로그

변명
―수필에 대한 관견(管見)을 겸하여

    이전 어느 땐가 마땅한 강사를 구하지 못해 하는 수 없이 학과장이라 하여 내가 수필 강좌를 맡아서 3학기 정도 강의를 한 적이 있다. 그 무렵부터 내 머리를 떠나지 않고 있는 미해결의 의문점은, 도대체 수필이란 어떤 성격의 글을 말하는 것일까, 우리가 흔히 말하는 수필이라는 장르의 타 장르와의 차별화된 특성은 무엇인가 하는, 비록 진부하지만, 그러나 근본적인 물음에 관한 것이다. 수필을 가르친다는 사람이 자기가 가르치는 장르의 기본적인 개념도 잘 모르고 있다는 사실이 내심 부끄럽기 짝이 없었지만, 이것은 지금까지도 사실이다.
    수필 장르에 대한 일반적인 개념 규정, 혹은 정의는 교과서에 나와 있기는 하지만 그 자체가 막연하고 추상적이어서 수필이라는 미명하(美名下)에 온갖 잡문들이 수필로 행세할 수 있는 길을 열어 주고 있는 꼴밖에는 안 되고 있다. 대표적인 예로 수필을 붓 가는 대로 쓰는 글이라고 하는데, 붓 가는 대로 쓰는 글이라니, 글자의 뜻에만 충실한 이런 안일한 개념 규정이 결국은 온갖 잡문들이 수필이라는 명찰을 달고 문단을 어지럽히는 현상을 초래한 것이 아니겠는가.

　수필이 생활 보고문이나 신변잡기로 오인되는가 하면, 소녀적 감상이나 설익은 인생론을 피력하는 장으로 오용되고 있다는 이 혐의는 간혹 수필을 삼류 문학으로 보는 근거가 되기도 하고, 나아가 수필 무용론으로까지 연장되기도 한다. 생활 보고문이나 신변잡기는 분명 수필의 중요한 한 부분이지만 그야말로 보고문의 단계에서 머문다면 그것은 소재의 차원을 벗어나지 못한 습작 글짓기에 지나지 않는 것이 될 뿐이다. 이런 수필 문단의 현실을 보면서, 그리고 양산되는 수필가들을 보면서 이거 이러다가는 시인 공해 시대를 이어 수필가 공해 시대가 오는 것은 아닌가 하는 우려를 하지 않을 수 없게 된다.

　사실은 나도 시(詩) 또는 수필, 혹은 가능하다면 소설이라도 한 편 써 보고 싶다는 욕구는 있었지만, 그것들은 모두 내 능력 밖의 일임을 너무나 잘 알고 있었기에, 그리고 공해를 보태는 일이 될 것 같아서 생각 밖으로 미루어 놓고 있었는데, 한 십수 년 전인가, 우연한 기회에 수필가이신 대학 선배님을 만나 이런저런 얘기를 나누던 중에 당신이 관여하는 수필 계간지가 있는데 같이 한 번 활동해 보는 게 어떻겠냐고 하셔서 그 뒤로 가끔 이 문제를 생각해 오기는 했지만 역시 공해 수준을 넘지 못할 것이라는 판단에서 차일피일하다가 나중에는 잊어버리게 되었다. 그러다가 우연히 그 선배님을 다시 만난 자리에서 또 얘기가 나와 오랜 고민 끝에 몇 년 동안의 습작을 거쳐 추천심사위원회에 원고를 제출하게 되었고, 외람되게도 위원님들의 배려 덕분에 등단이라는 걸 하게 되었다.

그러나 나는 내가 쓴 글-이 책에 실린 글들이 과연 수필의 개념에 부합되는 것인지 알 수 없다는 점이 늘 마음에 걸린다. 수필에도 허구성이 필요한가를 두고 논란이 일어나는가 하면, 수필은 진솔한 생활의 고백이면 되지 더 이상 무엇이 필요한가라는, 어찌 보면 탈속한 듯한, 그러나 고식적인 태도로 볼 수밖에 없는 수필관에 대한 비판이 당연히 고개를 들고나와야 할 작금의 수필 문단의 현실에서 내가 깊은 성찰도 없이 같잖은 잡문을 매명(賣名)의 유혹에 빠져 들이민 것 같아 영 마음이 개운치를 않다. 희망 사항이지만 혹시 이후 내가 정말 좋은 수필을 쓸 수 있게 된다면 문제가 없겠지만, 그렇지 못하고 잡문 나부랭이를 글입네 하고 써 날린다면 이야말로 공해의 주범이 될 것이니 그런 죄를 지을까 염려된다는 것이다.

수필은 대범하게 말한다면 교양의 정신이 그 바탕을 이루고 있어야 한다. 교양은 사려 깊은 비평 정신을 그 중요한 내용으로 한다. 그것은 진실, 혹은 진리나 정의에 대한 분명한 이해와 태도를 전제로 하는 가치 지향의 정신이기도 하다. 교양은 그 사람의 전인격이 외면화되어 있는 것이기도 하고 정서적 내면적 위인(爲人)의 반영이기 때문에 거기에는 그 인간이 자연스럽게 드러나 보이게 마련이다. 소박하게 말한다면 이런 점을 수필이 지닌 고백적 성격이라 할 수 있을 것이다. 그러므로 수필의 고백성(告白性)은 사실의 실토가 아니라 인격과 개성, 식견과 인간성이 만들어 내는 한 사람의 가치관 내지는 세계관의 피력을 뜻하는 것이라 할 수 있다. 다시 말해서 수필에서 말하는 고백적 성격은 그 인간의 전인적 모습의 표출을 의미하는 것이다. 솔직하게 있는 그대로를 보여 주는 것은 그 하위의 부분적인 수필의 한 모습일 뿐이다.

한편 수필의 이런 성격이 독자 중심의 객관적 시점에서 파악한 수필의 중요 본질이라고 할 수 있다면, 이것을 뒤집어 글쓴이의 입장으로 보면 수필은 진정한 자기 자신(a genuine ego)을 다시 만나기 위해 나를 들여다보고 성찰하는 데에 또 하나의 뿌리를 둔 글쓰기가 된다. 그것은 언제인지 알 수 없는 그 어느 때부터 나를 떠나 망각의 피안(彼岸)으로 숨어 버린 진정한 자아를 찾아내어 지금 여기 차안(此岸)으로 데려오기 위한, 달리 말하면 자기 동일성(identity)의 확인과 회복을 위한 고된 자기 탐색의 작업이라는 점도 잊어서는 안 된다.

이 책에 실린 수필 상당수는 이런 '나를 들여다보고, 나를 찾아내기 위한 자기 탐색(quest)'을 그 주된 내용으로 삼고 있음도 여기서 밝혀 둔다.

또 하나 우리가 생각해 보아야 할 문제는, 시적 경지를 지향하는 수필이든 생활 속의 철학적 사유, 혹은 서사적 담론을 담아내고자 하는 수필이든 거기에는 어느 정도의 허구가 개입될 수밖에 없다는 점이다.

모든 문학은 신화적(神話的)인 말하기에서 출발한다. 아니, 문학은 신화가 잉태하고 낳은 자식이다. 신화는 상상력의 산물인 꾸며 낸 이야기, 이른바 가공(架空)의 진실로서 우리는 여기서 허구(fiction)의 원형(archetype)을 보게 되고, 아울러 허구는 비유(은유)와 상징, 과장(誇張)의 기술로 조립된다는 것도 알게 된다. 실제로 문학이 은유와 상징, 과장의 기술 위에 설 수밖에 없는 것은 이러한 근본에서 연유하는 것이다. 그런데 이런 신화적인 말하기가 종종 사실적인 말하기보다 더 인상적이고 삶의 진실에 직핍(直逼)하는 힘을 보여 줄 때가 있다. 이런 사실은 고대의 시가나 설화, 오늘의 시나 소설 등의 문학작품을 통해 분명하게 증명되고 있거니와, 신화적인 말하기는 비록 상상력의 산물이기는 하지만, 그 허구성이 만들어 내는 진실이 오히려 우리에게 얼마나 큰 감동과 깨달음을 주는가 하는 것은 새삼 말할 나위가 없다. 수필도 문학인 바에야 이 근본적인 원리를 벗어날 수 없음은 자명한 이치다.

　그러나 그것은 소설적 허구와는 달라야 한다. 애초에 존재하지 않는 것을 꾸며 내는 것이 아니라 수필의 소재에 윤택함과 공감의 힘을 더해 주는 데 필요한 최소한의 허구적 장치를 의미하는 것이다. 또 하나 허구는 문학작품의 미덕인 '재미'를 만들어 내는 요소임도 잊어서는 안 된다. 수필이 상상력을 제한한다는 점에 수필 문학의 한계가 있다는 일부 논자들의 오해를 불식시키기 위해서라도 이 허구적인 요소는 좀 더 적극적으로, 그리고 지혜롭게 활용되어야 할 것이다.

　나는 수필 이론가도 아니고 더구나 솜씨 좋은 수필가도 아니다. 나는 그저 우리 수필 문단에 수필의 본질에 부합하는 수작(秀作)들이 많이 나와서, 그리고 그런 작품들을 써내는 일류의 수필가들이 많이 나와 수필문학이 시나 소설과 어깨를 나란히 할 수 있는 날이 어서 오기를 기다리는 수필 애호가이자 그 지망생일 뿐이다. 단지 할 수만 있다면, 일찍이 우리 수필 문학사를 장식해 온 훌륭한 선배 수필가들의 업적에 누(累)가 되지 않도록 하고, 구미속초(狗尾續貂)를 면하기 어렵기는 하겠지만 그분들이 만드신 수필 문학의 영광을 재현하는 일에 일조할 수 있게 된다면 얼마나 좋을까 하는 생각은 가져 보게 된다.

비록 말석이라 눈에 띄지는 않는다 하더라도 한 자 한 획에 삼가고 조심하여 공해를 더하는 우(愚)를 범해서는 안 될 것이다. 오늘 나의 이 마음가짐이 부디 허영으로 끝나지 않기를, 그리고 주변 분들에게 폐를 끼치는 일이 되지 않기를 다짐해 본다.

책을 내기까지 주저하고 망설이는 나에게 용기를 주고 격려해 준 내 아내와 아들 내외들, 그리고 몇몇 문우(文友)들에게 내 고마운 마음을 한 아름 가득 이 책에 담아 전한다.

아울러 나를 이 길로 이끌어 주신 정동화 총장님, 고(故) 이현복 교수님, 임정원 『수필춘추』 발행인님과 책이 나오기까지 조언을 아끼지 않고 많은 도움을 준 '연인M&B'의 신현운 대표께 감사의 인사를 드린다.

2025, 을사(乙巳) 초하지제(初夏之際) 유당 씀

| 차례 |

프롤로그 변명   4

1 꽃이 준 선물

꽃이 준 선물   16
감우수상(甘雨隨想)   20
수영장에서   24
어느 비 오는 가을밤에   30
농사일과 무소유   34
장미를 위하여   39
집사람의 밤 줍기, 그리고 나   43
'혼자 있음'에 대하여   48
세한(歲寒) 초입(初入)에서   53
사월(四月)의 노래   58
5월의 찬미   61
서툰 농부의 어느 아침나절   66
청추한담(淸秋閑談)   70
제석감상(除夕感想)   75

2 제부도 일지

제부도 일지	82
성지순례기	86
서울대공원 작은 둘레길	94
문경, 예천을 다녀오다	98
대공원 눈길	103
등산 일기 초(抄)	107
부안, 예산, 당진을 다녀오다	114
자유와 평등, 그리고 복지(福祉)	121

3 생활 속의 아포리즘

생활 속의 아포리즘	132
현대사회와 문중(門中)	139
혼자 있음, 신독(愼獨)을 생각하다	144
내 친구들 이야기	148
동행기(同行記)	155
기회(機會)에 대하여	160
행복론	165
가을 일화(逸話)	171
친구들의 근황을 접하고	176
동기(同期)의 빈소(殯所)에서	179
막걸리를 두고 자유를 생각하다	183
노령(老齡) 오강(五綱)	188
시인과 그리움	195

4 장미의 계절에

꽃과 바람	200
단오(端午)의 추억	204
장미의 계절에	209
혹서수상(酷暑隨想)	213
중추가절, 친구들에게	217
가을비와 도토리	220
가을에 온 달그림자	225
눈, 그리고 장미와 시(詩)	228
볕이 좋은 날의 추억	234
폭설 유감	238
상강(霜降) 무렵에	243
동짓날 수상(隨想)	247
수호천사의 재림	251
설날의 변명	254

5 차이를 넘어서

'혼밥' 단상(斷想)	260
가뭄과 책임감	264
이양역우(以羊易牛)의 실현을 바라며	269
설날 후기(後記)	274
대통령 탄핵 정국 즈음, 아들들에게	279
차이를 넘어서	282
극중(克中)의 길	286
소설과 디지털 시대	292
불감증 사회	296
우크라이나 2제	300

작품 평설
존재 사태, 그 사유(思惟)의 악보(樂譜) · 한상렬	305

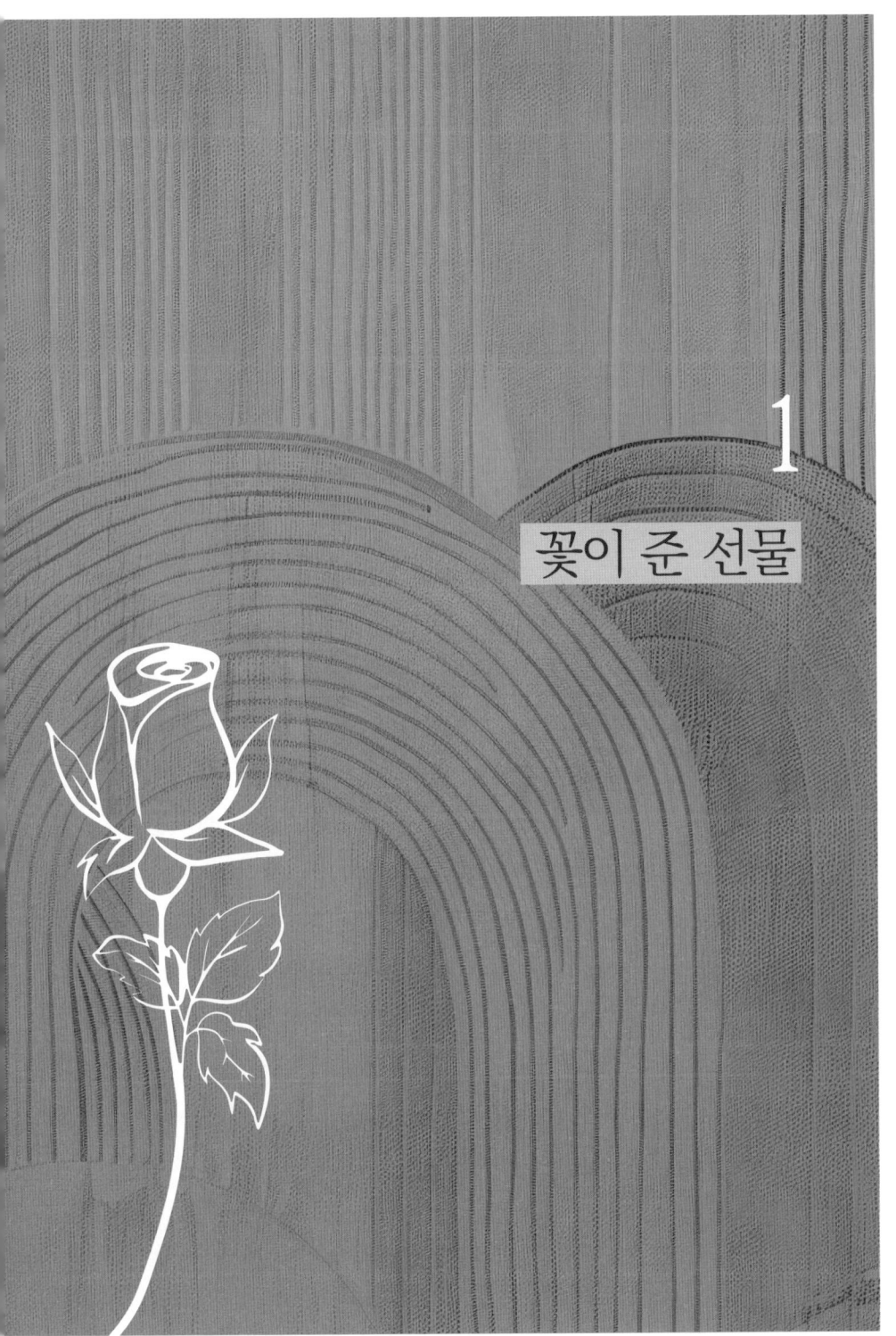
1
꽃이 준 선물

꽃이 준 선물
−신생(新生)의 꿈

　어제는 일기를 쓰면서도 3월의 마지막 날이라는 생각이 들지 않아서 그냥 무심코 지났는데, 오늘 일기를 쓰려고 앉으니 문득 어제가 3월의 마지막 날이었음이 생각났고 이어서 그러면 오늘은 4월의 첫날이지 하는 새삼스러운 깨달음도 왔다.
　한 달이 가고 새달이 시작되는 일이야 매달 겪는 일이지만 그래도 말일이면 벌써 한 달이 지나갔나 하는 정도의 감회라도 있기 마련인데, 어제오늘 그런 생각이 들지 않은 것은 아무래도 때 이른 고온(高溫)의 내습(來襲)과 더불어 느닷없이 우리를 포위해 버린 꽃들로 하여 계절 감각에 이상(異常)이 온 까닭이 아닌가 싶기도 하다. 유례없이 일시에 터져 나온 이 꽃들의 두서없는 개화의 행진에 어안이 벙벙해진 탓이라고나 할까, 한두 달에 걸쳐 차례로 나타나야 할 현상들이 하나의 시공간 속에서 만들어진 이 꽃들의 잔치에 잠시 환상의 세계로 빠져들지 않을 수 없었던 것이 그 이유일 성싶다는 것이다.
　기존의 질서에 염증을 느낀 반항아들이 혁신을 외치며 일시에 거리로 뛰쳐나오듯이, 그렇게 자연의 해묵은 질서를 거부하고 새로운 지구의 시계(時計)를 만들어 가고자 하는 꽃들의 반란이 목하 진행 중이다. 너무나 강력한 전통과 권위를 자랑하는 체제이기에 감히 반항이나 도전을 꿈조차 꿀 수 없었던 나라에도 기적처럼 어느 날 홀연히 변화의 거센 바람이 불어오듯이 그렇게 감히 누구도 넘볼 수 없는 대자연의 이법(理法)에 반기(反旗)를 들고, 올봄 백화(百花)가 일제히 함성을 지르고 있다.

일찍이 우리는 큰 홍수나 대폭설과 같은 기상이변도 자연이 부리는 조화(造化)의 한 모습이고 자연의 의지를 따라 일어나는 현상으로 파악해 왔지만, 요즈음 우리가 목격하고 있는 이 꽃들의 변고는 이와는 달리 해묵은 자연의 이법을 부정하고 거기에 변화와 활력을 주려는, 꽃들의 꽃처럼 아름다운 의지의 발현으로 읽힌다.

이 계절 저 꽃들의 무질서한 듯한 개화의 행진을 바라보면서 묵은 것을 깨뜨리고 새로운 것을 창조해 내야 한다는 우리들의 다짐은 지금 어떻게 되어 있는지를 새삼 돌아보게 된다. 비록 자연의 작은 일부분에 지나지 않지만, 자연의 이법을 향하여 반항의 몸짓을 보이는 듯한 저 꽃들의 변란에서 우리는 잃어버렸거나 왜소해진 우리들의 용기를 다시 회복해야 할 필요성을 깨닫게 된다.

그렇게 보면 엘리엇이 4월을 '잔인한 달'이라 노래하고 4.19의 젊은 함성이 이 계절에 터져 나온 것은 우연이 아님을 알 수 있다. 낡은 껍질에서 탈피하기 위해 치러야 할 대가로서의 고통을 우리는 4월의 생명들, 특히 올봄 저 아우성처럼 다투어 피어난 꽃들에서 확인할 수 있으니, 이들이 일찍이 시인에게 비상한 영감을 내려 불후의 시를 노래하게 하고 젊은이들의 가슴에 용기의 불꽃을 일으켜 혁명을 위하여 전진케 하고, 나아가 새 역사를 창조케 한 에너지의 한 원형임을 우리는 인정하지 않을 수 없다.

 그것을 순행하는 자연 현상의 한 모습으로 이해하든 기상이변이 초래한 한 양상으로 보든, 올봄 우리를 둘러싸고 있는 이 흔치 않은 꽃의 세계에 대한 체험은 분명 우리를 새로운 인식의 세계로 인도하고 있다. 자연의 조화 속으로 보면 언제든 생길 수 있는 현상인 것을 가지고 호들갑을 떤다든가, 과장과 비약이 심하다든가 하는 비난을 받을 수도 있겠지만, 우리가 언제 이렇게 강렬한 인상을 받아 본 적이 있었는가를 생각해 본다면, 이는 분명 감동을 수반하는 한 정서적 체험이기도 하고 지적 상상력을 불러일으키는 자극제와 같은 구실을 하고 있음도 부인할 수 없을 것이다. 이것은 나아가 우리 자신과 삶의 자세에 대하여 다시 성찰해 볼 수 있는 동기를 제공하고 있기도 하다.

 새로운 질서를 창조하기 위해서는 파괴와 혼돈의 과정을 거칠 수밖에 없다는 이 평범하고 진부해 보이기까지 하는 진술이 유달리 사유의 제목으로 떠오르는 요즘이다. 집으로 돌아오는 길에 지나게 되는 불광천의 벚꽃들이 그야말로 볼만한 광경을 연출하고 있다. 한껏 만발한 벚꽃들이 밤 조명을 받아 꽃구경을 나온 사람들 머리 위에서 만들어 내는 환상적이고 신비스럽기까지 한 분위기는 자못 감동적이라 해도 과언이 아니다. 벚꽃 명승지마다 그 축제를 일주일 이상 앞당겼다고 할 만큼 일찍 피어 만발한 이 시절의 백화들이 벚꽃을 중심으로 이제 그 절정을 향해 달려가고 있다.

 이러한 때, 이 드물게 얻게 되는 귀한 체험의 시간을 맞아 어떤 감흥이나 정서적 일렁임도 없다면 이 어찌 건조한 인생이 아니겠는가.

귀가만을 서두를 일이 아니다. 이제 차에서 내려, 많은 상춘객 틈이라 보행이 다소 불편하더라도 잠시 여유를 가지고 걸으면서 이 봄밤의 향연, '고인병촉야유(古人秉燭夜遊)'[1]의 아취를 흠모하고 그 아름다움을 완상하면서 이 봄의 축복을 만끽할 일이다. 그리고 그것을 감동적인 인상으로 가슴에 새겨 둘 일이다.

동시에 나는 또 오늘 봄날 밤이 만들어 내는 이 낭만의 광장에서 일상에 대한 회의와 부정과 파괴, 그리고 그 대체물에 대한 강렬한 욕구, 그러기 위한 자기 혁신과 신생의 꿈을 그려 보게 된다. 이것이 이 봄날이 나에게 내리는 메시지요, 선물이라는 생각 때문이다.

---

[1] 고인병촉야유(古人秉燭夜遊): 이백(李白)의 〈춘야연도리원서(春夜宴桃李園序)〉의 일절-옛사람들 촛불을 켜고 밤에 놀았다고 하는데, 다 까닭이 있었네(古人秉燭夜遊 良有以也)

감우수상(甘雨隨想)

비가 곧 내릴 것이라는 일기예보와는 달리 그렇게 비 한 방울 볼 수 없더니 오늘 오후부터 드디어 빗소리가 들리기 시작했다. 고양시 재난 대책본부에서는 오후 여섯 시부터 호우주의보가 있다고 알려 왔지만 아직은 강수량이 얼마 되지 않는다. 여름비라 같은 고양시라도 지역에 따라 호우가 내린 곳도 있을지 모르나 우리 동네를 중심으로 보면 빗줄기가 좀 굵어졌다 가늘어졌다 하면서 내리다가, 때로는 잠시 멈추기도 하는 비라 아직은 감질만 나게 하고 있다. 사람들 얘기로는 한 200mm는 와야 해갈이 될 거라고 하는데, 꿈같은 얘기다.

그러나 이것이 얼마만의 비인가. 보름 만에 내리는 귀한 비를 시우(時雨)라고 하지만 이번 비는 시우가 몇 번 겹친 비라고 해도 좋을 만큼 고마운 비다. 칠 년 대한(大旱) 끝에 만나는 감우(甘雨) 못지않은 고마운 비다. 하여튼 하늘에 감사할 일이다.

사람도 자연의 한 부분이라 날이 가물면 마음도 건조해지기 마련이어서 심정이 팍팍해지고 남을 대하는 마음에도 여유가 없어지기 마련이다. 거기에다 요즘처럼 날까지 더우면 불쾌지수가 높아져서 감정 조절이 어려워지고 매사에 짜증이 나서 주변과 좋은 관계를 유지하기 어렵게 된다. 하기야 어떤 경우라도 어느 정도 수양이 되어 있는 사람이라면 이것들을 적절히 제어할 수는 있겠지만, 그러자니 자연 스트레스를 받지 않을 수 없게 된다. 기상이 경제에 미치는 영향도 크다고 하지만 근본적으로 경제의 주체가 인간임을 생각하면 결국 인간의 심리 상태가 기상의 영향을 받기 때문에 경제에도 좋지 않은 영향을 미치게 되는 것이다. 기상정보가 현대사회에서 갈수록 큰 비중을 차지하는 까닭도 이런 것들에 있는 것이리라.

그동안 어디에 가 있었는지 찍소리조차 없던 맹꽁이와 개구리가 빗소리와 함께 울기 시작하더니 지금도 계속 울고 있어 여름밤의 정취를 회복해 주고 있다. 이런 때는 저 미물(微物)들의 소리도 생명이 활력을 얻어 가는 징표처럼 들려 괜히 마음이 편해지고 기분이 좋아진다. 저들도 긴 가뭄을 견뎌내느라 고생이 많았을 것이다. 나는 봄부터 바로 어제까지 밭에 물을 길어다 주는 노역으로 가뭄의 피해를 입었고, 저들은 물 있는 곳을 찾아다니느라 애태웠을 것이니 동병상련이요, 이제 비를 만나 잠시나마 시름을 덜었으니 동고동락이라, 이로 보건대 사람과 미물이 자연의 이치에 종속된다는 점에서는 하등 다를 것이 없는 미약한 존재임을 알게 된다. 우리가 만물의 영장이라고 저들을 우습게 볼 근거가 어디에도 없음을 새삼 깨닫게 된다. 모든 생명 있는 것들을 보듬는 자연의 섭리 안에서 함께 존중하면서 살아가야 할 일이다.

오늘은 비 덕분에 종일 집에서 이것저것 뒤적거리고 밀린 일도 하면서 소일하였다. 책 읽기, 바둑 공부, 원고 손질, 인터넷 검색, 전화 통화, 문자 주고받기 등도 해야 할 일이고, 때로는 좀 졸기도 하고, 집에 하루 종일 있어도 이런 정중동(靜中動)이 있어 시간이 언제 가는지 모르게 하루가 지나간다. 오늘은 밭작물에 물을 주러 나갈 시간쯤 해서 비가 내리기 시작한 까닭에 밭에 나가지 않고 시간을 벌 수 있어 제법 작업에 진도가 있었다. 우순풍조(雨順風調)란 농사일에만 좋은 영향을 주는 것이 아니라 인간 생활 전반에 긍정적 영향을 미친다는, 이 유현(幽玄)한 자연의 섭리를 또 깨닫게 된다. 오랜만에 내리는 비 덕분에 느닷없이 유식해진 기분이다.

반가운 비에 실려 온 소식인가, 그동안 뜸하여 안부가 궁금했던 내 친구 N이 어제 문자를 보내온 것에 뒤이어 오늘은 전화를 걸어왔다. 그 문자를 보니 마을버스 운전을 하는 게 아닌가 싶었는데, 그것은 사실이었다. 원래 가만히 있지를 못하는 성미인지라 뭔가를 해야 할 사람이지만 마을버스 운전은 내 예상에 없던 항목이라 당혹스럽기도 하고 어찌 보면 신선하기도 한 느낌이 들었다. 그는 얼마 전에 부동산중개인 시험을 통과하여 우리를 놀라게 한 일이 있는 터라, 그래서 그쪽 일이라도 하지 않겠나 생각했는데, 마을버스 운전이라 하니 그 의외성에 미소를 머금기도 했다. 전근대적인 노동 관행과 열악한 근무 조건이 가끔 사회적 문제가 되곤 하는 곳이 일부 운수업계인데 그가 체력적으로나 정서적으로 그 구조에 적응할 수 있을지 걱정된다. 무엇보다 건강이 염려된다.

본인은 기왕 시작한 일인데, 어렵다고 금방 그만둔다면 우선 자기 자신이 스스로 부끄럽고 집사람에게 체면이 서지 않으니 다문 몇 개월이라도 버텨 보겠다고 한다. 우리는 왜 늘 집사람 앞에서 체면을 세워야 하는 고난 속에서 살아가야 하는 것인지, 그것으로부터 해방될 날은 언제인지, 아니 그런 날이 오기나 하는 건지, 마음이 어쩐지 영 그렇다. 이제 우리 나이쯤이면 그 관습적인 '성(性)의 계약(契約)'으로부터 자유로워질 때가 되었는데도 말이다. 빗속에서 접한 친우의 소식이 반갑기도 하고 한편으로는 안쓰럽기도 하다. 하여튼 그의 분투를 격려하고 싶다. 그리고 그의 아름다운 도전, 남자의 자존심에 경의를 표한다.

조금 전에 들어온 집사람이 무슨 일인지 빨리 안방으로 와 보라고 호출한다. 뭔지 모르지만 자기가 혼자 해도 될 일을 또 나에게 시키려고 저러는 것이 틀림없다. 어디 살아온 날이 하루 이틀, 한두 해인가. '내가 하고 싶지 않은 일은 남에게도 시키지 말라[기소불욕 물시어인(己所不欲 勿施於人)]'는 성현의 말씀을 저 사람에게 다시 한 번 일깨워 줘야 할 것 같다. 그러나 나 또한 성의 계약으로부터 한 걸음도 벗어나지 못하고 있으니 친구 일만을 걱정하고 있을 때가 아니다. 뭐하냐고 재촉하는 집사람의 목소리가 빗소리와 맹꽁이, 개구리 울음소리를 뚫고 또 들려온다. 얼른 가 봐야겠다.

수영장에서

올여름 들어 처음으로 손주 놈들을 데리고 우리 식구들이 함께 수영장을 다녀왔다. 피서철 끝 무렵이라 다소 때가 늦은 감이 없지 않지만, 아이들이 너무 좋아하여 때가 이르고 늦은 것은 별문제가 되지 않았다.

우리가 간 일영 유원지의 J 수영장은 옛날 70년대 중반 그 부근에, 지금은 없어진 명지 풀장이 있을 무렵부터 운영되었던 곳으로 내가 여고(女高) 재직 시 학생들을 데리고 여름방학 수련회 겸해서 단체로 수영 연습을 하러 온 곳이기도 하고, 내가 대학으로 자리를 옮긴 뒤에는 신입생 O.T를 다녀간 곳이기도 하다. 그때가 거의 삼사십 년 전 이야기인데 그 제나 지금이나 뭐 크게 변한 것은 없는 것 같았지만 감회만은 새로웠다.

이래저래 서울 서북 지역에 살고 있는 사람들에게는 친숙한 곳이기도 하고 편하게 이용할 수 있는 곳이기도 해서 오랜만에 오늘 아이들을 데리고 이곳을 찾아온 것이다. 삼사십 년 전 옛날 내가 학생들을 데리고 처음 왔던 이곳에 오늘 손주들을 데리고 다시 찾아오니 옛일들이 어젠 듯 선명하게 떠오르고, 그 사이 이렇게 세월이 흘러 버렸음을 생각하니 새삼 세월의 덧없음을 실감하게 된다.

삼사십 년 전이면 내 나이 갓 서른을 넘긴 무렵이었으니 아직 어리다면 어린 나이지만 한편으로는 의욕과 패기가 충만한 때였음은 분명하다. 그래서 무슨 일에나 의욕적이었고 학생들을 인솔하고 야외로 나가는 일 등에는 늘 앞장을 서기도 하였다. 그 당시에는 학교에서 수업의 연장으로 학생들을 인솔하고 단체로, 요즘 식으로 말한다면 현장 체험 학습을 나오곤 하였는데, 그 대표적인 예가 단체 영화 관람이나 여름방학 무렵 수영장 수련회 등이었고, 때로는 국가적인 행사에 참여하거나(이 경우는 학생동원이라고 부정적으로 말하는 사람도 있지만) 하는 것들이었다.

요즘 같으면 사고 날까 겁나서 엄두도 못 낼 일들이지만 그때는 누구도 여기에 이의를 제기하거나 의문을 표시하는 사람은 없었고, 오히려 교육적으로 필요한 일임을 서로 강조하는 분위기였다. 당연히 학부모들도 이런 학교의 행사, 혹은 교육 방침에 대하여 의문을 갖거나 반대하거나 하는 사람은 전혀 없었다. 교육에 도움이 된다는 데에 학교, 학부모, 학생들 사이에 공감대가 형성되어 있었기 때문이다.

그러던 것이 언제부턴가 학부모들이 필요 이상으로 학교의 교육에 간섭하거나 이의를 제기하는 일 등이 빈발하면서 교사들이 학교에서의 수업 외에는 괜히 긁어 부스럼 만들 일이 뭐 있냐는 듯 소극적으로 변해 버리다 못해 아예 복지부동으로 돌아서게 되었고, 따라서 교육 현장의 다양한 모습과 활력이 자취를 감추게 되었다. 학교는 지덕체를 갖춘 인간을 만들어 내는 곳이기도 하지만, 동시에 정서적으로 아름다운 사람, 개성과 낭만을 구가할 줄 아는 멋진 인간, 세련된 교양인을 길러 내는 곳이기도 하다. 근간에 와서 과도한 입시 경쟁이 불러온 결과라고는 하지만, 이런 인간성 교육이 사라져 버린 우리의 교육 현장은 너무나 삭막하고 황량하여 교육 현장이 아니라 인간소외의 장이 되어 버린 것 같아 안타깝다.

하기야 신인류라는 말처럼 요즘 아이들은 우리 세대가 생각하는 인간성의 개념과는 다르게 인간성을 이해하고 있는지도 모른다. 요즘 아이들로서는 우리가 개성이라고 생각하는 것, 멋과 낭만이라고 생각하는 것은 그야말로 아날로그적인 낡은 사고방식으로만 느껴질 뿐 그 안에서 아무 감흥이나 공감을 가질 만한 개념을 발견하지 못하고 있는지도 모른다는 것이다.

디지털 시대의 사고와 행위의 기준은 분명 구시대와는 다른 것일 수밖에 없고, 그러한 아이들에게 학교에서 단체로 무엇을 시키려 하는 것은 어쩌면 시대착오적인 것일 수도 있다. 단체로 줄을 서서 극장으로 간다든가, 단체로 선생님의 인솔하에 수영장으로 수련회를 간다든가 하는 것은 먼 옛날 흑백사진으로 남아 있는 한 시대의 풍물일 뿐이지 이 시대의 현실적인 학교의 모습이 아닌 것만은 분명하다. 그러나 그런 줄 알면서도 마음 한구석에는 이런 낭만이나 다양성이 사라진 오늘의 교육 현실에 대하여 승복하기 어려운 안타까움이 여전히 떠나지 않고 있다.

시대의 흐름은 기본적으로 도덕성이나 윤리 의식, 나아가 인간에 대한 이해와 '인간적'이란 말의 개념에 대한 인식의 변화를 가져오기 마련이지만, 그 가운데서도 뭔가 이건 좀 더 따스한 그 무엇이 있어야 할 것 같고, 사람과 사람이 소박하게 어울리고 함께 환하게 웃을 수 있는 어떤 방식, 디지털적인 정확성보다는 아날로그적인 따뜻함이 살아 있는 복고적인 인간성의 회복이 교육 현장에 다시 살아나야 할 것이라는 생각을 떨칠 수 없다.

삼사십여 년 전 이 수영장에서 발랄하고 환하게 웃던 나의 학생들, 그들은 정서적으로 윤택하고 몸과 마음이 함께 건강한 아름다운 사람들이었다. 오늘 손주 놈들의 해맑게 웃는 얼굴 위로, 그리고 먼 산등성이 너머로 떠가는 구름 위에 그 옛날 티 없이 맑게 웃던 나의 학생들의 얼굴들이 오버랩 되어 왔다.

점심시간이 지나면서 날도 더워 오고 하여 나도 옷을 갈아입고 수영장으로 들어가 손주 놈들과 어울려 놀기도 하고, 삼가야 하는 줄 알면서도 기분도 그렇지 않고 하여 막걸리와 소주를 마시기도 하였다. 그런데 그것이 좀 과하였다. 자연히 기분은 좋아졌지만 아무래도 속은 더 나빠졌음이 분명하다. 그러나 어쩌랴, 사람이 한결같이 자신에게 엄격하기도 어렵고, 더욱이나 나같이 심지가 굳지 못한 사람은 한없이 자신에게 너그러워지기 쉬운 것을. 게다가 우리가 그래서는 안 되는 줄 알면서도 합리화를 통해 자기를 방어하는 편안함에 길들여져 있으니.

유(類)가 다르기는 하지만 송강(松江) 정철도 그래서 끝내 술을 끊지 못한 것은 아닐까? 마음이 약해서, 어떤 인간적인 아픔 때문에. 그리고 현실이 우리에게 보여 주지 못하는 모종의 또 다른 가능성의 세계를 그는 술을 통하여 보려고 했던 것은 아닐까? 그가 일시 술을 끊고 나서 읊은 시 〈이단주(已斷酒)〉에서 '술 속에 묘리가 있다고 하지만 나는 그것을 모르겠네(酒中有妙吾不知)'라고 반복하고 있음을 보면 선생이 왜 음주에 탐닉했는가를 짐작할 수 있는데, 그것은 이상과 현실의 괴리에서 오는 갈등과 절망감을 극복하기 위하였음이 아닐까 하는 점이다.

그러나 그것만이 그가 술을 통음(痛飮)한 이유는 아닐 것 같다는 생각이 든다. 송강 선생을 나의 이야기에 끌어들이는 것은 가당치도 않은 일이지만, 나는 송강 선생의 진심을 정말 알고 싶다. 물론 그분은 우리 국문학사에 가장 크게 그 이름을 남기신 분이니 그분의 음주는 우리 같은 범부(凡夫)들의 그것과는 전연 다른 의미를 지니고 있음은 틀림없지만, 무엇이 그분에게 그렇게 술을 사랑하게 만들었을까?

그는 이번에는 〈미단주(未斷酒)〉에서 가인(佳人), 즉 임금을 볼 수 없는 외로움 때문에 문을 닫아걸게 되었다(술을 다시 마시게 되었다)고 노래하고 있는데, 요점은 외로움과 쓸쓸함이, 그리고 무엇보다 그리움이 술을 끊지 못하는 이유라는 것이다.

시선 이백, 시성 두보도 그래서 일생을 술과 함께한 것일지도 모른다. 역시 고독과 그리움일까? 그들에게 술을 사랑하고 시를 쓰게 한 것은. 음주를 통하여 발견하게 되는 또 다른 세계, 그것은 그들이 추구한 이상의 경지일 수도 있고, 그들이 현실의 고난과 그리움에서 오는 아픔을 피하여 숨어들고 싶었던 안식처였을지도 모른다. 끊임없이 채워도 채워지지 않는 그리움과 고독, 그 뒤를 이어 찾아오는 허무감, 그리고 결핍에 대한 보상의 욕구가 그들을 술과 시로 인도한 것이라고 한다면 억측일까. 그러나 그들이 모두 불운하였다는 사실로 보면 그런 생각이 억측만은 아닐 것이라는 생각도 든다.

즐거운 시간을 보내고 집으로 돌아오는 길인데도 어쩐지 마음 한

구석이 개운하지 못했는데, 그것은 아이들, 특히 며느리들 앞에서 또 체모를 지키지 못하고 음주에 탐닉했다는 자책감 때문이었다. 무슨 시인의 그리움이나 그것을 시로 풀어내는 재주도 없으면서 그저 술 마시는 것이나 흉내 내는 이 경망스러움을 이 나이가 되도록 벗어나지 못하고 있는 나 자신을 나는 어이없이 바라보았다.

그러나 뭐 사람은 죽는 날까지 무엇인가를 배우고 고치고, 그러면서 한편으로는 여전히 시행착오를 범하는 존재라고들 하니 그런 사실에 의지하여 나를 위로해 보기도 했다. 역시 나는 참 편하게 세상을 사는 사람이다. 그러나 그 사실이 오늘은 왠지 자꾸 부끄러워졌다.

어느 비 오는 가을밤에

　오후 늦게부터 비가 온다는 예보가 있긴 했지만, 아침부터 날이 흐려 우중충하였다. 가을이라고 매일 하늘이 맑고 푸를 수는 없는 일이지만 날이 흐려지면 가을비가 몰고 올 그 처연한 정경과 스산해질 마음이 먼저 생각나 기분이 언짢아지곤 한다.
　구양수(歐陽脩)[2]도 〈추성부(秋聲賦)〉에서 가을이 오는 소리를 '석력(淅瀝)'[3]과 '소삽(蕭颯)'[4]으로 읊은 바 있지만, 이번에 오는 비는 그 시기로 보아 하룻밤에 모든 나뭇잎을 떨구게 할 것이 분명하다. 그래서 그는 이어서 가을의 빛을 슬프고 처량하다 하고 그 기운은 '율렬(慄洌)'[5]하다 했을 것이다.
　가을을 불러오는 비와 바람이 나뭇잎을 스치면 나무는 그것을 감당하지 못해 낙엽을 쏟아 내게 되고 하루 이틀 사이에 산천은 황량한 적막강산으로 변하게 되는 계절의 이치를, 그는 '夫秋刑官也…又

---

[2] 구양수(歐陽修): 중국 북송 시대의 정치가, 문인, 학자. 당송팔대가의 한 사람
[3] 석력(淅瀝): 비가 주룩주룩 내리는 소리
[4] 소삽(蕭颯): 바람이 울리는 소리
[5] 율렬(慄洌): 몸에 스미도록 차갑다

兵象也⁽부추형관야…우병상야⁾'⁶⁾, 즉 형관이 형을 집행하는 모습이나 군대들의 병장기가 사람이나 사물을 상하게 하는 형상으로 표현했는데, 이는 가을이 소멸의 시간 겨울을 준비하는 불가항력적인 조락의 이치를 설파한 것이다. 이것은 나무들을 통해 본 가을의 의미지만 우리 인간의 삶도 자연의 이치를 거역할 수 없음을 그는 이 가을 소리를 통하여 투시하고 있기도 하다.

오늘 밤 만추에 깊이를 더하는 가을비가 가랑비로 내리고 있다. 큰 비바람은 아니지만 가늘게 내리는 이 빗속에도 겨울의 차가움이 숨어 있어 우리의 마음을 슬프고 처량하게 만들고 있다. 아침 산책 가는 길가 은행나무 밑에 세워 놓은 자동차 위에 은행 낙엽이 조금씩 쌓이더니 어제오늘 사이에는 차를 온통 노랗게 뒤덮고 있어 나무를 쳐다보았더니 그새 그 은행나무는 나목이 되어 있었다. 산으로 오르는 길에도 하루가 다르게 낙엽이 쌓여 가고 있어 낙목한천의 서늘함이 시시각각 그 도를 더해 가고 있음을 실감케 된다. 내일 새벽 비가 그치고 나면 형을 집행하고 병사를 몰아간 자취가 우리의 마음을 참담⁽慘憺⁾하게 할 것이다. 그러나 너무 상심할 일은 아닌 것이 그것이 생명 있는 것들이 맞이할 수밖에 없는 자연의 이치인 까닭이다. 우리가 가을의 조락에 상심하는 것은 거기에서 우리의 쇠락과 깊고 어두운 이별의 시간을 예감하고 있기 때문이다. 그러나 이 또한 저항이 불가능한 삶의 행로임을 어찌하랴.

구양수는 한편으로는 슬프고 처량한 마음을 몰고 온다고 하여 어찌 '가을의 소리'를 원망할 수 있겠는가 라고 반문하면서, 이는 인간의 쇠락은 불가항력적인 자연의 이치이기도 하지만 인간 스스로

---

6) 부추형관야…우병상야(夫秋刑官也…又兵象也): 대저 가을은 형을 집행하는 관리와 같고… 병장기처럼 생명체를 상하게 하기도 한다.

가 불러오는 재앙이기도 한 것이니, 인간이 자기 능력 밖의 일을 탐하는 데서 그 몸이 고목처럼 되고 머리가 하얗게 세게 되기 때문이라 갈파하고 있다. 자신의 힘이나 지혜가 닿지 못하는 일을 걱정하고 근심하는 것이 인간의 병통이며 인간의 불행임을 탄식하고 있는 것이다. 그는 추성(秋聲)을 통하여 인간성에 대한 깊은 성찰과 반성을 보여 주고 있다 할 것이다.

그러나 우리는 따스한 가을의 양광과 그 햇살 아래 눈부신 색깔을 자랑하는 국화의 자태를 사랑할 수 있으니, 이것은 가을이 우리에게 내리는 축복이다. 가을이 숲을 몰락으로 몰아가기도 하지만 그 직전에 보여 주는 모습은 '청명하여 하늘은 높고 해는 밝아 눈부시고(其容淸明, 天高日晶)'[7], 이월(二月)의 꽃보다 아름다운 홍엽(紅葉)으로 온 산을 물들이는 것이니 이러한 은택으로 우리의 상심은 충분히 보상을 받고도 남음이 있는 것이다.

이별과 소멸의 시간은 우리를 슬프게 하지만, 그것이 또 새로운 생명의 잔치를 약속하는 희망의 시간으로 이어진다는 것을 알고 있기에 이 가을 우리는 슬프기만 한 것은 아니다. 높푸른 하늘과 노란 국화 꽃잎과 은행잎, 그리고 단풍의 향연은 긴 인내의 시간으로 들어가는 우리에게 자연이 건네는 희망과 부활의 메시지임을 새삼 확인하게 된다.

야심한 이 시각 아직도 비가 내리고 있는 모양이다. 아직 잠자리에 들지 않은 집사람이 창문을 열더니 '어이 추워, 아직도 비가 오네.' 하면서 얼른 창을 닫는다.

구양수가 들었던 '충성(蟲聲)'은 거의 자취를 감춘 때인지라 사위가

---

[7] 기용청명 천고일정(其容淸明 天高日晶): 〈추성부〉의 일절

그저 고요하기만 하고 가랑비라 비 내리는 소리도 들리지 않는다. 내일 비 그친 뒤의 맑고 투명한 높푸른 가을 하늘을 볼 수 있으리라는 기대감이 마음 한구석에 슬며시 자리를 잡는다.

슬픔에 잠기지 말자. 충만한 가을의 서정과 부활의 꿈으로 이 시간들을 장식해 나가기로 하자.

농사일과 무소유

 오늘은 배추 모종을 심기로 한 날이다. 같이 모종을 내기로 한 이웃 밭 순일이 아저씨-나와 종씨로 한 항렬 위라 편의상 아저씨라 부르는 분에게 전화했더니 먼저 모종을 사러 나가자고 하였다. 배추 모종은 우리 동네도 파는 곳이 많았지만, 아저씨 당신이 아는 데가 그래도 그중 품질이 좋다고 하여 선유리 쪽에 있는 모종 집으로 가서 모종 두 판을 샀다. 아저씨도 두 판을 샀는데, 자기는 오전에 병원을 다녀와서 오후 느지막하게 심을 테니 나보고는 먼저 심으라고 하였다. 햇볕이 더 따가워지기 전에 심어야지 그러지 않으면 말라서 죽을지 모른다고 서두르라고 하였다. 그렇지 않아도 오늘 학교 개강이라 오후 늦게는 시간이 나지 않으니 이래저래 사 오면서 바로 심을 수밖에는 없게 되었다.
 그런데 얘기 도중에 어제 비닐을 씌우고 구멍을 뚫은 것이 아무리 생각해도 좀 작은 것 같다고 했더니, 아저씨도 그런 것 같다고 하면서 어디 구멍 뚫을 깡통을 구해 보자고 하더니 우리 밭 부근에 농사를 짓는 연로한 할머니 한 분이 계시는데, 그분이 그 깡통을 가지고 있다고 하면서 대뜸 그 할머니에게 전화하여 깡통을 좀 빌려 달라고 하였다. 하여튼 순일이 아저씨는 이 동네 마당발이어서 모르는 사람도 없고 나름대로 인정도 받고 있기는 하지만, 멀쩡히 집에서 쉬고 있을 연로한 할머니에게 깡통을 가져 나오라고 전화할 정도이니 한편으로는 대단하다는 생각도 들고, 또 한편으로는 그 인정의 세계가 아름답게 느껴져 미소를 머금었다.

한참을 기다린 다음 할머니에게서 깡통을 받아 나에게 전해 주고는 자기는 병원으로 간다고 하면서 서둘러 돌아갔다. 이 아저씨는 우리같이 멋모르는 사람들이 보면 친절이 그 도를 넘어 병적으로 되어 버린 사람처럼도 보이지만, 이렇게 남의 일을 자기 일처럼 돌봐 주는 사람이 아직도 우리 주변에 있다는 사실이 나는 너무나 고맙고 기분이 좋았다.

깡통으로 어제 뚫었던 구멍 자리를 다시 눌러 크게 뚫고는 배추 모종을 심었다. 그것도 일이라고 어제 아프던 허리가 아직 성치 않아서인지 사십여 포기를 심는 것도 일이라고 나름대로 꽤나 힘이 들었다. 거기다 흐렸던 날이 들면서 햇볕이 뜨겁게 내리쬐는 데다가 바람도 없어 덥기도 하고 허리도 아프고 하여 더 애를 먹었던 것 같다.

밭에서 들어와 좀 쉬었다가 강의를 위해 학교로 나갔다. 학교에 도착한 직후에 소나기가 내려, 우리 동네도 소나기가 왔으면 좋겠다 싶었다. 아침에 배추 심은 땅이 말랐을 텐데 비가 좀 뿌려 주면 당연히 모종에 생기가 돌 것이기 때문이다. 수업을 끝내고 막 강의실을 나서려는데 아저씨가 전화로 또 배추 모종 후의 주의 사항을 말해 주면서 우리 동네도 비가 온다고 하여 좋아하였는데, 집 동네에 와 보니 이건 비가 잠시 지나가는 소나기가 아니라 계속 줄기차게 내리는 비라 이제는 심은 저 배추 모종들이 녹으면 어쩌나, 어제 심은 무씨들이 떠내려가면 어쩌나 하는 걱정이 들어 초조하였다. 내가 무슨 큰 농사꾼은 아니지만, 사나흘 힘들이고 품들이고 해 놓은 일들이 헛공사가 되면 그처럼 아깝고 허망한 일이 어디 있겠는가 싶어서이다.

사람이 무엇인가에 매인다는 것의 그 불편함에 대하여 일찍이 법정 스님이 무소유 철학으로 갈파한 바 있지만, 내가 농사일에 관심을 갖게 되면서 전에 없던 걱정거리가 더 늘어나고 있으니, 그것은 날이 가물면 가문대로 비가 오면 오는 대로 신경이 쓰이고, 때가 되면 내일은 무엇을 해야 하는데 다른 일과 겹치니 그 일정 조정에 애를 먹고, 때를 놓치면 안 된다는 강박감에 시달리는 등, 가짐으로써 겪게 되는 그 마음고생이 이만저만한 것이 아니다.

그러나 사람이 어찌 모든 것을 내려놓고만 살 수 있겠는가? 내려놓고 싶어도 내 뜻과는 달리 사세가 부득이하여 짐을 져야 하는 일도 한두 가지가 아니고, 내려놓기에는 너무 무책임한 것 같은 일도 있고, 사람 사는 세상에서 사람 구실 하자면 또 지녀야 할 의식(意識)과 갖추어야 할 체면 등이 있으니, 이들 모두를 외면하고는 살 수 없는 노릇이 아닌가. 우리가 살아가면서, 나이를 먹으면서 주변을 정리하고 짐을 가볍게 하는 일은 마땅히 그렇게 해야 할 일이고, 또 그것이 삶의 지혜이기는 하지만 세상이, 그리고 관계가 우리를 그렇게 편하게 놓아두지를 않으니 문제인 것이다.

하기야 내 농사일은 내가 사서 하는 고생이지 사세가 부득이한 일이 아니라는 점에서 이것은 괜한 욕심에 사로잡힌 어리석음이니, 무소유 철학으로 보면 내일이라도 당장 그만둬야 할 일인지도 모른다. 사실 처음 시작할 때는 이것이 나를 이렇게 구속할 줄은 미처 생각지 못했다. 집사람이 밭을 얻었다고 하면서 좋아하기에 나도 그저 소일거리 삼아 하면 재미있을 것 같다는 막연한 생각에서 덩달아 좋아하였는데, 시간이 지나고 해가 가면서, 이 일은 이제 무슨 팔자처럼 되어 버렸을 뿐만 아니라, 거기에다 집사람의 여성 특유의 알뜰함과 집착에 휘둘리어 집사람 종노릇까지 하게 되었으니, 이 일이 이제는 천근의 무게로 내 마음을 눌러 오고 있다.

  재미가 그렇게 없는 것도 아니고, 때로는 보람을 느끼지 않는 것도 아니지만, 오늘 비를 두고 잠깐 사이에 두 가지 상반되는 마음의 동요를 겪으면서 문득 내가 굳이 이래야 하는 이유가 무엇인가를 생각해 보게 된 것이고, 무소유의 미덕을 다시 한 번 곱씹어 보게 된 것이다.

  우리가 어딘가로 가기 위해서는 몸이 가벼워야 하고, 그러려면 짐을 많이 덜수록 좋다고 하지만, 끝내 우리가 떨치지 못하는 미련과 아쉬움이 있기 마련이어서 우리들 대부분은 그 굴레 때문에 조바심하고 애를 쓰다가 결국은 무거운 마음으로 이 세상을 마감하게 된다고 하는 이 사실은, 어쩌면 철학 이전의 인간 실존의 조건이고 운명의 문제로 설명해야 할 일인지도 모른다. 무소유를 말함은 소유에서 벗어났음을 의미하는 것이 아니라 숙명과 같은 소유의 집착으로부터 자유로워지고 싶다는 간절한 소망의 역설적 수사라고 보아야 할 것이다.

  소유가 있으므로 하여 마음을 덮어 오는 갈등과 욕망의 검은 그림자를 벗어날 길이 없음을 실존의 운명적 불행으로 인식하는 사람들이 가야 할 길은 그 운명에 맞서는 일이며, 그것은 지금의 나를 모두 버리고 새로운 자유와 가치관의 혁신을 위하여 고통 속으로 뛰어드는 일이다. 그것이 진정한 무소유의 개념이 아닐까? 무소유는 버림에서 오는 고통을 통하여 새로운 자유의 의미를 발견, 획득하고 나를 바르게 세우기 위해 가야 할 최선의 행로로 이해되어야 할 것이다.

 무소유는 막연히 버리고 주어 버리는 데서 얻게 되는 편안함이 아니라 소유를 버리는 데서 오는 안타까움, 혹은 고통과 동의어이며, 그러므로 그것은 나를 새로운 가능성의 세계로 인도하는 길고 어두운 탐색의 터널과 같은 것이니, 탐색은 본질적으로 희생과 고통을 수반하는 작업이기 때문이다.

 나의 농사일은 그런 의미에서 언제 도달하게 될지는 모르지만 '나'라는 실존이 진정한 자기실현에 이르기 위하여 무소유를 수업하고 있는 과정이라 해도 좋을 것이다. 이 일은 내려놓을 줄 알기 위해, 그리고 왜 내려놓아야 하는가를 깨닫기 위해 먼저 손에 들고 있음으로써 겪게 되는 고통이 어떤 것인가를 배우는 탐색과 수행의 과정으로 이해할 일이다.

 다행히 비는 서서히 가늘어지다가 이제는 멈추었다. 배추 모종이 녹지나 않을까 하는 걱정은 하지 않아도 좋을 것 같다.

장미를 위하여
-그리고 나를 찾아서

 우리 동네 아파트 화단에도 담장에도 장미가 한창입니다. 장미가 없는 곳이 없겠지만 너무 아름답게 피어나는 모습이 혼자 보기 아까워 친구들에게 내가 찍은 장미 사진 몇 장을 보냅니다. 그 정신을 아찔하게 만드는 향기까지 동봉해야 되는데, 그러지 못해 아쉽네요.

 장미 참 예쁘지요? 그러나 예쁘다는 말로는 형언이 잘 안 되는 그 아름다움이 가끔 우리를 곤혹스럽게 만들곤 합니다. 모든 꽃이 그야말로 나름대로 진통의 과정을 거쳐, 어느 시인의 말씀을 빌리면 흔들리면서 그 고귀한 자태를 가꾸어 낸 것이니 그 아름다움의 우열을 논하는 것은 꽃들에 대한 예의가 아닐지도 모릅니다. 그럼에도 우리가 장미를 꽃 중의 꽃, 꽃의 여왕으로 보는 것은 그 아름다움이 깊다면 깊고 높다면 높아 우리의 미적 인식의 한계를 넘어서는 곳까지 이어진다는 생각 때문입니다. 그래서 장미를 사랑(성애)과 미의 여신 베누스(Venus, 비너스)의 꽃이라고 하는지도 모르겠습니다. 장미를 가만히 들여다보고 있으면 단순히 아름답다는 느낌을 넘어 어떤 한계

상황에 직면했을 때 느끼는 절망감 비슷한 막막한 감정에 휩싸이곤 합니다.

이 아름다움은 강요하지 않았음에도 어떠한 폭군이라도 스스로 그 앞에 무릎을 꿇지 않을 수 없는 경국(傾國)의 미(美), 절세가인의 포스를 은연중 내뿜고 있어 역설적이게도 어떤 두려움에 가까운 정감을 환기하기도 합니다. 그뿐만 아니라 이 미의 극치감은 때로 우리를 비극적 정감으로 인도하기도 하는데요, 가닿을 수 없음에 대한 안타까움과 통하는 감정일 것입니다. 물극필반(物極必反)의 이치, "즐거운 마음이 지극하지만, 슬픈 마음 또한 많네"라고 한 옛사람의 노래8)가 조금은 위안이 됩니다. 결이 약간 다르기는 하지만, "장미여, 오 순수한 모순이여"라는 릴케의 이 은유(metaphor)9)도 우리의 원군(援軍)이 될 수 있겠군요. 그렇다고 해서 우리는 이런 정감의 기복에 너무 마음을 빼앗길 필요는 없습니다. 현실로 눈을 돌리면 장미는 장미일 뿐이니까요.

그런데 어떤 사람들은 장미를 두고 열정과 순결을 이야기하기도 합니다. 열렬한 사랑(붉은 장미의 꽃말)과 순결함(흰 장미의 꽃말)은 다소 거리가 있어 보이지만, 순결 즉 순수한 마음은 선한 목적의 동기가 되고 열렬한 사랑 즉 열정은 목적에 도달하기 위해 치러야 할 대가라고 한다면 이 둘은 떨어질 수 없는 관계임을 알게 됩니다. 이 경우 열정은 선한 목적을 위해 자기를 버리는 희생, 또는 탐색(Quest)이라는 지난(至難)한 작업과 동의어가 됩니다. 목적의 달성, 혹은 자기실현을 위해서는 이런 뜻의 순결과 열정이 조화를 이루어야 한다는 것인데요, 그래서 이분들은 순결과 열정의 두드러진 예로 예수를 이야

---

8) 한무제(漢武帝)의 '추풍사(秋風辭)'의 일절-환락극혜애정다(歡樂極兮哀情多)
9) 릴케의 자작 묘비명의 일절

기하곤 합니다. 인간에 대한 깊은 이해와 사랑이 순결한 동기가 되고, 이들을 부당한 압제의 굴레로부터 구원해 내고자 하는 소명이 열정이 되어 결국 가장 소중한 자기를 십자가상에서 희생함으로써 자유와 해방의 참뜻을 우리에게 일러 준 분이 바로 예수이기 때문이라는 겁니다. 이런 예수의 수난극(受難劇)을 대문자 P를 써서 Passion Play라고 하는데 아시는 바와 같이 이 passion은 열정이라는 뜻을 가진 말이고 보면 이 열정이라는 말은 필연적으로 수난과 희생이 요구되는 심적 에너지임을 알 수 있습니다.

 장미를 사랑하는 마음으로 다가가지만, 가시에 찔리면 피가 납니다. 인생의 아름다움을 얻으려면 내가 가진 무언가를 희생할 줄 알아야 합니다. 니체는 말합니다. "오늘의 나를 완전히 죽여야 내일의 내가 태어나는 것이다. 새로운 나로 변신하려면 기존의 나를 완전히 버려야 한다."라고. 그가 말하는 '내일의 나', '새로운 나'는 우리가 궁극적으로 얻고자 하는 참된 가치를 뜻함은 물론입니다. 그러기 위해서는 나의 일정 부분을 과감하게 버릴 줄 알아야 한다고 그는 외치고 있습니다.

 그런데 오늘 문득 돌아보니 나에게는 이미 열정이 사라진 지 오래되었고, 더욱이 동기 부여의 근원인 순결함은 그보다 훨씬 전에 오염되어 자취를 찾아보기 어렵게 되어 버렸군요. 순결과 열정에서 멀어진 이 노마(老馬)는 그래도 혹시 아직 남아 있는 지혜는 없을까 하여, 그리고 잊었던 본래의 나를 만나 볼 수 있을까 하여 장미꽃밭을 서성이고 머릿속 기억의 페이지를 쓸쓸하게 뒤적이고 있네요.

 그러나 장미의 계절은 나의 처지와는 상관없이 여전히 아름답습니다. 어느 시인은 우리에게 묻고 있습니다, 5월 속에서 나이는 세어서 무엇 하겠냐고. 그렇습니다. 싱그러운 향훈으로 가득한 5월의 향연 앞에 서면 누구나 젊은이가 될 수밖에 없을 테니까요. 비록 우리는 주인공의 자리에서 내려오기는 했지만, 붉은 장미와 신록과 그 향기로운 내음이 아름답게 어우러진 이 축복의 계절, 그 찬미의 대열에 기꺼이 동참코자 합니다.

집사람의 밤 줍기, 그리고 나

아침 일찍 집사람은 향교 뒷산으로 밤을 주우러 가고 나는 잠시 뒤에 일어나 뒷산 아침 산책길에 올랐다. 요 며칠 그러니까 지난 목요일부터 어제 토요일까지 뒷산 운동을 다녀오지 못했다. 목요일은 아침 일찍 집사람과 함께 향교 뒷산으로 밤을 주우러 갔을 뿐만 아니라 목산회 등산이 있는 날이라 애초에 뒷산 가는 일은 계획에 없었고, 금요일은 아침 여덟 시 반까지 병원에 검사 결과를 보러 가야 했기 때문에 또 그랬고, 어제는 다시 밤 주우러 집사람 따라다니느라 아침 운동을 못 한 것이다.

하기야 운동으로만 말한다면야 밤 줍는 것도 상당한 운동이 된다고 할 수 있기 때문에 운동을 못했다고 하는 것은 어폐가 있을지도 모른다. 높은 산은 아니지만, 산기슭을 이리저리 오르락내리락하다 보면 은연중에 숨도 차고 땀이 흘러 속옷이 다 젖을 정도니 밤 줍는 일은 '도랑 치고 가재 잡고', '임도 보고 뽕도 따고' 하는 유(類)의 속언에 딱 부합되는 일이라 '밤도 줍고 운동도 하고'라는 새로운 버전을 하나 추가해도 좋을 정도이기는 하다.

그러나 이 밤 줍기는 나로서는 썩 마음이 내키는 일이 아니라서 그 심리적인 효과 면에서는 운동이라 하기 어려운 점이 있다. 작년까지만 해도 집사람은 새벽에 밤 주우러 나갈 때면(이 일은 집사람이 오래 전부터 해 오던 연례행사 같은 일이다) 내가 잠이 깰까 봐 조심성을 보였는데, 올해 들어와서는 돌변하여 그 길에 동행할 것을 요구하고 나섰다. 아직 어둠이 가시지 않은 새벽 산길을 혼자 가기가 겁날 뿐만 아니라 남들은 부부가 와서 이렇~게 많은 밤을 주워 가는데 당신도 같이 가면 둘이 주우니 더 많은 밤을 주울 수 있을 것 아니냐고 하면서 부부간의 관심과 애정까지 이 밤 줍는 일과 연관시키면서 나를 압박해 온 것이다.

여자가 나이가 들면 남자들의 관심권 밖으로 멀어지니 그에 비례하여 남자를 겁낼 일이 없어질 것 같은데, 어찌 된 영문인지 젊었던 지난 세월 동안은 겁 없이 잘도 다니더니 나이가 들어 오히려 무서움을 이야기하는 것이 우선 나는 마음에 들지 않았다. 지금까지는 무서운 것을 참고 다녔지만, 그때는 당신이 현역이니 우리 가정에서의 그 역할의 중요성과 고달픔을 고려하여 그랬던 것이고, 이제는 당신도 별로 할 일도 없고 중요성도 거의 소멸했으니 밤 줍는 일에라도 일조해야 할 것이 아니냐는 것이 사실은 집사람이 하고 싶은 말이라는 것을 나는 이미 간파하고 있었기 때문이다. 뭐 혹시 정말 집사람이 그동안 시간을 함께하지 못한 것에 대한 보상 심리에서 부부간의 관심과 애정을 이야기했다면 내가 좀 미안하게 생각해야 할 일일 수도 있기는 하다. 이제 좀 한가해졌으니 이 밤 줍는 일이라도 부부가 같이했으면 좋겠다는 소박한 소망이 이 말 속에 담긴 것이라 볼 수도 있는 까닭이다. 그래서 이 밤 줍기는 나에게 갈등의 진원지가 되곤 한다.

 그리고 둘이 주우면 더 많이 주울 수 있다는 것은 사실이기는 하지만 나는 이 밤을 많이 주울 수 있다고 하는 말 속에 담긴 필요 이상의 욕심에 동의할 수 없다. 글쎄, 나이와 욕심의 관계는 노욕이라는 말이 있는 것으로 보아 반비례한다고 볼 수는 없지만, 그래도 나이가 들면 사람은 욕심의 가지를 치는 것이 현명한 처사라 말하고들 있는 것에 비추어 본다면 집사람의 이 말은 어딘가 순리를 역행하는 듯한 일면이 있는 것 같기 때문이다. 또 매년 보면 거의 보름 이상을 밤을 주워 날라 와 집안 여기저기에 늘어놓고 미처 처리하지 못하여 벌레가 먹거나 말라비틀어져 내다 버리는 것이 사람이 먹거나 유용하게 쓰는 것보다 훨씬 많은데도 그 작업을 멈추지 않으니, 나로서는 이해할 수 없는 것이 당연한 일이다.

 집사람은 무엇보다 이 일이 재미가 있어서 한다고 그러는데, 그날이 그날 같은 일상에서 잠시라도 벗어날 수 있는 일이 있다면 당연히 그 일에 시간을 할애할 수밖에 없을 것이다. 꼭 여성만 그렇다고 할 수는 없지만, 산에 다니다 보면 등산 온 여인네들이 등산은 아예 뒷전이고 도토리를 줍거나 버섯을 채취하는 일에 골몰하는 모습을 보면 그게 재미가 없다면 결코 그렇게 할 수 없을 것이라는 생각이 들기는 한다. 그것은 남성은 수렵, 여성은 채집이라는 오랜 원시생활의 구조 속에서 형성된 여성 특유의 채집 본능, 혹은 채집 충동 유전자가 재미라는 유희적 의미로 변용되어 나타난 자연스러운 행동으로 볼 수도 있다는 것이다.

 그러니 이것은 우리 집사람만의 어떤 빗나간 욕심이라 할 수는 없겠지만, 그럼에도 불구하고 나는 재미가 있으니까 해야 한다는 그 말에 액면 그대로 동의하기는 어렵다. 그야말로 재미는 재미로 그쳐야지 필요 이상으로 재미를 추구하면 그 자체가 정신적, 정서적 에너지의 낭비를 불러와 사람을 무미건조하게 만들기 때문이고, 실제로도 버려지는 밤을 보면 뭔가 질서가 무너지는 것 같고 절도가 없는 사람들이 사는 집 같은 느낌이 들어 기분이 좋지 않게 된다.

 집사람이 밤 줍는 것과 같은 작은 일이라도 남편과 함께하는 데서 오는 어떤 행복감을 위하여 나에게 동행을 요구한 것이라면 나는 응당 거기에 호응해야 할 것이다. 그리고 일상의 무료함을 달래기 위한 하나의 유희로서의 의미를 거기에 부여하고 있다면 그 또한 기꺼이 동의해야 할 것이다.

 그러나 이것은 내가 집사람의 마음을 긍정적으로 헤아려 내린 결론이지 집사람의 말과 행동, 그리고 그 결과로만 본다면, 이 일에는 비록 크지는 않다고 하더라도 어떤 문제점이 존재한다는 것만은 사실이다. 밤 줍기가 분명 운동은 되지만 운동했다는 느낌이 들지 않는다고 한 것은 이런 생각과 정서의 굴곡을 거쳤기 때문이다. 운동이 중요한 것이 아니라 아내의 생각에 내가 어느 정도까지 공감하고 동참해야 할 것인가가 그래서 고민 아닌 고민이 되는 것이다.

 거실에서 티브이를 보면서 밤을 까고 있던 집사람이 생률과 깎은 배를 가지고 와 먹으라고 하면서 '여보 내일은 다섯 시 반에는 향교 뒷산에 가야 해요.' 한다. 오늘에 이어 내일 아침부터는 단연 집사람의 청을 거부하고 뒷산 산행을 감행하리라 했던 내 반란의 꿈이 뭉개진 그림처럼 형체가 불분명해진다. 나는 집사람을 쳐다보며 엉겁

결에 '그러지 뭐.'라고 대답하고 만다. 다들 그렇게 사는 거라고, 가정의 평화를 위해서는 이렇게 하는 것이 바람직하다고들 하니 그 말을 따르는 것이 좋을 것이다. 그러나 왠지 오늘따라 자유를 위한 반란의 꿈이 자꾸만 머릿속을 맴돌고 있다.

'혼자 있음'에 대하여

 높고 맑은 하늘, 푸르고 깊은 만추의 하늘이 서늘하게 가슴속을 파고들었다. 아침 기온은 어제부터 좀 내려가는 듯하더니 오늘은 다소 춥다는 느낌이 들었다. 아침 뒷산 산행을 하기 위해 지나다니는 동네 길가 은행나무는 그 잎들을 한 이틀 사이에 다 쏟아 내 버리고 스스로 나신이 되어 먼 고행의 길을 갈 채비를 하고 서 있다.
 산 숲속에도 초록은 잔영으로만 남아 있고 누렇게 황갈색으로 변한 나뭇잎들이 이제 마지막 이별을 고하고 겨울로의 먼 여행을 떠나려는 듯 낙엽으로 지고 있다. 산으로 오르는 길 위에는 낙엽이 수북이 쌓여 디딜 때마다 발이 빠지는 듯한 느낌을 받는다. 낙엽이 밟히는 소리에 시몬이 되어 보는 호사를 누리기도 한다. 가을은 이럴 때 한없이 사랑스럽다. 그가 누가 되었든 모두를 사랑할 수 있을 것 같은 마음을 갖게 하기 때문이다.
 맑고 푸른 하늘을 올려다보느라 운동에 집중이 되지 않는다. 어쩌면 저렇게 티 하나 없이 맑고 푸를 수 있을까? 그 깊이를 알 수 없는 푸른 심연, 그 미지의 세계를 들여다보는 듯한 안타까움이 마음에 드리워진다. 다른 사람들은 밤이 길어진 것과는 관계없이 늘 다니던 시간에 다녀가고 있는 모양이다. 날이 밝기를 기다려 평소보다 늦게 올라온 나는 다른 사람들이 다 다녀간 텅 빈 산 위에서 운동보다는 실체가 없는 상념, 그 감상에 사로잡힌다. 나이가 들어 무디어진 감수성으로는 표현해 낼 길이 없는 이 가을 아침의 상념으로 마음만 그저 아득해질 뿐이다. 철학을 이야기하기에는 읽은 것이 너무 없고, 체계와 논리를 만들어 내기에는 지적 훈련과 공부가 터무니없이 부족하다. 그래서 이 아침 막연한 감상에 사로잡힐 뿐, 내면의 정돈은 쉽사리 이루어지지 않는다. 다시 운동에 집중해 본다. 늘 이 시간이면 올라오시는 영감님 한 분이 인사를 한다. 내가 먼저 보고 인사를 해야 할 텐데, 한눈을 팔다 놓쳤다. 영감님과 인사를 나누고 하다가 보니 제정신이 돌아왔다.

오늘도 하루 종일 혼자 집에 있었다. 누군가 보내온 카톡 동영상을 보니 늙으면 혼자 지낼 줄도 알아야 한다는 글이 들어 있었다. 그러나 이 말은 꼭 나이 든 사람에게만 적용되는 것은 아닐 것이다. 사람은 늘 누군가와 어울리면서 살아가는, 말하자면 사회적 존재임이 틀림없지만, 때로는 혼자 멀리 물러나 있을 줄도 알아야 하고, 혼자 놀 줄도 알아야 한다는 것도 어김없는 사실이다.

이런 것도 능력인지 서양 사람들은 이런 경우를 'capacity to be alone.'이라고 한다던가, 하여튼 혼자 있는 시간도 필요하고 혼자 시간을 보낼 줄도 알아야 한다는 것이다. 그러므로 나이 들어서는 혼자서도 시간을 보낼 줄 알아야 한다는 식으로 이 문제를 어느 시기에만 제한적으로 적용하는 것은 바람직한 인식이 아니다. 그것은 그저 지금까지 살아온 일상의 연장일 뿐인데, 뭐 그렇게 대단한 진리를 말하는 것처럼 심각한 표정을 지을 필요는 없다는 것이다. 단지 이 말은 나이 들면 상대해 주는 사람들이 점점 줄어들기 마련이어서 원치 않음에도 불구하고 외롭게 지내야 할 시간이 많아지기 때문에 그것에 대한 대처 능력을 갖추라는 조언쯤으로 이해하면 될 것이다.

우리는 어차피 혼자인 존재들이 아니던가. 태어날 때도 혼자였고 이 세상을 떠날 때도 혼자이니 이 숙명을 관조한다면 혼자 있는 시간이 딱히 불편하거나 억울할 것도 없는 일이다. 군중 속에 섞여 있으면서도 고독함을 느낄 수밖에 없는 것이 인간 존재의 숙명임을, 그리고 그것이 인간이 일면 비극적 존재일 수밖에 없는 이유임을 우리들 모두는 어렴풋이나마 알고 있기 때문이다. 심지어 우리는 사랑하는 가족들과 함께 있으면서도 문득 내가 그들로부터 단절되고 소외되어 있는 듯하고, 마치 멀리 떨어진 곳에서 그들을 낯선 사람들 보듯이 바라보고 있는 자신을 발견하는 때도 있지 않던가.

그리고 역설적이게도 그런 고독이 우리를 내면적으로 성숙하게 하고 교양인으로 성장할 수 있게 해 준다는 것도 알고 있기에 우리는 이 고독이라는 아픔을 오히려 소중하게 여기기도 하는 것이다. 고독은 평생의 동반자요, 말 없는 나의 조력자요 그림자라고 생각하면 한결 큰 위로가 되지 않을까? 현대인의 운명을 '고독한 군중(Lonely Crowd)'으로 설파한 데이비드 리스만의 언명, 그리고 고독 속에서 인간적, 정신적 성숙이 이루어진다는 괴테의 말씀을 상기할 일이다.

오후에는 「총, 균, 쇠」를 다시 펴들었다. 이 책을 읽기 시작한 지한 달도 더 되었는데 이제 겨우 반 좀 넘어 읽었다. 그 사이 다른 읽을 것들도 있었고, 끼적여야 할 것도 있어 이 책 독서에 집중할 수 없기는 하였지만, 책 한 권을 한 달도 넘게 뒤적이고 앉아 있으니 이 게으름을 어찌 꾸짖어야 할지 모르겠다. 눈도 아프고 졸리기도 하여 고생은 좀 했지만 그래도 저녁때까지 책을 들고 시간을 보냈다.

 그러나 집중도가 떨어진 독서라 책을 덮고 나니 내가 무엇을 읽었는지 하나도 기억이 나지 않는다. 나이가 들면 금방 했던 일이나 들은 이야기, 읽은 것들을 기억하는 힘, 즉 기억 잔존량이 현저히 감퇴하여 두세 시간만 지나도 그 20%도 남아 있지 않는다고 한다. 오늘 내가 바로 그런 경우라 해도 좋을 것이다. 슬픈 일이다. 읽은 것을 또 읽고 들은 것을 자꾸 되뇌어 보는 수밖에는 다른 도리가 없어 보인다. 내일 다시 오늘 읽은 부분을 한 번 더 훑어보아야겠다.

 어디 갔다가 왔는지 며칠 만에 집에 들어온 아들 녀석이 아버지 안 주무세요 한다. 사내 녀석들이 다 그렇기는 하지만 이 녀석도 무뚝뚝하기 짝이 없는 놈인데 가끔은 그래도 아비를 아는 척하기는 해줘서 고마운 일면도 있다. 뭐 이런 간단한 말 한마디에 고맙다고 얘기를 하는 것은 좀 과한 측면이 있지만 서로 교통이 뜸하다 보니 문득 그런 생각이 든다는 것이다. 그래 어디 갔다 오느라 집에는 안 들어왔느냐고 하니 그냥 볼일이 있어 어디 좀 다녀왔어요 하고는 그래도 안방으로 가 제 엄마를 아는 척하고는 제 방으로 들어간다.

 집사람은 안방에, 나는 이쪽 서재로 쓰고 있는 작은 방에, 아들놈은 제 방에 각기 자리 잡고 자기 스스로 외톨이가 된다. 어쩌면 이것이 우리의 삶 속에 숨어 있는 진실의 일면일지도 모른다. 아마 우리 식구들은 고독 연습을 하고 있는지도 모르고 말이다. 이 연습을 통해 어떤 내면적 성숙과 같은 얻는 그 무엇이 있어야 할 텐데, 글쎄 어떨지 모르겠다. 비록 쓸쓸한 일상들이기는 하지만 이런 모습들이 이 깊어 가는 가을과 함께 우리의 내면을 살찌우는 계기가 되었으면 하는 소망을 가져 본다.

세한(歲寒) 초입(初入)에서

올해 달력도 이제 한 장만 남았다. 양력 섣달 초하루, 어느새 갑오년 한 해가 저물고 있다. 매년 이맘때면 비슷한 느낌을 받기는 하지만, 이제 나이가 칠순을 향해 가고 있는 때인지라 그 감회가 조금씩 다르게 다가온다. 시간이 예전보다 빨리 지나간다든가, 도무지 무얼 하면서 한 해를 보냈는지 알 수 없다든가 하는 일반적인 얘기가 아니라, 뭔가 지금 이 나이쯤이면 매듭지어야 할 것과 남겨 두고 마무리를 계속해야 할 것을 구별하고 정리해야 할 텐데 그것이 쉽게 이루어지지 않는 데서 오는 안타까움 같은 것이라고나 할까, 약간은 초조함을 동반한 그런 심리 상태가 된다는 것이다.

아직 세속적인 것들에 대한 욕심을 버리지 못했기 때문일까? 나이가 들어도 의지와 상상력과 열정만 살아 있다면 그것은 곧 청춘과 다를 바 없다고 한 어느 시인의 말은 지극히 바람직하고 또 고마운 말씀이지만, 이런 고무적인 언명들에 지나치게 의지한 나머지 현실을 망각하거나 분수를 넘는 욕심을 부리다가 낭패를 보는 일이 가끔 있어 문제가 되는데, 요즘 나의 경우가 바로 그런 것이 아닌가 하여 몇 가지 생각을 해 보게 된다.

　정리할 것과 남겨 둬야 할 것을 잘 구별하지 못하는 것은 판단력의 문제라기보다는 아직은 버릴 때가 아니라는 미련과 아쉬움에 그 원인이 있는 것으로 보인다. 정리하기는 해야 할 텐데, 정리를 하려면 먼저 버리는 작업을 해야 하고 무엇을 버릴까 주위를 둘러보니 모두 하나같이 버리기 아까운 것들로 가득 차 있어 이러지도 저러지도 못하고 있음이 그 이유라는 것이다.

　나이가 들수록 몸을 가볍게 해야 하는 것이니, 이제는 많은 것을 들고 갈 기력도 없고, 그리고 많은 것이 필요하지도 않은 까닭이다. 이미 내가 만들어 온 관계의 상당 부분들은 소멸해 버렸고, 따라서 그 관계를 위한 소품과 장치들을 더는 유지할 필요가 없게 되었는데도, 그 낡은 관계의 추억과 그에 대한 미련을 버리지 못해 군더더기나 다름없는 것들에 매인다는 것은 분명 어리석은 일이다. 그러니 그런 것들을 훌훌 털어 버릴 수 있어야 할 텐데 감정의 찌꺼기를 걸러내지 못하고 자꾸 뒤를 돌아보고 주변을 두리번거리고 있으니 안타까운 일이 아닐 수 없다.

　이것은 내 개인적인 경우이기는 하지만 상당수의 노년(老年)들이 여기서 그리 멀지 않은 동네에서 살고 있음도 우리는 부정할 수 없다. 추한 노욕은 아니라 하더라도 무엇인가 놓아 버리기에는 아직 남은 그 무엇이 있는 것 같기도 하고 때로는 해야 할 일을 다 하지 못한 것 같은, 미진한 그 무엇이 있는 것 같아 이러지도 저러지도 못하는 모습이 남들 보기에는 욕심 사나운 늙은이로 비치게 되기도 한다. 이것은 책임감이라고 할까, 내가 이 세상에 빚진 것들에 대하여 어떤 형태로든 보답을 하고 가야 한다는 의식, 내가 끼친 것들에 대한 염려와 걱정 등에 스스로 얽매이는 데서 오는 안쓰러운 모습이기도 하다.

그러나 우리는 책임져야 할 많은 일들 속에서 살아왔음을 상기할 일이다. 가정이나 사회에서의 역할에 따른 다양하고도 힘겨운 책임 속에서 영일(寧日)이 없는 나날을 보내온 것은 아무도 부정할 수 없는 사실이다. 이 책임은 어떤 보상이 전제되지 않는다는 점에서 노역이나 다름없는 것임에도 불구하고 우리는 항변조차 변변히 해 보지 못하고 운명처럼 그 일들을 감당해 온 것이다.

결국, 우리는 누가 왜 그런 책임을 지느냐고 굳이 따져 묻지 않는다면 내가 놓여 있는 부당한 처지를 돌아보려 하지도 않고 의식하지도 못하는 지경에까지 이르게 되었다. 우리는 거의 기계적인 책임 의식의 노예가 되다시피 하였고 습관적인 책임 강박증에 사로잡히게 되었다. 이것이 오늘 우리가 나이가 들어서도 쉽사리 주변을 정리하지 못하고 무언가 할 일을 못다 하여 불안에 사로잡힌 사람처럼 여기저기를 서성거리게 만든 원인이 아닐까? 그렇다면 우리 노년의 망설임은 우유부단함이 아니라 쉽게 떨쳐 버릴 수 없는 생활의 잔재, 혹은 자연스러운 관성으로 이해되어야 할 것이지 노욕으로 폄훼되어서는 안 될 것이다.

한편 여기에는 어떤 허무감이 작용하고 있기도 할 것이다. 그렇게 열심히 외부로부터 오는 요구에 충실하게 응하면서 살아왔는데 나에게 남은 것은 과연 무엇인가, 정말 이제는 모든 것을 하나하나 내려놓아야만 하는 것인가, 그러면 나의 인생은 도대체 무엇이었단 말인가, 하는 회의가 생기는 것은 당연한 일이고 이 회의는 허무감으로 연장될 수밖에 없는 일이다. 나이가 들면서 시나브로 주위가 적막해지고 어디 손짓하여 부를 친구도 만만치 않을 때 불현듯 우리를 찾아오는 짙은 외로움과 그리움까지 동반하는 이 허무감은 뭔가 억울하여 아직 내려놓고 싶지 않다는 감정의 반전을 만들어 내기도 한다. 함께 새로운 꿈을 꾸고 부활의 노래를 부를 친구들이 새삼 그리워지는 것은 이러한 감정의 굴곡을 겪기 때문이다.

 노년의 미덕이 불필요한 것들을 미련 없이 버리는 데 있음을 모르는 바 아니나, 이런 사정들을 고려하면 머뭇거리고 서성이는 노년들을 추하게만 볼 일이 아니다. 어쩌면 무소유는 우리가 찾아간다고 해서 주어지는 경지라기보다는 인생의 행로에서 자연스럽게 도달하게 되는 우리들 삶의 궁극으로 볼 수 있기 때문이다. 그러므로 내가 가지고 있는 관계들에 조금만 더 미련을 갖고, 거기에 못다 한 책임이 있다면 그것을 완수하고, 수정할 것이 있다면 더 늦기 전에 그것을 고쳐놓기 위하여 힘쓰는 일은 오히려 상찬받아 마땅한 일일 것이다. 그 일을 하다가 혹 낭패를 겪거나 민망한 일을 당하더라도 부끄러워하거나 낙담할 일은 아니다.

 불안과 회의와 허무와 외로움 그리고 그리움까지, 이것들은 나이와 관계없이 우리가 살아 있음으로 하여 겪게 되는 정서적 아픔인 것이니 굳이 노년의 서글픔으로 연결하여 해석할 필요는 없다. 오히려 이러한 감정의 편력이 노년을 더욱 윤택하고 지혜롭게 해 주는 윤활유가 될지도 모른다. 한 해의 마지막 달, 그 초입에서 우리가 느끼는 강박감 비슷한 감정은 나이가 들어도 끝없이 새로워지고자 하는 지적 욕구, 그 혁신을 향한 의지의 일렁임이라 생각하자.

 아침부터 세한이 시작되었음을 알리는 눈이 내렸다. 올해 들어 공식적인 첫눈이라고 한다. 눈을 좋아하지 않는 사람이 있을까마는 이 나이가 되어도 여전히 눈 내리는 모습은 마음을 설레게 하고 아늑하게 해 준다. 창 밖에는 눈이 소담스럽게 내리고 방 안에는 따뜻한 난로가 있어, 서로 고개를 맞대고 도란거리는 겨울의 서정이 우리를 먼 동경의 세계로 인도한다. 유난히 눈을 좋아했던 추억 속의 얼굴들이 스쳐 지나가기도 한다.

'뭐 해요? 그 고춧가루 좀 더 넣어 주고요, 마늘 찧은 거 이리 줘요.' 하는 집사람 재촉 소리에 문득 정신을 차리고 눈 내리는 창 밖에서 얼른 눈길을 거두고는 김장 보조 임무를 수행한다. 어제 김장을 하고 속이 남아 오늘 아침 배추를 더 버무리는 작업을 하고 있는 중이었다. 섣달이든 새해든, 눈이 오든 비가 오든 우리가 살아오던 방식은 어디까지나 벗어날 수 없는 현실이고 김장은 그중 엄중한 현실이다. 우리가 내려놓고 싶어도 그러지 못하는 이유, 그것은 바로 이런 현실의 질곡과 속박에서 여전히 자유로울 수가 없기 때문임을 확인하게 된다. 내가 가벼워지지 못하는 것은 나의 욕심 때문이 아니라 현실이 그것을 허락하지 않는 까닭이라는 것이다.

이제 우리는 긴 인고의 시간으로 들어가야 하지만 그 너머에 봄이, 희망이 우리를 기다리고 있다는 믿음이 우리로 하여금 즐거운 마음으로 그 고난의 시간을 맞이하게 해 준다. 절망 혹은 슬픔이기도 하고, 희망 혹은 기쁨이기도 한 '마지막 잎새'처럼 벽에 외롭게 걸린 한 장의 달력, 우리는 거기에서 슬픔보다는 희망을 읽어야 할 것이다. 오늘 내린 눈은 그런 우리에게 자연이 내리는 위로의 선물이요 축복이라 여겨야 할 일이다.

사월(四月)의 노래

이제 완연한 봄이다.

첫 소절에 '목련꽃'이 나오는 박목월 시, 김순애 작곡의 〈사월의 노래〉, 이 노래를 고등학교 1학년 때인가 배운 기억이 나는데, 그래서인가 나는 목련꽃 그러면 늘 그 꿈속 같은 사월을 생각한다.

그런데 사실 믿기지 않는 얘기일 테지만, 그때는 '목련꽃 그늘 아래서 베르테르의 편질 읽노라'를 읊으면서도 목련꽃이 어떤 꽃인지 확실히 알지 못하고 있었다. 우리 고향이라고 왜 목련꽃이 없었겠는가마는 분명 목련꽃이라고 지목해서 알고 있지 못했다는 것은 사실이다. 나는 지금도 알고 있는 꽃 이름을 대라면 열 몇 손가락을 미처 넘기기가 어려울 정도이고, 풀꽃이나 나무 이름에 이르면 그 정도가 몇 손가락에서 그치고 마는데, 이는 내 정서적 토양의 척박함과 사고 능력의 단순함에 그 원인이 있음은 물론이다. 지금도 〈사월의 노래〉를 다 부를 수 있고 그 노래를 배웠던 시절에 대한 애틋한 그리움은 지울 수 없지만, 정작 목련꽃 자체는 나에게 그렇게 큰 감흥이나 추억을 불러일으키지는 못하는데, 그것은 목련꽃 그 실물에 대한 나의 기억이 희미하기 때문일 것이다.

　그래서인가 나는 이맘때면 이 노래를 생각하면서 '목련꽃 그늘'이라는 언어가 빚어내는 이미지와 그늘을 만들기에는 아무래도 그 꽃잎의 크기나 넓이가 모자라 보인다는 현실적 감각의 차이 때문에 괜한 곤혹스러움에 빠지곤 한다. 이는 시적 표현을 구체적 현실과 연결 지어 이해하려는 경직된 사고(思考)가 불러오는 미망(迷妄)일 시 분명하지만, 그러나 동시에 그 정체를 규명할 수 없는 아득함이 오히려 가슴을 설레게 하여 젊은 날의 파릇한 정서를 회복하게 하기도 한다. 목련꽃 그늘 아래서 베르테르의 편지를 읽고, 구름 꽃 피는 언덕에서 피리를 부는 그 가슴 미어지는 동경(憧憬)과 그리움은 나이가 들어도 퇴색하지 않는 귀한 감성(感性)의 선물이고, 인간 정신의 영원한 성향이다. 이것은 분명 이 계절이 우리에게 내리는 축복이다.

　이 세상의 모든 나무와 풀, 그리고 꽃들은 모두 우주(宇宙)가 우리에게 건네는 비밀스러운 말씀이고 우리로 하여금 신비를 향해 발걸음을 옮기게 하는 정령(精靈)의 이미지다. 시인들은 간혹 그리움을 슬픔으로 노래하고 동경을 결핍의 충족을 위한 소망으로 이해하기도 하지만, 그들도 목련꽃 화사한 이 계절의 한가운데 서면 그리움은 마음의 가난이 아니라 시심(詩心)의 샘물이고, 동경은 그것을 길어 올리는 두레박임을 새삼 깨닫게 된다. 그래서 그들은 이름 없는 항구에서 배를 타고 우주의 비밀스러운 말씀과 신비를 향하여 먼 항해를 떠나게 되는 것인지도 모른다. 생명의 등불을 켜 든 사월의 정령과 함께 빛나는 꿈을 바라보고 그 감격스러움에 눈물을 흘릴 수 있는 이 호사(豪奢)를 목련꽃 피는 이맘때가 아니면 어디서 또 누릴 수 있겠는가.

　신화적으로 보면 봄은 소생, 혹은 탄생이라는 원형적 의미를 지닌

다. 아마도 그 원형적 의미가 가장 선명하게 나타나는 때가 사월이기 때문에 엘리엇은 사월을 '잔인한 달'이라고 노래했는지도 모른다. 그의 말은 언어 구조의 모순처럼 보이지만 새롭게 태어난다는 것, 다시 살아난다는 것은 얼마나 큰 인내와 진통의 과정을 거쳐야 하는 것인지를 알고 있기에 우리는 이 언명을 감동적으로 받아들인다. 생명은 인간 인식의 저 너머에 존재하는 신비한 섭리의 소산이고, 그 섭리는 우리의 손에 잡히지 않는 무지개와 같은 것이기에, 그러면서도 생명의 탄생은 너무나 커다란 감동이기에 시인은 눈물과 모순 형용의 역설로 이 계절을 노래하고 있는 것이다.

머뭇거리듯 서성이던 봄이 이제 문을 활짝 열었다. 어제오늘 사이, 하루가 다르게 봄기운이 짙어지면서 우리 동네 향교(鄕校) 앞마당에는 목련이 화사하고 동네 뒷산에는 순식간에 개나리, 진달래가 만개하여 꽃구름을 이루고, 앞산에는 벌써 연두색 신록이 구름처럼 무리 지어 피어나고 있다. 어찌 보면 기적 같고, 또 달리 보면 도둑처럼 몰래 우리를 포위해 오는 이 귀여운 점령군을 보고도 말을 아끼는 시인이 있다면 그는 그 과묵함을 비난받아야 미땅하리라. 시인이 아니어도 이 약동하는 생명을 찬미하고 싶은 충동을 느끼지 않을 사람이 어디 있겠는가.

이수복 시인의 말씀[시(詩)]을 따라, '임 앞에 타오르는 향연(香煙)'과 같은 아지랑이 피어오르는 '서러운 풀빛' 길과 종달새만 무어라 지껄이는 푸르른 보리밭 길, 그리고 화사한 꽃밭을 지나 저 싱싱한 처녀 아이들처럼 약동하는 생명의 향연(饗宴) 속으로 걸어 들어가 보자. 그리하여 추상(追想) 속의 아름다웠던 내 젊은 날과 저 성스러운 생명들을 찬미하자.

5月의 찬미

    5월의 하늘, 유난히 맑고 푸르다. 아침 산길에서 만나는 그 면모가 약여한 여왕의 모습이 눈부시다. 계절의 여왕이 그 본연의 우아하고 고결한 모습을 드러내었기 때문이다. 나는 이 싱그러운 오월, 아침마다 여왕을 알현하는 호사를 누리고 있다. 깊은 듯 엷고 푸르러 부드러운 느낌을 주는 깨끗한 아침 하늘은 여왕의 고아하고 세련된 용모 그 자체이고, 그 하늘을 머리에 이고 있는 연초록 신록은 뭉게뭉게 아늑한 여왕의 이미지를 꿈결처럼 펼쳐내고 있다.

    이럴 때 쳐다보는 하늘은 우리의 눈과 마음을 정결케 해 주고 싱그러운 연두색 새잎들은 우리의 정신을 고양해 주는 힘이 있다. 그것은 이맘때의 하늘과 신록이 생명력을 불러오는 기운을 만들어 내고 있기 때문일 것이다. 이제 곧바로 초하로 들어서면 이 기운은 왕성한 생명력으로 상승하여 갈 것이고, 그야말로 녹음과 향그러운 풀꽃들이 그 아름다움의 절정을 노래하게 될 것이다. 참으로 눈이 밝게 씻기고 마음과 정신이 맑아지고 고결해지는 아름다운 계절이다. 아카시아꽃과 찔레꽃 향기, 그리고 우리의 코와 가슴을 시원하게 씻어 내 주는 늦봄의 산속에서 피는 이름 모를 꽃들의 향기, 신록이 선사하는 청신한 향기가 우리를 기쁨의 세계로 인도한다. 이러한 때 우리는 자연의 한 부분으로 살아가는 인간 본연의 모습을 다시 한 번 확인하게 되고, 그러한 은택 속에서 살고 있음을 감사하게 된다.

뒷산에서 내려오는데 집사람이 올라오고 있었다. 내가 나올 때는 그냥 누워 있을 것처럼 하더니 아마도 이 신선한 오월의 기운에 인도되어 자기도 모르게 뒷산을 오르게 된 것인지도 모른다. 하기야 오늘같이 이렇게 신선하고 아름다운 오월의 아침에도 모든 감각이 잠들어 있어 아무런 흥취도 느낄 수 없다면 그 사람은 그의 정서에 일대 수술을 가해야 하리라. 왜 올라왔느냐고 물었더니 저쪽 대학 건물 뒤에 두릅을 마지막으로 한 번 더 보고 싶어 올라왔다고 하였다. 오월의 기운에 이끌리어 산을 오르면서도 집사람은 아마 현실적인 그 무엇을 잠시 생각했던 것 같고, 곧 그 대상을 두릅으로 정한 것 같았다. 다른 것들도 얼마든지 생각할 수 있을 텐데, 이제는 잎이 퍼질 대로 퍼져 먹을 수 없는 상태가 되었을 텐데도 그 미련을 버리지 못하는 집사람의, 아니 여성의 채집에 대한 열의는 정말 대단하다 할 것이다.

이 신선한 오월의 아침에도 그런 작은 욕망이 우리의 마음속에 숨어서 작동하고 있음은 '그래서 인간'이라는 재미있는 깨달음도 갖게 한다. 전연 그런 생각이 들 것 같지 않은 이 아름다운 계절에도 사람은 여전히 어떤 욕망에서 벗어나지 못하는 본성이 있어, 일면 그 숙명성에 안타까움을 느끼게도 되지만 한편으로는 그런 인간이 귀엽다는 생각도 든다. 인간의 바람직하지 못한 일면이 오늘 아침 따라 귀엽게 느껴지는 것은 이 아름다운 하늘과 신록과 향훈(香薰)이 있기 때문이리라. 우리의 마음이 온통 긍정과 너그러움으로 가득 차게 되는 것은 이 계절이 우리에게 내리는 축복이라 할 것이다.

내려오는 길에 두릅을 둘러보았지만, 당연히 두릅은 이제 숲을 이루어 더 이상 나물로서는 쓸모가 없게 되어 버렸고 집사람은 못내 좀 더 미리 오지 못한 것을 아쉬워하였다.

그래도 요즘 들어서 나와 집사람이 하는 일 하나가 칡 순을 따오는 일이다. 요 며칠 전에 산에서 내려오다가 보니 어떤 아주머니가 무엇을 따고 있기에 물어보았더니 칡 순을 따고 있는데 이걸로 효소를 내리면 좋다고 하였다. 그래서 나도 그냥 산에서 내려오느니 좀 따 보자 해서 시작했는데 이게 삼사일 따보니까 그 양이 제법 되었다. 따오는 대로 작은 유리 항아리에 담고는 설탕을 뿌리고 하여 몇 겹을 앉히니 제법 효소 내리는 꼴이 갖추어져 갔다.

오늘 아침은 마침 집사람이 뒤따라 올라와 같이 따게 되었는데, 이 칡 순이라는 게 신기한 것이 어제 내가 눈에 띄는 대로 땄는데도 오늘 아침에 가 보면 또 그만큼이 눈에 띈다는 것이다. 비 온 뒤 죽순 돋아나듯 한다는 말이 있지만, 칡도 그 못지않아 참으로 칡의 강력한 생명력에 새삼 경탄하게 된다. 오늘 아침에 따온 칡 순을 항아리에 넣으니 항아리가 거의 다 찼다. 하룻밤 자고 나면 물기가 빠지면서 숨이 죽어 푹 꺼지기는 하겠지만 그래도 그만하면 효소 내리는 체면은 선 것 같으니 내일 아침부터는 채집을 그만두려고 한다. 내가 무슨 채집가나 자연인으로 살아가는 사람도 아니고 그거 만들어서 무슨 큰 덕 보자는 것도 아닌데 욕심은 부려 무엇 하겠는가. 이제 이게 잘 우러나서 우리 식구들, 또는 이웃들과 한두 잔씩 나누어 마시면서 정을 주고받을 수만 있다면 그걸로 족한 일이 아니겠는가.

 나는 무소유의 개념을 아직 잘 이해하지 못하고 있지만 무엇을 만들어 갖는다는 것은 얻는 것이 아니라 짐을 만드는 것이라는 것쯤은 알고 있어서 이런 것들, 예컨대 이런 칡 순 따기나 두릅 따기 같은 것은 재미로 끝나야지 거기에 소유의 개념을 부여해서는 안 된다는 생각이다. 많이 가져다 놓아도 결국은 다 소비하지도 못해 버리게 되거나 집안의 자리만 차지하게 되어 나중에는 애물단지가 되기 십상이기 때문이다. 사실은 우리 집에는 작년 가을에 집사람이 불철주야 주워 온 밤이 아직도 여기저기 굴러다니고 있어 버리지도 못하고 먹어 없애지도 못해 그 처리를 어떻게 해야 하나 하는, 하지 않아도 좋을 걱정을 안고 살고 있다. 남을 주기에는 물건이 되지 못하고 두 사람뿐이라 먹어 없애는 것도 불가능하니, 이래서 어설픈 소유보다는 차라리 없는 게 낫다는 말이 나오는 것일 터이다.

 물론 무소유는 소유 그 자체를 번뇌의 근원으로 보고 일체의 소유로부터 자유로워지고자 하는 의지를 그 기본 개념으로 하고 있어 우리 같은 범인들은 넘보기 어려운 경지이기는 하지만, 역시 없는 것이 무얼 조금 가진 것보다 편안할 때가 있는 것만은 사실이다. 그 정도는 알고 있기에, 그리고 집사람의 밤이 주는 교훈을 따라 칡 순 따기를 멈추려고 하는 것이다. 단지, 다시 한 번 말한다면, 이 칡 순 효소가 잘 내려져서 식구들과 이웃들, 친구들에게 칡 순 따느라 수고했다는 칭찬을 들으면서 함께 나누어 마실 수 있었으면 하는 소박한 바람은 가져 보게 된다.

어제 아침부터 드디어 뻐꾸기란 놈이 나타나 울기 시작했다. 꾀꼬리의 그 청아한 노랫소리와 까투리의 놀란 울음소리는 진즉에 들을 수 있어 숲속의 기쁨이 되고 있지만 이제 뻐꾸기까지 가세하여 숲은 새들 울음소리, 아니 노랫소리들로 하여 왕성한 생명력이 가득해져 가고 있다. 이런 숲속에 서 있으면 내 몸에도 그 생명의 기운이 스며들어와 내가 그 숲의 일부가 된 듯한 환상에 사로잡히게 된다. 환상이라고는 했지만, 그것은 비현실적이라는 의미가 아니라 그런 생명의 기운에 동참하게 된다는 뜻이다. 인간이 살아가면서 느끼게 되는 드물게 보는 기쁨이요, 축복이라 할 것이다.

지금 막 동네 집들 담벼락 너머로 장미들이 고개를 내밀기 시작했다. 저쪽 아파트 철책을 감고 있는 장미의 행렬이 이제 곧 눈부시게 우리를 유혹하게 될 것이다. 이 우윳빛 부드럽게 흐르는 푸른 하늘, 뭉게구름처럼 피어나는 신록의 무리, 빨간 장미의 그 치명적인 유혹, 그리고 저 아름다운 새들의 노랫소리와 오월의 향훈을 어찌 우리가 기쁨이라 하지 않을 수 있겠으며 축복이라 칭송하지 않을 수 있겠는가. 그리고 감사하지 않을 수 있겠는가. 감사는 행복으로 가는 길이요 문이라 하였으니 우리는 지금 그 길 한가운데, 또는 그 문 앞에 서 있음을 또한 감사하게 된다.

서툰 농부의 어느 아침나절
-장미에 취하다

    새벽 이른 시간에 집사람이 포항 일일 여행을 간다고 일찍 일어나 준비하는 바람에 나도 잠이 깨어 버리고 말았다. 좀 게으름을 피우다가 뒷산에 올랐다.
    오늘도 날씨는 맑고 하늘은 푸르러, 그 하늘을 배경으로 연초록의 나뭇잎은 그 어느 색깔보다도 예쁘고 싱그럽게 초여름을 수놓고 있다. 이렇게 아름답고 신묘하고 감동적인 색감의 조화가 또 어디에 있겠는가. 새파란 오월의 하늘과 연초록의 색감은 대비와 조화가 한데 어울려 빚어내는 싱그러움의 극치를 보여 주고 있다. 모순이 만나 오히려 조화를 만들어 내는 이 신비스러운 자연의 섭리 앞에서 우리는 그저 감동에 몸을 맡길 뿐 할 말을 찾지 못하고 만다. 뒷산 산 위에서 만나는 이 오월의 기적 앞에서 옷깃을 여미고 이 싱그러운 대기 속에 서 있을 수 있게 해 준 어떤 초월적인 힘에 재삼 깊은 감사를 느끼게 된다.

집에 돌아와 간단한 요기를 하고 밭을 돌아보러 나갔다. 모종에 물도 좀 줘야 할 것 같았다. 다른 모종들은 모두 뿌리를 내려 싱싱한 모습을 보이고 있고 호박과 오이는 아주 작지만, 앙증맞은 열매가 벌써 맺혔다. 가지와 고추도 꽃이 피고 열매가 달리기 시작하고 있다.

단지 고구마만이 아직 생사를 넘나들고 있어 늘 걱정스러운 눈으로 바라보게 된다. 이 고구마는 모종 후 필요 이상으로 물을 많이 줘 오히려 뿌리가 썩어서 이런 현상이 생긴 것이라고 이웃에서 귀띔했다. 선무당 농부의 무지가 부른 일이다. 이쪽 밭은 그런대로 몇 포기 외에는 살아나는 모습을 보이고 있으나 저쪽 밭 고구마들은 거의 반 이상이 회생 불가능해 보여 마음이 언짢았다. 옆의 밭 순일이 아저씨는 계속 물을 주지 말고 더 지켜보라고 조언하면서 나를 위로한다. 그러나 오늘같이 폭염에 가까운 태양 빛을 받으면 또 말라 죽지 않을까 염려되어 몇 번이나 물을 주고 싶은 충동을 느꼈으나 전문가의 말을 따르기로 하고 참았다.

농사일에 서툰 농부의 고충이 고스란히 묻어나는 상황이 이어지고 있다. 내 생각과 전문가의 생각이 다를 때는 당연히 전문가의 말을 따르는 것이 순리일 것이다. '밭을 가는 일은 사내종에게 물어보고 길쌈하는 일은 계집종에게 물어보라[경당문노 직당문비(耕當問奴 織當問婢)]'는 옛말이 괜히 있는 게 아니라는 것을 알면서도 자꾸만 뒤가 돌아보아지는 것은 어쩔 수 없었다. 자기 생각의 틀에서 벗어나지 못하는 어리석음이 그 원인이다. 혹여 그 전문가의 조언이 틀릴 수도 있다는 제법 경험칙에 가까운 어설픈 지식을 떠올리기도 하지만 이 역시 마음을 비우지 못하는 교만의 변종일 뿐이다.

나름의 지식과 판단이 그르다는 것을 인정하고 싶지 않은 소아적인 자기애에 갇혀 우리는 얼마나 많은 오판을 저질렀고 또 미망을 헤매었던가. 이제 고구마는 전문가의 조언과 천운에 맡길 수밖에는 없게 되었다. 한 가지 이번 일로 하여 내년에도 내가 고구마를 심는다면 어떻게 해야 하는지를 배웠다는 점만은 분명하다. 서툰 농부가 얻어 낸 큰 소득이다.

밭에서 돌아오는 길가 아파트 철책에는 초여름의 눈부신 태양 아래 붉은 넝쿨장미들이 다투어 머리를 내밀고 그 아름다운 생명의 열기를 내뿜고 있다. 모내기가 이미 끝난 논 가 숲속까지 내려온 꾀꼬리가 청아한 노랫소리로 장미의 아름다움에 화답하고 저쪽 위로는 뻐꾸기 울음소리가 우리를 윤사월의 아득한 시공 속으로 이끌어 들인다. 이제 아홉 시가 조금 넘은 아침 시간이지만 꾀꼬리와 뻐꾸기가, 철책을 따라 길게 이어져 장관을 이룬 장미꽃의 그 고혹적이고 도저(到底)한 행렬 앞에 취한 듯 망연히 서 있는 나를 한낮의 꿈결 같은 나른함 속으로 빠져들게 한다.

타는 듯이 붉은 장미와 눈부신 초하의 태양과 싱그러운 녹음, 모내기한 논과 꾀꼬리와 뻐꾸기는 왕성한 생명력과 사랑에 대한 열망이 피어오르는 세계로 우리를 인도하기도 한다. 사랑은 물론 생명력에 기인한 이성에 대한 동경이고 이성과의 성적 교섭과 합일에 대한 뜨거운 소망이다. 이 초여름을 장식하는 정경들이 우리에게 전하는 나른한 동경과 생명 탄생에 참여하고 싶은 열망만큼 즐거운 정서적 체험이 어디 있겠으며, 짜릿한 상상의 여행을 또 어디서 찾아볼 수 있겠는가. 나이 든 사람에게도 이런 계절의 축복이 내린다는 것은 참으로 행복한 일이고 감사할 일이다.

　아니 조카님 아직 안 들어가셨네 하는 소리에 문득 정신을 차리고 보니 무슨 생각을 그리하느냐는 듯 뒤따라온 순일이 아저씨가 나를 보고 빙그레 웃고 있다. '이 장미꽃들 대단하지요? 몇 년째 보는 광경이지만 볼 때마다 장관이라는 생각이 드는군요.' 했더니, 그런가요 하면서 그는 길게 목을 빼고 저쪽 아래까지 이어진, 아우성처럼 다투어 피어난 진홍색 장미의 행렬을 바라보면서 아, 그렇구나 하는 듯이 새삼 낯선 정경 앞에 선 사람 같은 표정을 짓는다. '무심코 지났는데 이제 보니 대단하네요.' 하는 그의 얼굴에 일순 감동의 물결이 스쳐 지나간다.
　만개한 장미 길을 따라 걸으면서 우리는, 누가 시키지 않아도 눈부시게 아름다운 여인 앞에서는 무릎을 꿇고 싶어지는 것과 같은 심경이 되어 버린다. 장미는 거대한 권력이 되어 우리에게 그 아래 머리를 조아리게 하고 있었다. 이러한 때 우리는 어설픈 자유보다는 아름다움과 열망에 구속되는 포로가 되고 싶어진다. 자유를 버리고 노예의 길을 선택하게 만드는, 이 도저히 이해할 수 없는 희한한 역설이 장미에 이르면 하나의 진실이 되는 놀라운 비밀을 발견하게 된다. 서툰 농부가 잠시 농사일을 잊고 이 계절이 내리는 축복을 만끽하는 호사를 누리고 있다.

청추한담(淸秋閑談)

계절의 경계가 불분명해진 요즘 날씨 탓인지 청추를 맛보기는 어려우나 빗소리 사이로 간간이 들리는 풀벌레 소리로 보아 계절은 가을임이 분명하다.

이 가을 '나래 카페'에 올라온 우리 친구들의 근황에 부쳐 몇 가지 얘기를 전코자 한다.

• 아름다운 고백

고백은 아름다운 것이다. 나의 뜻을 전하고 상대방에게 마음을 열게 함으로써 인간적 이해의 폭을 넓힐 수 있게 해 주기 때문이다. 인간적 이해란 또 얼마나 종요로운 것인가. 세상의 온갖 불화와 갈등이 상호 이해의 부족에서 비롯됨을 생각한다면 우리를 이해의 장으로 인도하는 고백이야말로 귀한 평화의 메신저가 아닐 수 없다.

더욱이나 그것이 이성 간의 미묘한 감정과 관련될 때에는 더 큰 반향과 영향력을 지니게 되는 것이니 우리 여자 동기 Y에 대한 연영의 그 아득한 고백이 이 점을 웅변적으로 증명하고 있지 않은가. 그 고백이야 생각하기에 따라서는, 이제 50여 년 전의 일이니 뒤늦게 무슨 신선함이 느껴지겠는가 하는 생각도 들 수 있겠지만 이 일에 연루되거나 혹 아직도 숨어 있을지도 모르는 이해 당사자들에게는 놀라운 사건이 아닐 수 없으며, 어쩌면 충격으로 받아들여지는 일면도 없지 않을 것이다. 나야 당시 아직 이성에 큰 관심을 두지 않았던 때라 내 곁에서 무슨 일이 벌어지고 있는지를 통 모르고 있었지만, 이런 숨겨진 아름다운 마음들이 내 주변에 미만(彌滿)해 있었음을 지금 생각하면 그 향기가 살아나는 것 같아 새삼 젊어지는 기분이 든다.

그런 점에서 가슴속에 고이 묻어 두었던 소중한 보물이나 다름없는 자신의 마음을 드러내 보여 줌으로써 우리 모두의 마음을 스스로 들여다보게 하고, 특히 송산이나 달그림자 같은 사람에게는 자신을 열어 보이게 만든 연영의 용기 있는 고백을 칭송하지 않을 수 없다. 연영은 우리 모두를 보다 밝고 평화로운 우정의 광장으로 인도해 준 아름다운 사람인 것이다. 그리고 의도하지는 않았으나 스스로 있는 존재 자체가 연모의 대상이 됨으로써 우리 젊은 날을 아름답고 윤택하게 해 주었을 뿐만 아니라 지금도 우리에게 활력을 제공하는 Y에게 우리는 고마운 마음을 금할 수 없다.

사실 우리 동기 여학생들 셋은 모두 우리에게 소중한 벗들이다. 그녀들은 시험 때면 잘 정리된 노트를 빌려줌으로써 학우를 F학점에서 구제해 주었고 마음에 힘이 되어 준 적도 한두 번이 아니었으니, 고마운 사람들이 아닐 수 없다. 나는 이들 모두를 사랑하고 있음을 고백하는 바이다.

• **복분자술 노래**

　국사(國事)에 진력하고 있는 와중에도 복분자 술 노래를 듣고 은밀한 고백의 자리에 동참해 준 달그림자가 또한 우리를 즐겁게 한다. 늘 바쁜 달그림자가 이렇게 정답게 찾아와 주니 반갑기도 하지만, 한편으로는 진작 그의 노고에 위로의 말을 전하지 못한 점이 미안하기도 하다. 사람이 무엇이 친구이고 정이란 말인가. 말이라도 힘이 되어 줘야 할 우리가 함구하고 있었음은 도리가 아님을 알기에 늦었으나마 미안한 마음과 위로의 뜻을 전하는 바이다.

　그의 시(詩)대로라면 복분자술을 담그기 위해서는 깊은 산속으로 산딸기를 따러 가야 하는데, 그럴 여가가 없으니 그 일은 꿈으로 접어 둬야 할지도 모른다. 그러나 시인의 마음은-참 달그림자도 그날, 우리가 취선(醉仙)이 되었던 그 어느 여름날 시인으로 데뷔했는데, 실현 여부는 아무래도 좋은 소망적 사고(wishful thinking)의 아름다움, 그 정겨움에 빠져들고 싶었던 것으로 보인다.

　인적 드문 깊은 산속에서 정인(情人)-Y는 이 경우 정인의 은유로 볼 수 있을 것인데 굳이 메타포의 보조관념으로 Y를 선택한 것은 벗에 대한 그리움에서 비롯된 것임이 분명하지만 저 위의 연영과 맥을 같이 하는 고백적 성격이 묻어나고 있어 재미난 느낌을 주는, 그런 정인과 함께 그녀가 담근 복분자술을 함께 마시면 얼마나 좋을까 하는 이런 유(類)의 시적 발상은 노천명의 시에서도 발견되거니와 우리를 동화와 같은 아늑한 세계로 인도하고 있음은 분명하다. 복분자술의 현실적인 효용성과 관련된 에로틱한 분위기는 최면의 효과까지도 얻어 내고 있어 이 시인의 범상치 않은 시적 경지를 드러내고 있기도 하다.

하여튼 복분자술은 마시기는 마셔야 할 것 같다. Y는 있으면 더 좋고 없어도 무관하다. 정인이 시적 은유인 바에야 그 분위기가 중요한 것이지 어찌 구색 맞추는 일이 중하겠는가. 복분자술은 전라북도 고창이 원조라고 하니 그곳으로 가서 풍천장어를 안주로 하여 술잔을 나눈다면 그것이 곧 시인의 소망을 실현하는 길이 아닐까 하는 생각도 든다. 시인과 더불어 꿈꾸는 그것만으로도 우리는 행복하지 않은가!

- **효자동 아주머니**

주변에 나를 알고 있는 사람이 있다는 것은, 더욱이나 소중하게 여기는 사람이 있다는 것은 얼마나 행복한 일인가. 나이 먹는 것이 슬픈 것은 뭐니 뭐니 해도 지인을 한둘씩 잃어간다는, 즉 나를 기억하는 사람을 잃어버린다는 것, 그래서 찾아오는 외로움 때문이라고 해도 과언은 아니다.

그런 점에서 본다면 Y는 참 부러운 사람이다. 순한 양같이 아내의 말을 잘 따르는 남편이 늘 곁에 있고, 아내의 속셈을 간파하면서도 군말 없이 그 뜻을 따른다는 것이 얼마나 어려운 일인가는 우리 모두가 잘 알고 있거니와, 그럼에도 흔쾌히 탁구장으로 따라나서는 고마운 남편이 있고, 또 저렇게 Y를 칭송하고 나아가 인물 연구까지 하는 벗들이 있으니 말이다. 단지 스스로 있음일 뿐인데 남들에게 기쁨을 줄 수 있다니, 이것은 또 얼마나 복되고 보람된 일인가. 이제 우리 모두 할머니 할아버지 소리를 듣게 된 나이지만 Y와 같은 친구가 있기에 늘 싱싱한 마음으로 만날 수 있음을 생각하면 그대가 고맙기 그지없다.

Y가 등산을 좋아한다니 나래 카페 친구들 가끔 효자동 아주머니, 그녀가 안내하는 북한산 등반을 해 봄이 어떨까? 우리 건강과 우정을 위한 가을 산행이라니 생각만 해도 즐겁지 아니한가!

제석감상(除夕感想)

　섣달그믐날 저녁 어두움이 내리고 있다. 하루 내내 안개비를 뿌리는 흐린 하늘에다 황사와 초미세먼지까지 겹쳐 일찍 어두워진 탓인지 창문 밖에 간간이 들리던 아이들 떠들던 소리도 잦아들어 조용한 제야(除夜)의 분위기가 사위(四圍)를 둘러싸고 있다. 한 해를 또 그렇게 보내는 아쉬움과 새해를 바라보는 설렘이 교차하는 시간이지만 이맘때면 오히려 마음이 평화로워지기도 하는 것은, 먼 길을 떠났던 나그네가 설을 맞아 이제 그 긴 여정을 끝내고 마침내 가족들 품으로 돌아온 것과 같은 안식과 평온을 느낄 수 있기 때문이다. 우리는 모두 올 한 해 각자의 일을 찾아 먼 길을 돌아온 사람들이 아니던가.
　양력 신년 새해는 이미 지나갔지만, 육십갑자의 새해는 설에서 시작되는 것이니 이제 지난 한 해 굽이진 길들을 돌아보고, 내려놓을 것은 내려놓고 버릴 것은 버리고 잊을 것은 잊어버리는 정리의 시간을 조용히 가져 볼 일이다. 그리고 그 일들을 모두 그냥 버리는 것이 아니라 내일을 위해 소용이 닿는 것들은 마음속에 기록하여 두었다가 요긴하게 쓰는 지혜도 늘 잊지 말아야 할 일이다.

• 허무의 성찰

 허무와 공허는 모든 것들이 우리 곁에 머무는 시간이 짧기 때문에 생겨나는 안타까운 마음일 뿐이지 이전의 모든 일이 허망하게 무화(無化)되는 것을 의미하는 것은 아니다. 한 해의 끝자락에서 느끼는 허무는 그래서 새로운 희망을 기약하는 원천이라 생각할 일이며, 공허함은 그 안에 유의미한 어떤 실체를 감추고 있는 어둠과 같다고 이해할 일이다. 지나간 일이 비록 잘못된 것이라 하더라도 그것을 소중하게 보듬어 내일의 길잡이로 삼을 때 우리의 삶은 입체적인 가치를 형성할 수 있을 것이기 때문이다.

 설을 쇠러 온 손자 손녀 녀석들이 거실에서 난리를 피우고 있다. 제 엄마 아빠들이 말리고 야단치는 소리와 이 아이들이 떠드는 소리가 겹쳐 정신을 차릴 수 없을 정도다. 그래도 언제나 조용하기만 하던 집안이었으니 명절이라고 아이들이 찾아와 소란을 피우는 그 어수선함도 지금은 집안의 활력으로 느껴지기만 한다. 서너 놈이 교대로 이건 뭐예요, 저건 또 어떻게 하는 거예요 하면서 사람을 한 시도 가만히 놔두지 않아 성가시고 피곤하기는 하지만 그래도 이런 것에서 사람이 산다는 것을 실감하는 것이 아니겠는가.

 집사람은, 지난가을부터 어디서 밤을 주워 모아와 나에게 깎으라고 시키기 시작하더니, 이제는 내가 밤 깎는 사람으로 보이는지 또 밤을 깎으라고 한 됫박을 앞에 쏟아 놓는다. 차례상에 쓸 것이라면 시장에서 생률(生栗) 친 것을 몇 개 사 오면 될 일을 꼭 이런 일을 시켜야 직성이 풀리는지 사람을 귀찮게 하고 있다. 그러나 이것은 나의 잘못된 생각이다. 어찌 집사람이 필요치도 않은 일로 사람을 귀찮게 하겠는가.

　가족 구성원들이 모두 바쁘게 돌아가는 명절 때는 그 식구들은 각자 뭔가 한 가지씩은 맡아 일을 거듦으로써 가족으로서의 연대감과 결속력을 다질 수도 있겠다는 생각이 들어 즐거운 마음으로 밤을 깎기로 했다. 옆에서 손가락을 아파하는 내가 안쓰러웠던지 막내아들 놈이 좀 거들어 줘 겨우 책무를 다할 수 있었다. 그사이에도 참견을 쉬지 않는 손주 놈들이 내 손가락 아픈 것보다 더 큰 방해꾼이었다.

　이제 한 살을 더 먹는다는 느낌이 이전과는 달리 더 크게 다가온다. 세월이 빠르다든가, 헛되이 시간을 보냈다는 유(類)의 느낌과는 다른, 이제야말로 나의 삶을 좀 더 성의 있게 들여다보고 의미 있게 정리해 가야 할 때가 된 것이 아닌가 하는 생각이 든 까닭이다. 무엇인가를 새롭게 시작하는 진취적인 삶을 포함하여 돌이켜 성찰하고 정리하는 삶이 병행되어야 하리라는 생각을 해 보게 된다. 값싼 허무 의식에 사로잡히는 일은 없어야 할 것이다.

• 무소유(無所有)를 다시 생각함

　추석이 지난 후 오늘까지 몇 줄의 글도 쓰지 못했다. 할 말이 없었던 것은 아닐 텐데 선뜻 손이 가지 않았던 것은 게으름이 가장 큰 원인일 터이나, 또 한편으로는 일상의 권태로움과 진부함을 벗어나지 못하고 있는 자신이 조금은 부끄러운 마음이 들었기 때문이리라. 우리가 이제 남에게 보여 줄 만한 그 무엇이 있겠는가마는 그래도 아직은 무위의 나날을 보내고 있는 자신을 드러내 보이고 싶지는 않은 까닭일 것이다. 나이는 먹어도 부끄러움은 남아 있고, 부끄러움이 있다는 것은 개선의 욕구가 아직 사라지지 않고 있음을 뜻하는 것은 아닐까?

그러나 이제 우리는 한편으로는 무욕(無慾)의 경지를 생각해 보아야 할 나이가 되었고, 또 한발 거기에 가까이 다가서는 때가 되었다. 올 설은 내가 가진 것에 대한 미련을, 갖지 못한 것에 대한 애석한 마음을 모두 정리해 보도록 하자. 그리고 무욕이 갖는 진정한 의미가 무엇인지 숙고해 보도록 하자.

무욕이란 정말 세속적인 모든 일과 절연하고, 또 모든 것을 버려야만 이를 수 있는 경지일까? 무소유의 심성은 정갈해 보이기는 하지만 그런 마음을 갖기 위해 우리는 얼마나 많은 갈등의 밤과 낮을 보내야 하는가를 생각해 보면 무소유 또한 세속적인 욕구와 무관할 수만은 없음을 알 수 있다. 그러므로 우리가 무엇을 갖지 않는다는 것은 모든 것을 버린다는 것이 아니라 주변에 쌓여 있는 불필요한 잡동사니들을 깨끗이 정리하여 내 몸과 마음을 가볍게 하고 사고와 행동을 간결 담백하게 가져감으로써 삶의 또 다른 차원을 열어 가는 일로 파악해야 할 것이다.

무엇을 떼어 내고 무엇을 버리고 무엇을 잘라 낼 것인가? 애초에 가진 것, 쌓아 둔 것이 없으니 그렇게 버릴 것도 없지만 정작 버리려고 들면 모든 게 다 아까워 보이고 아쉬움이 남는다. 그러나 무엇을 정리할 때에는 과감해야 한다. 우선 쓰지 않는 물건과 괜히 책장만 차지하고 있는 책들부터 버리도록 하자. 그리고 이젠 들여다볼 가치가 소멸해 버린 과거의 기억들, 생산성이라고는 전연 없는 해묵은 감정들을 과감하게 정리하도록 하자. 여기에는 아픔도 따르고 미련도 남을 것이나 남겨 둘수록 마음만 무거워질 것이 분명하니 버리도록 하자. 무욕의 경지로 가려면 우선 몸부터 가벼워야 할 것이 아닌가.

그러나 이것만은 남겨 두자. 언제든 그때가 바로 새로운 것을 시작할 때라는 희망의 메시지 말이다. 모든 욕심으로부터 자유로워지되 진정한 가치와 보람을 추구하는 마지막 열정만은 남겨 두자는 것이다. 우리가 언제 한 번만이라도 이타적인 삶을 실천해 본 적이 있었던가. 세속적인 욕망과는 차원을 달리하는 의지, 그것이 비록 하나의 로망으로 끝나는 한이 있더라도 그것의 실현을 위해 지금까지와는 다른 고민을 시작해 보아야 할 일이다. 무욕과 무소유, 그것은 고답(高踏)의 경지가 아니라 삶의 또 다른 단계로의 진전을 의미하며 희망의 또 다른 이름일 뿐이다.

서해상의 일몰, 그 낙조(落照)의 형언하기 어려운 진홍의 빛깔은
우리의 무디어진 감각을 하나하나 놀라 깨어나게 하였으며
탄력을 잃어버린 우리의 마음을
다시 팽팽하게 잡아당겨 주었습니다.

2

제부도 일지

제부도 일지

 제부도는 시인이 되어 보기에 딱 좋은 섬이었습니다. 가물가물 수평선까지 이어지는 갯벌과 그 빈 하늘을 음표가 되어 달래 주는 갈매기들, 그리고 원경(遠景)으로 들어오는 외로워 보이는 작은 바위섬들이 아득한 그리움을 몰고 와 시심을 자극하는 그런 곳이었습니다. 제부도로 가는 길은 이미 위락 시설들이 촘촘히 자리 잡고 있어 정감 어린 분위기와는 거리가 멀어 보였지만, 제부도에서 바라보는 전경(前景)은 그런 문명의 은성(殷盛)에서 벗어난 초연한 모습을 하고 있어 시심을 환기하는 데 부족함이 없었다는 것입니다.

 항상 그런 것은 아니지만 행복하다고 말해 버리면 행복하다고 느낀 정서는 금방 소멸해 버리고 맙니다. 행복은 말하기를 통해 존재하는 것이 아니라 느낌의 형태로 향수(享受)되는 순간적인 에너지이기 때문이죠. 우리가 그 행복을 굳이 객관화하고 명시할 필요가 있는 경우가 아니라면 행복하다는 언명은 되도록 유보되는 것이 바람직합니다.

이것은 시인(詩人)의 경우 더욱 명백한 것이어서 일상에서 그들이 충만한 정서와 감동을 지니고 있으면서도 쉽게 그 속내를 토로하지 않는 이유가 되기도 합니다. 필요 이상의 말하기는 우리의 피부에서 윤기를 앗아 가는 건조한 바람과 같은 것이어서, 시인의 곳간을 가난하게 만드는 역기능적인 작용을 하는 까닭입니다.

우리 같은 속인(俗人)들이야 아무런 갈등 없이 내키는 대로 말을 쏟아 내지만 그렇다 하더라도 감동이나 감격을 오래 간직하고 싶은 사람은 그 언어적 표출을 자제해야 함을 이해해 둘 필요는 있습니다. 이들은, 또 시를 쓴다는 그 자체가 정서적 에너지를 소모하는 일이며 그의 곳간을 비우는 작업이므로 시 쓰기가 끝나면 극심한 공허감과 외로움을 느낄 수밖에 없게 됩니다. 그런 의미에서 시인은 비우고 채우는 고통스러운 작업을 반복해야 하는 운명을 지니고 태어난 사람들입니다. 우리처럼 비고 차는 것 자체를 의식하지 못하는 속인들이 어쩌면 행복한 사람일지도 모르겠습니다.

사설이 너무 길어졌습니다만, 이런 이야기를 하는 까닭은 그날 제부도에서 우리 동기(同期)들 모두는 행복하였고 시인의 마음이 되었기 때문입니다. 추억의 세계로 잠행하는 즐거움과 때로는 동심에 빠져드는 안온함으로 하여 좀체 만나기 어려운 행복한 시간을 보냈기에 나는 이 정감을 조금이라도 연장하고 싶은 마음에서 말을 아끼고 싶었다는 것입니다. 그러나 참으로 이기적인 생각이었습니다. 기쁨은 나누어야 더욱 커진다고 하였는데 친구들에게 그 조금 나누어 주는 것이 아까워 입을 다물려고 했다니 부끄럽습니다. 그러나 나는 그날 제부도에서 정말 시인이 되어 보고 싶다는 충동이 크게 일었음만은 고백해 둡니다.

  제부도는 말을 아끼고 싶은 마음을 갖게 하는 그런 섬이었다는 것입니다.

  또한 제부도는 그날 하나의 커다란 유혹이자 어이없게도 하나의 절망이기도 했습니다.

  운이 좋아서 보게 된 서해상의 일몰, 그 낙조(落照)의 형언하기 어려운 진홍의 빛깔은 우리의 무디어진 감각을 하나하나 놀라 깨어나게 하였으며 탄력을 잃어버린 우리의 마음을 다시 팽팽하게 잡아당겨 주었습니다. 우리의 마음을 휘몰아 동경과 열정의 세계로 인도하는 그 신비로운 색감은 그 자체가 하나의 화려한 유혹이 아닐 수 없었습니다. 신비로운 경지로 빨려 들어가는 듯한 불가항력적인 쏠림과 모호한 일탈에의 강한 충동을 아우르는 그 묘한 유혹 말입니다. 집 사람의 엄한 금주령을 잊어버리고 술을 찾게 된 하나의 이유가 여기에 있었던 것입니다. 시심에 사로잡힌다는 것은 어느 정도 현실 부정의 의지와 관련되는 까닭이기도 합니다.

  그러나 한편 그것은 어쩌면 하나의 슬픔이자 절망이기도 했습니다. 아득한 우주적 섭리와 질서, 그 설명과 표현의 한계를 넘어서 버린 장려(壯麗)한 일몰(日沒) 앞에서 인간의 초라함과 보잘것없음을 새삼 확인하지 않을 수 없었는데, 이럴 때 느끼는 둘 곳 없는 마음을 절망이라고 일러 무방할 것입니다. 오래전 얘기입니다만, 대학 입학식 직후 엠티 겸해서 인천 부근 바닷가로 놀러 갔을 때, 한 친구가 혼이 빠진 사람처럼 그 일몰의 노을빛 바닷물을 향해 하염없이 걸어 들어가 우리 일행을 놀라게 했던 것도 어쩌면 그런 절망감 비슷한 것에 이끌렸기 때문이 아니었을까요?

일찍이 두보가 장강(長江)의 유장(悠長)한 흐름에서 오히려 인간의 유한성을 읽어 내고 그 안타까움을 노래한 바 있습니다만, 두보가 술을 즐겨한 것도 자신을 포함한 유한자(有限者) 인간에 대하여 느낀 연민 때문이었으리라는 생각이 들어 우리는 또 술잔을 주고받을 수밖에 없었습니다. 그렇다고 해서, 절망은 한편으로는 인간에 대한 희망과 신뢰, 그리고 자신감을 회복해 내는 부활의 에너지로 전환될 수도 있음을 잊었다는 것은 아닙니다.

이야기가 다소 무거운 쪽으로 흘렀습니다만 결론은 우리는 그날 행복했다는 것입니다. 이제 나이 고희를 앞두고 있는 우리에게도 유혹과 감상(感傷), 그 풋풋하고 애틋한 정감의 세계를 거닐 수 있는 이런 심적 체험의 기회가 찾아와 준다는 사실이 너무나 행복했다는 것이지요. 우리는 모두 시심의 선물을 받아 행복을 누렸으니, 그것은 제부도가 우리에게 내린 축복이었던 것입니다. 우리는 제부도를 향해 마음 가득한 감사의 정을 표하지 않을 수 없었습니다.

우리는 그날 이런 교훈을 얻었습니다. 이제는 돌아갈 수 없기에 아름다울 수밖에 없는 젊은 날의 추억을 공유하는 친구들과 함께하면 잘하고 못함, 옳고 그름을 떠나 모든 일이 의미를 지니게 되고, 그리고 인생이 즐거워진다는 것을 말입니다.

이번 모임에 동참하지 못한 동창 친구들에게 이 깨달음과 행복을 나누어 드립니다. 다음에는 우리 모두 모여 그 즐거움과 행복을 더 크게 만들어 보도록 합시다.

성지순례기
–구약(舊約)의 길을 따라서

1

여행이 시작되는 시간 동행이신 목사님 한 분께서 시편 제1장을 봉독하시면서 우리 모두 이 말씀을 마음에 안고 순례의 길을 떠나자고 하였습니다. 여호와의 율법, 그 가르침을 즐겨 묵상하면서 이르는 곳 성지마다 그 의의를 상고(詳考)함으로써 시냇가에 심은 나무와 같은 성도가 될 수 있도록 하자는 말씀으로 받아들였습니다. 말하자면 우리의 여행 목적이 어디에 있는지를 일깨워 주신 것이죠. 여호와의 가르침에 어두운 사람으로서는 다소 부담스러운 감이 없지 않으나 마음이 필요 이상으로 열리기 쉬운 여행길에서 어느 정도 긴장감을 유지케 해 준 유익한 말씀이었습니다. 사실 엄숙한 순례자이기보다는 가벼운 탐방객의 마음으로 그 자리에 섰던 나는 괜히 티셔츠의 단추와 깃을 슬쩍 만져 보기도 하고 동반자들의 표정을 살펴보기도 했습니다.

무엇인가 얻어 오는 시간이 되도록 하자. 많은 은혜를 받도록 하

자. 그러나 욕심은 부리지 말자. 때로는 경쾌한 탐승객의 기분으로, 때로는 진지한 순례자의 발걸음으로 여정을 따라가 보기로 하자. 감동은 하되 감상이나 과장에 빠지는 일은 없도록 하자. 한편으로는 목사님의 말씀을 이렇게 해석해 보기도 했습니다.

2

크리스티앙 자크는 그의 소설 「람세스」 서문에서 이집트를 이렇게 말하고 있습니다.

"물과 태양의 나라, 공정함과 정의와 아름다움이 의미를 가지고 있었던 나라, 그리고 그것들이 나날의 삶 속에서 구현되었던 나라, 저승과 이승이 끊임없이 만나고, 죽음으로부터 생명이 다시 태어나며, 보이지 않는 존재의 현현이 손에 만져지는, 생명과 불멸에 대한 사랑이 살아 있는 자들의 가슴을 넉넉하고 기쁘게 만들어 주었던 곳."

물론 이것은 이집트 마니아라고 할 수 있는 자크가 고대 이집트에 바치는 헌시적(獻詩的) 표현이기는 합니다만, 그것이 모든 나라와 족속들이 꿈꾸고 있는 이상 세계의 모습을 하고 있다는 점이 우리의 눈길을 끕니다. 모세가 야훼로부터 약속받은 땅 가나안도 그 구체적 모습을 보이라 한다면 이런 내용으로 말해질 수 있지 않을까요? 오늘날 세계가 미국을 기회의 땅으로 보고 동경하듯이 그 옛날 히브리인들도 풍요의 땅 이집트로 흘러들어와 '고기 가마 곁에 앉았던 때와 떡을 배불리 먹던 때(출 16:3)'에 안주하여 사백삼십 년을 내쳐 살게 된 것으로 보입니다.

 그러나 그들은 주인이 아니라 노예와 다름없는 생활을 하고 있었다는 게 문제였습니다. 파라오가 보기에 이집트는 마아트(우주적 질서와 삶의 법칙)를 아주 무겁게 여기는 정의로운 국가지만 모세가 보는 이집트는 비록 배불리 먹을 수 있는 식량이 있다 하더라도 히브리인들이 살 곳은 아니었습니다. 자유 의지의 실현이 불가능한 세계는 그것이 설령 인용문과 같은 이상 국가의 모습을 하고 있더라도 그것은 저들의 것일 뿐이지 히브리인들의 것은 아니라는 것이 모세의 생각이었기 때문입니다. 게다가 야훼의 부름이 있었으니 이것은 민족적 자각과 인간적 가치에 대한 회의를 촉발시키는 계기가 되었고, 따라서 출애굽은 그들에게 거역할 수 없는 운명이 되고 말았던 것입니다.

 모세가 이스라엘 자손을 이끌고 나섰던 광야는 우리 같은 속인들의 눈에는 사람이 살 곳이 아니었습니다. 물맛이 써서 마실 수 없었던 마라의 우물과 방해꾼 아말렉이 진치고 있어 힘겨운 싸움을 치러야 했던 '쉬는 곳' 르비딤을 거쳐 시내 산에 이르기까지 바란 광야, 시내 광야, 신 광야 어디에도 인적이 깃들 만한 곳은 없었습니다. 마라로부터 바란 광야를 끼고 홍해가 펼쳐져 있기는 하지만 당시 그들에게 이 바다는 큰 위안이 되지 못했을 것입니다. 오히려 그 아름다운 물빛과 사막의 황량함이 빚어내는 거대한 콘트라스트는 절망감만 더 깊게 했을지도 모를 일입니다. 지금은 군데군데 항구도 보이고 휴양지도 들어서 있어 사람 사는 곳이 되었지만 3,300여 년 전

이곳은 그저 무심한 바다일 뿐 그들의 생존에 아무런 도움도 되지 못했을 것이기 때문입니다.

시내 산 못미처 어디쯤에선가 가이드가 버스를 세우더니 모두 내려 보라고 했습니다. 광야를 몸소 체험해 보라는 겁니다. '불사신같이 작열하는' 백일(白日)과 구름은커녕 잡티 하나 없는 하늘이 경이롭다기보다는 오히려 두렵게 느껴지는 그런 곳이었습니다. 버스가 지나온 저 뒤쪽 먼 곳 저 길을 따라 모세는 오륙십 만 장정들과 거기에 딸린 수많은 이스라엘 자손을 이끌고 약속의 땅을 찾아 이렇게 시내 산 쪽으로 갔다고 하면서 가이드가 가리키는 이 아득한 열사의 땅은 그 자체가 갈등과 고통의 현현(顯現)으로 보였습니다. 그러나 이곳은 인간답게 살고자 하는 자들이라면 필연적으로 거쳐 가야 할 시험의 땅이었으며, 그들이 느꼈던 고통과 갈등은 무엇인가 얻고자 하는 자가 마땅히 치러야 할 대가였던 것입니다. 광야 40년은 한 차원 높은 세계로 나아가기 위해 이스라엘 자손들이 겪어야 했던 장엄한 통과제의였다는 얘깁니다.

이제 야훼는 왜 당신이 선택한 이스라엘 자손들을 곧장 가나안으로 보내지 않고 황막한 사막으로 불러내어 불기둥 구름기둥으로 안내해야만 갈 수 있는 험한 길로 인도했을까 하는 문제는 더 이상 설명이 필요 없게 되었습니다. 믿는 사람에게는 그 이유가 너무나 명백하고 쉽게 이해되는 일이기 때문입니다.

그러나 오늘 현장에 서 있다는 감동이 우리에게 다시 한 번 그 뜻을 음미해 보도록 만들고 있습니다. 젖과 꿀이 흐르는 땅이란 물론

비옥하고 소출이 풍부한 곳을 뜻하기도 하지만, 그보다는 여호와를 믿고 그 말씀을 진실로 받아들이는 자들만이 누릴 수 있는 영광과 평화를 의미하는 심원한 메타포임은 두말할 나위가 없습니다.

그들이 광야를 방황하면서 그토록 갈구했던 평안한 삶은 현실적으로 얻어질 수 없는 것이었습니다. 간혹 보이는 싯딤 나무와 와디[사막의 건천(乾川)]가 삭막함을 더해 줄 뿐인 그 척박한 사막에서 어찌 안락한 삶을 기대할 수 있었겠습니까. 그들은 누구보다 그것을 잘 알고 있었기에 모세를 원망하고 불평과 불만으로 나날을 보내면서도 한결같이 여호와께 매달리는 정서적 양면성을 보일 수밖에 없었고, 약속의 땅 가나안에 대한 꿈에 의지함으로써 삶의 당위성을 얻고자 했던 것입니다.

가나안 복지는 그들이 소망하는 이상적 경지로서 그들의 삶의 동기이자 견인차였음을 알 수 있습니다. 광야는 참으로 역설적이게도 그들 민족에게 힘을 부어 주는 심적 에너지의 원천이었던 것입니다. 그것은 은혜였으며 나도 오늘 그 은혜의 한 자락 위에 서 있다는 생각이 들어 마음 한 구석이 벅차오름을 느꼈습니다.

3

아름다운 아카바 홍해와-그렇게 곱고 맑은 물빛을 나는 처음 보았습니다만, 이스라엘의 단아한 항구 도시 에일랏을 지나면서도 내내 광야의 압도적인 인상과 그 거대한 메타포에 사로잡혀 있었는데 여리고와 요단강 부근에 이르러서야 어느 정도 그 중압감에서 풀려날 수 있게 되었습니다. 여리고와 요단강 부근은 순례가 시작된 이후 처음 만나게 된 사람 살 만한 곳이었습니다.

이스라엘 자손들이 가나안으로 들어갈 수 있었던 관문이자 또 하나의 가나안이기도 했던 곳이기에 여리고는 기구한 역사를 기록하게 됩니다. 야훼의 권능과 말씀에 의지하여 여호수아가 첫 정복 전쟁을 일으킨 곳으로서 지금도 적색지대로 분류되어 일반인의 출입이 일부 통제되는, 그래서 먼발치로만 바라볼 수밖에 없었던 비극의 도시 여리고, 역사는 반복된다고 하는 진리를 온몸으로 증언하고 있었습니다.

야훼의 이름으로 침략과 정복을 합리화하는 이스라엘 자손의 자기중심적인 세계관에 우리가 선뜻 동의하기란 쉽지 않은 일이지만, 그러면서도 우리가 우리의 심정적 공감과 이성적 긍정을 전제로 이들의 역사를 바라볼 수밖에 없는 것은 그들이 보여 준 감동적인 삶의 동인(動因)과 그 과정 때문입니다. 그들의 역사는 우리 모두가 인간이기에 가야 할 길의 숙명성을 여실히 그야말로 실감 나게 그려 내고 있다는 것입니다.

이런 생각은 예루살렘 통곡의 벽-이제는 황금 돔(바위 돔)이라는 이름의 모스크가 들어서 있는, 옛 다윗이 창시했던 그 성전 터를 가로막고 있는 벽 앞에서도 확인하게 됩니다. 다윗과 솔로몬의 영광을 회복하고자 하는 유태인의 열망은 모든 인간이 공유하는, 결핍에 대한 보상 욕구의 또 다른 표현으로 볼 수 있기 때문에 일반화와 보편적 가치의 설정이 가능하고 따라서 순례객의 발길이 끊이지 않게 되었으리라는 생각 말입니다.

4

갈릴리 호수 부근은 아름답고 풍요로워 보이는 외양과는 달리 본래는 소외 계층, 가난하고 병들고 핍박받는 사람들이 모여 살던 곳으로 주지하다시피 예수님께서 활동의 중심지로 삼으셨던 곳입니다.

버림받은 자들이 구원받고 평화의 세계로 들어갈 수 있게 해 주신 우리의 진정한 메시아 예수님과 관련된 순례기는 다른 분의 붓에 맡기기로 합니다. 예수님이 보여 주신 사랑과 구원의 길을 따라가는 순례기는 보다 섬세하고 명쾌한 표현력이 요구되는데, 나의 무딘 감성과 둔필로는 감당하기 어려울 뿐만 아니라 예수님이 진정한 해방과 자유의 실현을 위해 걸으셨던 길을 울먹이는 마음으로 따라갔다고 하는 분들의 신심(信心)과 감격을 나로서는 흉내 내기 어렵다는 것이 한 까닭이고, 무엇보다 광야의 강렬한 인상을 받아 내는 일만으로도 나의 정서적 에너지는 이미 소진되어 버렸다는 것이 다른 하나의 이유입니다.

5

샤론 수상이 야당 지도자 시절 회교도의 성지 동예루살렘의 알 아크샤 사원을 방문한 것이 빌미가 되어 그 시비를 놓고 이-팔 간 유혈 충돌이 끊이질 않았고, 지금까지 이 문제로부터 파생된 사상자 수만도 1천여 명을 헤아린다고 하는 얘기를 가이드에게서 들은 지가 바로 어젠데 오늘 뉴스에 또 가자 지구의 테러 소식이 눈과 귀를 어지럽히고 있습니다.

도대체 언제쯤이면 예수님께서 베푸신 그 사랑의 세계가 도래할 것인가, 그 시기는 왜 이리 많은 기다림이 필요한 것인가. 그렇게 맑고 둥글고 순한 눈망울을 가진 젊은이들이 서로 피를 튀기다니, 나는 다시 광야를 걷는 기분이 되고 말았습니다. 텔아비브 공항에서, 한 시간 연발하게 되었다는 로마행 비행기를 기다리는 동안 갑자기 찾아온 모호한 갈증으로 인하여 괴로움을 겪어야 했습니다만, 그것은 이 나라에 하루 빨리 평화가 찾아오기를 간절히 기원하는 마음과도 통하는 것이었습니다.

서울대공원 작은 둘레길

대만, 일본 등은 때늦은 가을 태풍으로 큰 피해를 보고 있지만 올가을 우리나라는 가뭄을 느낄 정도로 비도 오지 않고 청정한 날씨가 계속되고 있다. 결실기에 큰비나 바람이 불지 않는 것은 참으로 다행스러운 일이고 감사한 일이다. 시월 중순 접어들면 태풍 걱정은 하지 않아도 되기는 하지만 일본의 경우를 보면 늘 남의 일만으로 여길 일도 아님을 알 수 있다.

며칠 전 제주도에 갔을 때 내일 태풍이 올 가능성이 크다는 예보를 보았으나 그다음 날 저녁 무렵 빗방울이 좀 떨어지는 정도에서 그쳤고 태풍은 비켜 갔으니 다행스러운 일이기는 하지만 이런 다행이 항상 우리 곁에 머무는 것이 아님은 물론이다. 자연의 변화는 늘 우리 인간의 예측을 허락하지 않기 때문이다.

오늘도 하늘은 푸르고 맑고 높았다. 이번 나등회 등산은 지난번 8월 이후 다시 한 번 서울대공원 둘레길 걷기로 정하였으나, 한 친구가 몸도 좀 안 좋고 바쁜 일도 있다고 하면서 중간에서 회정(回程)하겠다고 하여 그러면 다 같이 아래쪽 짧은 둘레길 산책로를 걷는 것으로 하자고 회장이 제안하여 그렇게 하기로 하였다. 이 길은 청계산 중간 이상 높이에 만들어진 본 둘레길 아래쪽으로 낸 약식 둘레길인데 경사도 거의 없고 모두 아스팔트 포장이 되어 있어 걷기에 아주 편한 길이었다.

바람이 좀 불기는 하였으나 따가운 가을볕을 피할 수 있는 그늘이 있어 좋았고, 이제 막 물들기 시작한 숲속 나뭇잎들이 빚어내는 정취와 그 청정한 기운이 마음을 깨끗하게 해 주어서 또한 좋았다. 숲속에는 바람이 간헐적으로 세차게 불었는데 그 바람에 채 초록을 벗지 못한 나뭇잎들도 떨어져 흩날리고 나뒹굴어 조금은 어수선한 광경도 연출되었으나, 나뭇잎 사이로 보이는 새파란 하늘과 가을 햇살의 그 신묘한 스펙트럼에 사로잡힌 우리들에게 그런 것은 이미 아무런 문제가 될 수 없었다.

천천히 걸으면서 동행과 대화를 나누고 때로는 가을 숲속의 밀어에 귀를 기울이는 그 아취는 우리에게 심정적, 정서적인 건강을 회복하게 해 주었다. 뜻하지 않게 일정을 변경한 것이 오히려 전화위복이 되어 우리는 즐겁고 흡족한 시간을 가질 수 있었으니 오늘 우리는 새옹지마의 고사를 몸소 체득하는 귀한 체험도 한 셈이다. 오늘 이런 동기를 제공해 준 친구 L에게 미처 고맙다는 인사를 전하지 못하고 헤어진 것이 아쉽다.

아까 올라올 때부터도 우리는 날씨를 칭송한 바 있지만, 다 내려와서 숲속을 벗어나 대면하게 되는 맞은편 산과 씻은 듯 청결한 하늘의 모습은 감동 그 자체였다. 티 하나 없이 새파란 하늘과 이제 막 물들기 시작한 관악산의 능선이 만나서 빚어내는 그 신비스러운 스카이라인은 비록 이전에도 자주 볼 수 있었던 것이라 할지라도 다시 찬탄의 눈길로 바라보지 않을 수 없었고 일렁이는 감동에 사로잡히지 않을 수 없었다.

 가을 하늘이 너무 푸르고 깨끗하여 그 자태가 돋을새김처럼 도드라지게 드러난 관악산은 우리가 몰랐던 어떤 신비를 품은 모습으로 우리에게 새롭게 다가왔다. 자연은 늘 그랬던 것처럼 그렇게 그 모습을 드러내는 것이지만 그 안에 숨어 있는 무궁무진한 비밀은 우리 인간의 지혜로는 헤아릴 길이 없는 일이기에 자주 보는 것이면서도 볼 때마다 새로운 감동과 그 근원에 가닿지 못하는 인간 지혜의 유한성에서 오는 안타까움을 느끼곤 하는 것이다.

 분명 낯선 것이 아님에도 불구하고 생소한 그 무엇을 대하는 듯한, 그래서 난해한 문제 앞에 선 아이처럼 막막함에 사로잡히게 되는 이 설명할 길 없는 가을 산의 정경은, 그래서 때로는 하나의 절망이 되기도 한다. 그러나 그것은 인간의 분수를 넘는 지적 욕망이 빚어내는 심정의 낭비, 정신의 오용일 수도 있으니 그 절망은 자연에 대한 칭송과 경건으로 바꿀 일이다.

 그리고 대공원 입구에 있는 테마공원에는 가을 장미와 국화를 전시하는 꽃 잔치가 펼쳐져 있었다. 올림픽공원 가을 장미 축제가 볼만하다는 얘기는 들었지만, 오늘 대공원의 꽃 잔치를 실제로 대면하고 보니 그 기사에서 말한 꽃이 지니는 형언할 길 없는 아름다움이 무엇을 말하는 것인지, 그야말로 형언할 수는 없지만 적어도 가슴으로는 느낄 수 있었다.

 붉고 노랗고 하얗고, 다양한 빛깔로 만개한 장미와 국화의 향연은 생각지 못한 가을의 또 다른 진수를 드러내 보여 주었다. 국화의 미덕은 오상고절(傲霜孤節)에 있다고 하니 군자의 꽃이고, 장미는 정념,

관능, 유혹을 상징하니 사랑의 여신 베누스(Venus)의 꽃이다. 동시에 장미는 생명의 신비와 예수의 순교를 뜻하는 양면성의 꽃이기도 하다. 오늘 우리는 꽃밭에서 군자와 비너스를 만나고, 신사와 숙녀를 만나고, 예수를 만났다. 맑은 바람결에 실려 오는 그윽하고 매혹적인 국화 향과 장미 향은 이들이 자기들을 방문해 준 우리에게 건네준 귀한 선물이었다. 시각과 후각을 통하여 또 하나 가을의 아름다움을 만끽한 시간이었다.

대공원을 돌아 나오는 우리 일행들은 들어갈 때보다 그 표정에 생기가 돌았고, 어떤 비밀의 세계라도 둘러보고 나오는 듯한 감동이 어려 있었다. 그리고 한결 젊어진 것 같은 밝음이 있었다. 나이가 들어 매사에 무심해져 버린 자신에게도 아직 이렇게 젊은이와 다름없는 정서적 일렁임이 찾아올 수 있음을 확인한 기쁨이 묻어나고 있었다. 비록 심정적인 일에 그치는 것이라 하더라도 젊음을 회복한 자, 그는 비록 나이가 많다 할지라도 그 순간만큼은 노인이 아니라 할 것이니, 그래서 어느 시인은 '청춘이란 인생의 어느 기간을 말하는 것이 아니라 마음의 상태를 말한다.'[10]라고 노래한 것이리라.

오늘 술을 멀리해야 할 송산 회장이 누구보다 먼저 막걸리를 찾은 것은 바로 이런 연유에서였음이 분명하다. 그는, 아니 우리는 '놀라움에 끌리는 마음, 머리를 드높여 희망이란 파도를 탈 수 있음'에 대한 깨달음으로 한껏 고무되어 있었음이 틀림없다.

---

10) 사뮤엘 울만의 〈청춘〉의 일절

문경, 예천을 다녀오다

우리 대학 모과(母科) 동문 가을 나들이를 떠나는 날 이른 아침, 일행들의 얼굴은 가을 아침의 맑은 정기를 받아 가볍게 상기되어 있었고 전정(前程)에 대한 기대감으로 밝게 빛나고 있었다.

일 년 중 날씨가 가장 좋은 때가 이맘때이기도 하지만 이번 가을 나들이 날씨는 그 어느 때보다도 맑고 깨끗하여 일정 내내 몸과 마음이 함께 청정해지는 기분이었다. 그 푸름이 더욱 깊어진 가을 하늘과 맑고 투명한 가을 햇살은 우리 모두의 마음을 청결케 해 주었다.

가을 나들이 행선지는 문경, 예천 일원이었다. 단풍철 주말 나들이 차량이 많이 밀려드는 바람에 점심때가 다 되어서야 문경 새재 초입에 있는 식사 장소에 겨우 도착할 수 있었다. 점심 식사 전에 한 군데를 들러서 갈 계획이었으나 예상 밖으로 시간이 많이 걸리는 바람에 바로 식당으로 간 것이다.

식사 후 고모산성(姑母山城)을 둘러보았다. 이 산성은 2세기경 축조된 것으로 삼국의 세력이 솥발처럼 팽팽히 맞서던 곳이었고, 삼국이 서로 교통할 수 있는 그 시대의 유일한 통로였다고 한다. 이 성곽의 문루 위에는 진남문(鎭南門)이라는 현판이 붙어 있어 여기가 그 유명한 진남교반(鎭南橋畔)임을 알 수 있었다. 관문에서 내려다보면 철교, 구교, 신교 등 세 개의 다리가 영강을 가로지르고 있고 그 주변에는 문경의 소금강이라 불리는 볼 만한 풍광이 펼쳐져 있다. 이 문루를 중심으로 하여 왼편으로 깎아지른 낭떠러지에 만들어진 길을 토끼비리(벼리)라고 하는데, 아마도 토끼나 지나다닐 수 있을 정도의 험하고 좁은 벼랑길이라는 뜻에서 붙여진 이름인 것 같았다. 이 산성 앞길에서 바라보면 거기에 무슨 길이 있을 것 같지 않은 거의 직각에 가까운, 숲으로 뒤덮인 절벽에 잔도(棧道)를 내었는데, 이 길이 조선시대까지도 영남에서 한양으로 가기 위해서는 반드시 거쳐야 하는 길이었다고 한다.

 우리 일행은 그 토끼 벼랑길을 걸어 관람이 가능한 데까지 둘러보고 돌아왔다. 아닌 게 아니라 그 길의 모습이 아찔하여 쳐다보기도, 내려다보기도 겁나는 곳이었다. 그러나 한창 단풍이 든 나뭇잎과 그 나뭇잎을 투과하여 아름다운 스펙트럼을 만들어 내는 가을의 양광과 천인단애의 절벽 아래를 흐르는 영강의 장쾌한 물소리가 조화를 이룬 보기 드문 경관이 탐방객의 마음을 사로잡았다. 이 진남교반을 흐르는 강이 영강으로, 이것이 저쪽 아래에서 내성천을 만나 낙동을 지나면서 낙동강의 본류에 합쳐진다고 하는데, 아닌 게 아니라 그 더 아래쪽에 세 강이 합쳐지는 곳이 있어 그곳 주막을 삼강주막이라 부른다고 한다. 이 삼강주막은 그러니까 교통의 요지 같은 곳이었던 셈이다.

 진남교반과 고모산성을 둘러보고 나서 대야산과 둔덕산을 멀리 바라볼 수 있는 선유동 계곡을 찾아보았다. 화양동 도립공원 내에 있는 계곡으로 퇴계 선생이 선유구곡으로 명명한 뒤로 더욱 널리 알려진 명승지라고 한다. 과연 그 계곡의 단아함과 정결함은 그 어느 곳과 견주어도 손색이 없는 모습이었다. 무엇보다 반석이 좋았고 그 위를 미끄러지듯 흘러가는 물소리의 청렬(淸冽)함이 그 운치를 더하여 주었다. 가을은 단풍도 좋고 하늘도 좋지만, 그 맑고 차가운 물소리가 있어 여름 더위에 흐려진 감각을 또렷이 살아나게 한다는 데 큰 미덕이 있음을 새삼 확인하기도 하였다.

우리 일행은 그곳 가을 선유동 계곡에서 녹슬어 있었던 우리의 감각들이 문득 맑고 선명하게 살아나는 것 같은 귀한 체험을 한 것이다. 일행 모두는 그 청정한 탈속의 경지에 감탄사를 연발하였으니, 이것이 감각이 되살아난 증거가 아니고 무엇이겠는가.

세심대(洗心臺)에서 마음을 깨끗하게 씻어 내고 나니 우리는 이 세속과 멀리 떨어진 선유동에서 정말 신선이 된 듯한 흥취에 젖어 들게 되었다. 급기야는 그 감흥을 못내 겨워 동자(童子)더러 신선주를 내라 하여 일배주를 나누기도 하였다. 우리가 마신 탁주는 거기서는 세속의 술이 아니라 신선주였음이 분명하였고, 우리 여행을 도와주는 보조 학생은 신선의 시중을 드는 동자가 아니면 무엇이었겠는가. 거기에다 그 이름 높은 문경 사과, 그중에서도 잘 생기고 빛깔 좋은 감홍사과를 한 입 베어 무는 맛 또한 천하의 일품이었다. 거기서 올려다보는 석양의 대야산, 둔덕산의 경관은 만추의 서정을 더욱 깊게 해 주었다.

이튿날 늦은 아침 이화령을 넘어 예천의 대승사 윤필암을 찾아 일정을 시작했다. 이화령 옛길 굽이 굽이에 서린 역사와 그 애환은 우리의 마음을 아프게도 했지만 이제 고갯마루 관문에 서서 아래를 내려다보니 그 시원한 경관이 아픈 역사의 흔적을 말끔히 지워 내고 있었다. 이화령에서 기념 촬영을 마치고 대승사의 부속 암자인 윤필암으로 향하였다. 이 암자가 본찰보다 더 정감이 있다고 하여 대승사가 아니라 윤필암을 보고자 하였으나 차에서 내려 길을 잘못 든 바람에 그 암자에는 가지 못하고 뜻하지 않은 대승사 본 절을 둘러보게 되었다.

그러나 전화위복이라더니 이 대승사 본 절로 가는 길이 얼마나 아름답고 인상적인지 그 길을 걷고 있다는 것 자체가 하나의 큰 감동이었다. 가끔 녹우(綠雨)라고 하여 초여름 푸른 비의 운치를 말하고 있지만, 대승사로 오르는 길에서 만난 단풍의 비는 그와는 또 다른 감동의 물결을 불러일으켰다. 맑고 투명한 가을 햇살을 받아 단풍이 만들어 낸 그 신묘한 분광(分光)들로 하여 일행의 얼굴들이 우련 붉고, 간간이 부는 바람에 쏟아지듯 날아내리는 낙엽들이 빚어내는 빛의 굴절과 우수수하는 소리, 그 시청각이 한데 어우러지는 공감각적 이미지가 너무 아름다워 우리는 연하여 탄성을 발하지 않을 수 없었다.

대승사는 그 경내의 모습도 단아하여 보기 좋았지만, 그보다는 대웅전이 머리 위로 이고 있는, 이날따라 더없이 푸르고 깊은 하늘과, 절 주변을 둘러싸고 있는 고아한 소나무와 다양한 빛깔의 단풍들이 만들어 내는 정결하고 아름다운 하모니가 정말 깊은 인상을 심어 주었다. 우리는 그 경내를 떠나기 아쉬워 몇 번이고 뒤돌아보면서 날씨를 칭송하고 좋은 경치를 찬미하였다. 가을날의 대승사 가는 길은 오래도록 우리의 마음속에 커다란 감동과 아름다운 추억으로 남아 있을 것이다.

대승사에서 내려와 용궁면사무소 부근에 있는 음식점에서 점심을 먹고 회룡포를 탐방하였다. 이 회룡포는 영월의 청령포와 함께 감입곡류하천으로 내성천이 휘감아 빚어낸 육지 속의 섬이라 할 만한 곳으로, 용이 마을을 휘감고 있는 듯하다 하여 붙여진 이름이다. 전망대에서 내려다본 회룡포는 과연 그 형국이 너무나 절묘하여 말로는 그 모양을 그려 내기 어려울 정도였다. 오늘 사람들이 거기 살고 있는 곳이 아니라, 전설이나 동화 속에서나 볼 수 있는 어떤 환상의 세계를 보는 듯한 느낌이 들었다.

산과 강 사이에 형성된, 그리 넓지는 않으나 길게 이어진 논들에는 아직 추수하지 않은 벼들이 누렇게 풍요를 자랑하고 있고, 내성천은 그 곁을 젖줄처럼 반짝이면서 흘러가고 있었다. 우리 산하 곳곳에 숨어 있는 이런 비경들을 접할 때마다 느끼는 것이지만 자연의 그 신비한 조화와 섭리에 다시 고개를 숙이게 된다.

서울로 돌아오는 길에 삼강주막에 들러 그 물길의 모습을 감상하고 때마침 휴일을 맞아 이곳을 찾은 많은 탐방객을 위해 별인 공연도 즐기면서 그 흥취를 막걸리 한 순배로 돋구었다.

이제 귀경을 위해 버스에 오르는 우리 일행들의 얼굴에는 가을의 맑은 정기를 흠뻑 쐰 즐거움이 가득 묻어나 있었고 회춘이라도 이룬 듯 건강한 미소가 넘쳐흘렀다. 그것은 저 기억의 뒤편에 유폐되어 있었던 우리 젊은 날의 아름답고 건강한 정서를 다시 만나볼 수 있었음에 대한 감사의 표정이었고, 그래서 이 가을이 지상에 내린 축복을 마음껏 누린 우리는 모두 행복한 사람들이었다.

대공원 눈길

아침에 일어나 보니 눈발이 날리었다. 눈발이 날리는 정도였지만 바닥에 눈이 좀 깔린 것으로 보아 지난밤부터 눈이 좀 내리기 시작했던 모양이다. 오늘 학교 동기들과 함께 등산을 가기로 한 날인데 눈이 내려 좀 걱정이 되기는 했지만, 비가 아닌 눈이라 오히려 더 즐거운 산행이 될 것 같아 기분이 좋아졌다. 오늘은 서울대공원 둘레길을 걷기로 하였다.

집에서 대공원까지 약속 시간에 대어 가려면 서둘러야 했다. 서둘러 나왔는데도 출근 시간이 겹친 데다 눈까지 내려 차량의 이동 속도가 많이 느려진 탓으로 약속 시간을 도저히 맞출 수가 없었다. 차 안에서 송산에게 좀 늦는다는 문자를 보냈다. 대공원역에 약 십 분 정도 늦게 도착하여 보니 송산, 해운, 노월, 문수 이렇게 네 사람이 나와서 기다리고 있었다. 운곡은 사돈 병간호로 며느리가 바쁘기 때문에 아이들을 봐 주러 다니느라 짬을 낼 수가 없어 못 나왔다고 한다.

대공원 큰 둘레길을 걷기에는 눈이 제법 쌓인 터라 아무래도 무릎이 안 좋은 송산에게는 무리가 될 것 같기도 하고, 또 내가 오늘 저녁 약속 때문에 일찍 돌아가야 하므로 자연스럽게 안쪽 짧은 둘레길을 걷기로 합의를 보았다. 날씨가 춥기도 하고 눈도 내려서인지 등산객이 별로 없어 대공원 둘레길, 그것도 안쪽 둘레길인데도 그 분위기가 한적하면서도 유수(幽邃)하여 태고의 정취를 느낄 수 있었다. 간혹 산보객들이 있긴 했지만, 그들은 풍경의 한 부분일 뿐 우리의 정취를 방해하지는 못했다.

인생세간과 인접해 있어 평소 같으면 홍진의 세례로 미간을 찌푸리게 될지도 모를 이 작은 둘레길이 태고의 숨결과 원시의 정취를 연출해 내고 있음은 이곳이 바로 백설을 만났기 때문임은 물론이다. 지상의 모든 진애(塵埃)와 허물을 덮어 주는 백설의 은택으로 하여 세속의 공간이 원시의 순수를 회복한 모습은 언제 보아도 감동적이다.

해운은 이런 좋은 날을 택일한 송산 회장님의 안목을 칭송하였는데, 문수는 안목도 안목이지만 회장님을 그렇게 인정하고 칭송하는 해운의 인품이 참으로 높다고, 나도 본받아야겠다고 한술 더 떠서 우리를 즐겁게 하였다. 이런 좋은 날이 어찌 안목의 문제이기만 하겠는가, 여기에는 송산 회장의 덕과 인품에 하늘이 화답한 것이라고 비단 위에 꽃을 수놓는 발언도 뒤따라 우리는 모두 고개를 끄덕였다. 다소 과장된 우스갯소리 같은 느낌이 없지 않으나, 어딜 가나 지도자를 잘 만나야 그 단체의 구성원들이 복된 삶을 누릴 수 있음을 우리는 새삼 실감하였다.

사실 바깥 둘레길을 걸었으면 훨씬 더 좋았을 것을 하는 후회의 변이 목구멍까지 올라왔으나, 이만만큼의 즐거움을 누린 것만도 큰 행운인 데다가 내가 시간이 없다고 말한 장본인이라 그냥 아쉬움으로 삼키고 말았다. 아깝고 서운하고 아쉬웠다. 그러나 겨울이 가기 전에 또 산행은 계속될 것이니 뭐 그렇게 아쉬워만 할 일은 아니다. 시간에 여유가 있고 길도 산책길이나 다름없는 거의 굴곡이 없는 길이라 서로 여러 가지 관심사들을 이야기하기도 하고 서로 농담도 나누면서 오랜만에 한가로운 시간을 가졌다. 눈길이라 다소 미끄럽기는 했지만, 아직 사람들이 밟지 않은 눈이라 크게 위험하지도 않아 내리는 눈발이나 쌓인 눈이 우리 대화에 방해가 될 수는 없었다.

답설(踏雪)과 설중한담(雪中閑談)으로 우리는 모두 기분이 한껏 고조되어 있었고 그래서 그 표정들도 눈을 닮아 순수하고 경쾌한 모습을 보여 주었다. 내일모레 칠십을 바라보는 우리에게도 이런 표정이 숨어 있었다니 놀랍고도 감사한 일이다. 아니, 경이로운 일이라고 해야 할 것이다. 이런 숨은 순수를 회복해 낼 수 있도록 해 준 강설이 너무나 고마웠다.

그리고 이런 자신의 아름다운 일면을 망각하고 살아올 수밖에 없었던 지난날들을 안타깝게 되돌아보기도 하였다. 우리는 자연의 아들임으로 하여 자연을 통해, 그리고 자연 그 안에서 우리 본연의 모습을 찾고 만들어 갈 수밖에는 없는 일이다. 자연의 품에서 그 일부분이 되어 보는 것, 그것은 우리 인간의 근본을 생각하게 해 주고, 우리가 잃어버리고 있는 겸손과 감사의 마음을 되찾게 해 준다. 우리는 오늘 강설 덕분에 망각의 저편에 숨어 있던 몇몇 진실의 편린(片鱗)과 만나는 소중한 체험을 얻은 셈이었다.

둘레길에서 내려와 파전과 부추전을 안주로 하여 막걸리를 한 순배 돌리면서 이문수의 아호를 무엇으로 할 것인가 하는 문제를 놓고 설왕설래하였으나 결국 결론은 다음으로 미루기로 하였는데, 이는 문수의 사람 됨됨이가 넓고 깊어 그것을 담아낼 말을 찾기가 어려웠기 때문임은 말할 나위가 없다. 참석자들은 모두 숙제를 하나씩 받아 든 셈이다. 그러나 그것은 숙제라기보다는 우리 친구들이 서로 존중하고 아끼는 그 따뜻한 인정의 세계를 잘 이어 가라는, 대공원 눈길이 우리에게 내린 또 하나의 고마운 선물이라 할 것이다.

등산 일기 초(抄)

1

오늘은 나등회 산행이 있는 날, 날씨가 많이 풀렸다. 방송에서는 삼한사온이 부활하는 기미를 보인다고 전한다. 일전에 삼한사온이 회복돼야 우리의 겨울 건강과 겨울 경제와 병충해 문제를 해결할 수 있을 것이라고 말한 적이 있는데, 상식적인 얘기이고 막연히 해 본 소리에 지나지 않는 것이었지만 막상 날씨가 삼한사온 비슷하게 돌아간다고 하니 무슨 예언이나 한 것 같아 기분이 좋아졌다. 차제에 삼한사온이 완전히 회복된다면 얼마나 좋을까.

우리 나등회 등산은 늘 만나는 사람들과 늘 다니는 코스로 해서, 그리고 중간에 쉬면서 먹는 메뉴도 변함이 없는 산행길이라, 평소 뭐 특별한 것은 없지만 그래도 산행이란 것이 산에 오를 때마다 그때그때 경우에 따르는 감흥과 보람이 따로 있는 것이어서, 새롭다고까지는 말하기 어렵다 하더라도, 오늘도 예외 없이 어떤 성취감 같은 것을 가득 안고 하산하였다. 아마 갑오년 첫 등산이라 더 그런 생각이 들었는지도 모르겠다.

　우리 친구들이 주로 다니는 코스는 평창동 롯데아파트 앞에서 출발하여 형제봉을 경유하여 대성문에 이르는 등산로인데, 나등회 회장인 송산이 자기가 여러 군데를 다녀 보았으나 우리 나이와 체력에 딱 맞는 길은 이곳밖에 없다는 결론을 내렸다고 하면서 인도한 곳이 바로 이 코스다.

　우리 친구들은 이런 송산의 주장을 반박할 만한 등산 이력이나 등산 지리에 대한 지식을 갖추지 못한 터라 그러려니 하면서 따라다니고 있는데, 막상 다녀 보니 이 코스에 익숙해진 탓인지는 모르겠으나 참으로 몸에 잘 맞는 옷을 입은 것처럼 별 힘들이지 않고 편하고 즐겁게 다닐 수 있는 길이라는 생각이 들어 송산에게 고마운 마음을 갖게 되었고, 그래서 그를 종신 회장으로 모셔야 한다는 데에 의견의 일치를 보기도 하였다. 사람은 어딜 가나 지도자를 잘 만나야 신관이 좋아진다는 말이 괜히 있는 것이 아니기 때문이다. 그것을 증명이라도 하듯 오늘은 날씨도 푹하고 좋아, 일을 만드는 사람이 덕이 많아야 날씨도 따라 준다고 모두가 송산을 칭송하기도 하였다.

　산행이 우리의 건강에 좋다는 것은 두말할 것 없는 일이라 뒤로 돌려놓는다 하더라도 우리 산행이 우리에게 특별히 유익한 것은 산행 도중 쉬는 때나 하산하여 점심을 먹을 때 여러 가지 대화를 나눌 수 있다는 점이다. 고담준론(高談峻論)이나 열띤 토론 같은 것은 우리 모임의 성격으로 보아 적절한 것이 아니기는 하지만, 더러는 그런 것도 섞어 가면서 살아가는 일상사를 중심으로 이런저런 자기의 경험담을 주고받다 보면 재미도 있으려니와 은연중 서로에게서 무엇인가를 배우게 되는 소중한 시간을 갖게 된다는 것이다.

  우리가 동문수학한 동기라고는 하지만 대학 졸업 후 지난 40여 년을 각기 자기의 길을 걸어온 터라, 다른 분야로 진출한 친구들은 물론이고 비록 같은 교직에 있었다 하더라도 그 모양이 같을 수 없음은 당연한 일이고, 그사이 각자 만들어 온 굴곡과 무늬는 더욱 다를 수밖에는 없는 노릇이다. 그런 까닭에 익숙한 듯하지만 우리는 서로에게서 낯선 모습도 보게 되고 새로운 면모도 발견하게 되는 것인데, 바로 이 대목에 우리가 서로를 스승으로 삼아야 하는 이유가 있기도 하다.

  특히 L은 우리 국어 선생들의 지식 세계나 인식 기제와는 다른 견해를 피력하곤 하여 우리의 과문(寡聞)과 식견의 좁음을 탄식하게 하고 있는데, 그 자체가 우리에게는 새로운 세계, 혹은 알지 못했던 세계에 대한 발견과 같은 의미를 갖는 것이다. 그의 삶을 관통하여 흐르는 철학의 상당 부분은 그가 겪었던 사람들과의 인간관계에 연원을 두고 있는 것일 텐데, 그가 만났던 사람들과 내가 만났던 사람들의 유가 다르다는 점에서 우리 선생들과는 구별되는 삶의 인식 체계가 그에게 만들어진 것은 지극히 자연스러운 일이고, 그래서 그것은 우리에게 일종 신선한 시각으로 받아들여지기도 한다.

  그의 밑지 않은 독설도 우리에게는 새롭고 즐거운 체험이 된다. 너무 예리해서 우리를 자주 놀라게 하는 것이 흠일 수도 있으나, 그리고 가끔씩 납득이 안 되는 부분도 없지 않지만, 그것도 내 식으로 해석하기 때문에 생기는 오해일지도 모른다. 그러나 이는 분명 우리가 주목해야 할 부분이다. 그를 의식해서가 아니라, 비록 황혼기를 살아가고 있지만 뒤늦게라도, 교직 출신 나등회 회원들은 그야말로 인식의 패러다임을 바꿔야 할 필요가 있지 않을까 해서이다. 이 나이에 살아온 방식을 바꾸는 것은 귀찮은 일이고 또 현실적으로 힘든 일이기도 하지만 그 가능성을 놓고 고민해 볼 가치는 충분하다 할 것이다.

참고로 기록으로 남기기 위해 적는데, 우리가 산행길에서 쉬면서 먹는 새참은 주로 사과, 귤 등 과일류와 단팥빵, 커피, 자유시간(맛은 미제만 못하지만 나는 이 자유시간이라는 이름이 좋다) 등 과자류인데, 사과는 어느덧 운곡과 해운이 준비해 오는 것이 당연해졌고 단팥빵은 나 유당이, 자유시간은 송산이, 커피나 따뜻한 물은 L이 담당자처럼 되어 있다. 가끔씩 노월이나 연영이 참여할 때는 그들도 뭔가를 가져오는데, 그래서 식단이 풍성해지곤 한다.

그리고 구파발 북한산국립공원 입구 쪽으로 하산하면 우리가 명명한 안동댁으로 가서 하산주(下山酒) 겸 점심을 먹는데, 메뉴는 녹두빈대떡, 파전 아니면 부추전, 잔치국수 혹은 열무김치국수, 여기에 막걸리를 곁들인다. 주흥이 도도해질 때도 있지만 대부분은 적당한 선에서 그치는데, 여기에도 세월의 그림자가 묻어나고 있어 한편으로는 쓸쓸한 마음이 들기도 한다. 그 경음(鯨飮)을 불사하던 송산과 유당과 해운의 옛 모습을 이제는 찾아보기가 어렵기 때문이다. 정녕 이제는 그들의 호기를 다시 보기는 어려운 일일까? 안타까운 일이다.

우리 산행은, 무심코 지나치면 아무것도 아닌 것 같은 작은 말과 움직임 속에서 이런 세월의 비밀과 무게를 찾아내는 기회가 된다는 점에서 참으로 유익한 일임이 분명하다. 아직 이 모임에 참여하지 않고 있는 나래 동무들이 모두 나와서 지난 세월 서로가 깨달아 온 바를 주고받음으로써 우리 인생의 총합을 더욱 풍부하게 만들어 가게 되기를 바란다.

2

지난 화요일, 예정에 없던 나등회 번개 산행이 있었다. 일전 등산 때 눈이 오면 바로 등산을 하기로 약속했기 때문이다. 눈이 오는 날이거나 눈 온 다음 날이거나 눈이 와 쌓일 정도의 적설량이면 무조건 등산 통보를 하고 산행을 실시하기로 했던 것이고, 마침 월요일 밤에 눈이 왔고 그 눈은 화요일 새벽으로도 이어질 것이라는 일기예보가 나와 화요일에 전격 산행이 이루어진 것이다.

겨울 산행을 한두 번 해 본 것이 아니지만 눈 내린 직후의 산행은 또 다른 각별한 맛이 있었다. 늘 다니는 형제봉을 우회하여 대성문에 이르는 이 길이 이렇게 신비로운 모습으로 바뀔 수 있다는 사실이 그저 놀랍기만 하였다. 온 산에 가득한 소담스러운 눈꽃은 물론이고 바람이 만들어 놓은 작은 눈 무더기 하나에도 어떤 자연의 섭리가 스쳐 간 것 같아, 비록 낯설다 할 수는 없다 할지라도 그 모습들에 일일이 시선을 던지지 않을 수 없었다.

사람들이 지나간 발자국이 거의 없는 눈 내린 산길을 오른다는 것은 분명 하나의 경이로운 체험이다. 거기에는 신세계를 향해 새로운 발길을 내딛는 것과 같은 신선한 흥분이 있고, 우리의 정서를 출렁이게 하는 경탄이 있고, 태고의 비밀을 탐색하는 기쁨이 있다. 같은 눈길이라도, 강설로 하여 그 삭막함을 벗어던지고 오히려 포근하고 다정다감한 모습으로 변신한 겨울 산속의 눈길을 걷는다는 것은 세속의 번거로움으로부터 멀리 떨어진 것 같은 고요함과 그 고요 속에서 누리게 되는 기쁨이 있어 더욱 귀한 체험이 된다.

일찍이 청천(聽川) 선생은 그의 〈백설부(白雪賦)〉에서 이런 고요와 기쁨을 정밀(靜謐)과 유열(愉悅), 혹은 가벼운 경악과 열락(悅樂)이라고 칭송한 바 있지만, 이런 설화(雪花)로 가득한 풍요로운 겨울 산의 정취는 홍진(紅塵)을 살아가는 우리들로서는 좀처럼 만나기 어려운 크나큰 축복이 아닐 수 없다.

또 선생은 눈이란 도회에서보다는 깊은 산 천인만장(千仞萬丈)의 계곡에서 더 본질적인 모습을 보인다고 했으니, 도회의 아들인 우리가 눈의 진면목을 보려면, 그리고 세속의 먼지를 잠시나마 털어 낼 수 있으려면 마땅히 눈 내린 겨울 산을 찾아야 할 것이다. 이럴 때 우리는 더욱, 우리같이 인생세간에서 때가 많이 낀 사람들에게도 이런 겨울 산의 운치를 허락하는 대자연의 관대함과 그 은택에 감사하지 않을 수 없게 된다.

더러 우리처럼 눈 내린 겨울 산을 흠모하여 산을 찾은 등산객들의 두런거림과 가쁘게 몰아쉬는 친구들의 숨소리마저도 순백의 눈 속에서는 산바람과 같은 자연의 정겨운 음향으로 순화되는 신비로움을 느낄 수 있어, 그 체험이 또한 우리를 즐겁게 했다.

눈은 저 먼 우주의 신비와 우리를 이어 주기 위하여 우주 공간을 우리에게로 데리고 온 메신저와 같은 존재가 아닐까? 어떤 작위도 행해지지 않은 순수한 우주를 우리 앞에 나타내 보여 주기 위하여 일견 난무처럼 보이기도 하는 혼돈의 모습으로 우리 곁에 내려온 것은 아닐까.

눈이 보여 주는 우주적 순수, 그 카오스를 무정부주의로 비유한 청천 선생의 말씀은, 그것은 어찌 보면 백설의 순수성에 인위적인 덧칠을 한 것처럼 느껴지기도 하지만. 눈에서 발견한 자유로운 영혼의 이미지를 아주 적절히 표현한 것처럼 보이기도 한다. 순백의 자유로운 영혼, 그것은 저 태고로부터 우주가 인간에게 내린, 우리가 지켜야 할 본색이고 권리일 것이다.

선생이 말한 난무와 질서는 적어도 눈에 있어서는 상호 모순이 아니라 오히려 카오스에서 코스모스로 이행하는, 즉 창조의 과정과 그 결과를 의미하는, 하나의 궤도 위에 존재하는 상생[상생지리(相生之理)]의 관계를 보여 준다고 할 것이다. 그것은 수많은 시련의 고비를 넘고서야 진정한 자유에 도달하게 되는 인간사의 한 원형을 보여 주는 것이라고 할 수도 있다.

눈 속에 숨어 있는 태고의 비밀을 엿보는 신비감과 정결한 눈꽃의 감동과 겨울 산의 음향이 불러오는 아득한 그리움과 눈에 어린 유년기의 추억이 서로 상승 작용을 일으켜 의식과 정신과 정서가 새롭게 충전되고 충만해지는 산행이었다. 비록 짧은 순간이었지만 저 아득한 기억의 한구석에 잊혀진 채 숨어 있던 나의 순수한 자아를 얼핏 만날 수 있었던 시간이었고, 나 자신이 다시 순화될 수 있고 착해질 수 있다는 가능성을 새삼 발견한 시간이기도 하였다.

부안, 예산, 당진을 다녀오다

부안으로 가는 아침 길은 안개가 자욱하여 맑은 날씨를 예고하고 있었다.

가을에 떠나는 문학기행은 설렘보다는 우리의 마음을 차분하게 가라앉히는 유다른 매력이 있다. 가을은 결실의 계절이기도 하지만 신화적 관점에서 보면 상실과 이별이라는 의미로 해석될 수도 있기에 우리가 이때 어떤 침잠의 세계로 빠져들게 되는 것은 하등 이상한 일이 아니며, 그것은 오히려 이 계절이 우리에게 내리는 은택이라 해야 할 것이다. 그 침잠이 다소 감상적인 요소를 지닌다 하더라도 그것은 결코 값싼 감정의 유희가 아니라 새로운 세계를 지향하는 탐색의 과정일 수 있기 때문이다.

긴장과 흥분으로 점철되는 이 복잡한 세상, 그 고단한 일상에서 벗어나 잠시나마 내 삶을 돌아보고 성찰하며, 사색에 잠길 수 있다면 그보다 더 우리의 정신과 영혼에 자양이 되는 일이 어디 있겠는가. 이 계절, 그리고 문학기행의 미덕은 바로 내가 나의 세계로 돌아갈 수 있게 해 주고 어떤 정신적 에너지를 충전할 수 있게 해 준다는 점에 있다 할 것이다. 일행들은 차창 밖 누런 들판을 바라보면서 각기 이런 가을의 상념에 빠져 있는 듯 다들 별말이 없었다.

 우리가 부안에서 처음 찾은 곳은 매창공원이었다. 본명은 향금(香今), 자를 천향(天香)이라 하였던 기녀 매창(梅窓)은 황진이와 어깨를 나란히 하는 조선의 명기로서 뛰어난 시인이기도 하였다. 그녀가 남긴 한시와 시조들은 하나같이 그녀가 왜 오늘에 이르기까지 시인으로서의 명성을 이어 오고 있는가를 잘 보여 주고 있다.
 유희경, 허균, 이귀, 등 당대의 고사(高士)들과 시를 주고받으며 교유했던, 시대를 넘어서는 여류시인 매창, 그녀의 시편들은 과연 명불허전이었다. 그녀가 진정으로 사랑했다는 유희경은 어떤 인물인지는 잘 알 수 없으나 그들의 사랑이 사무친 그리움으로만 그려져 있어 행복하지만은 않았던 것 같아 마음이 안쓰러웠다. 그녀의 죽음을 애도한 허균의 시는 허균의 시재(詩才), 그의 문장의 탁월성이 묻어나는 명작이었다. 그녀의 시는 주로 임(유희경)을 그리워하는 내용을 담고 있어, 시의 본바탕을 이루는 정서는 역시 그리움이라는 것을 다시 확인하게 해 주었다.

〈옛님을 생각하며(憶故人, 억고인)〉

매창(梅窓)

봄이 왔다지만 임은 먼 곳에 계셔(春來人在遠)
경치를 보면서도 마음 평안치 않다오(對景意難平)

짝 잃은 채 아침 화장을 마치고^(鸞鏡朝粧歇)
달 아래에서 거문고를 뜯는다오^(瑤琴月下鳴)

꽃 볼수록 새 설움이 일고^(看花新恨起)
제비 우는 소리에 옛 시름 생겨나니^(聽燕舊愁生)

밤마다 임 그리는 꿈만 꾸다가^(夜夜相思夢)
오경 알리는 물시계 소리에 놀라 깬다오^(還驚五漏聲) –(허경진 대역)

아득한 그리움, 잡힐 듯하면서도 끝내 잡을 수 없는 신기루 같은 그리움, 사랑하는 이에 대한 그리움이야말로 그 어느 것보다 강한 시적 충동을 유발하는 정서임을 여기서도 보게 된다. 한 남자를 사무치게 그리워하고 사랑했던, 그러나 불운했던 기녀 시인 매창, 37세의 나이로 그 사랑을 한으로 남긴 채 요절한 그녀의 묘비 앞에서 우리는 못다 이룬 이들 두 사람의 사랑에 대하여 연민의 정을 이야기하면서 긴 애도의 시간을 가졌다.

이어서 방문한 신석정 문학관, 공원을 조성하여 그 인물과 시^(詩)를 기념하고자 한 매창 공원과 함께 석정을 기리는 기념관을 지어 부안의 자존심으로 부각시켜 놓은 석정문학관도 우리에게는 의미심장하게 다가왔고, 깊은 인상을 심어 주었다. 더 설명이 필요 없는 시인 신석정^(辛夕汀), 훤칠한 키와 준수한 외모에서 풍기는 고상한 분위기, 평생을 고향을 떠나지 않고 시인으로서의 지조를 지키고, 일제의 탄압에도 절개를 잃지 않고 시작에 몰두했던 고아한 지사적 품격이 고스란히 우리들 마음에 와닿았다. 어두운 질곡의 세월 속에서 의연히 밝은 미래를 노래하여 많은 사람의 마음속에 희망의 씨앗을 던져 넣었던 시인을 만나고 돌아 나오는 길, 우리의 마음은 감정의 정화를 거친 기쁨으로 충만하였다. 그의 시 안에 삶의 본질에 대한 좀 더 깊고 진한 성찰, 우리의 가슴에 무겁게 와닿는 시어의 울림이 있었으면 더 좋았을 텐데 하는 어설픈 비평의식은 감상자의 호사일 뿐이었다.

  새만금 방조제 초입을 둘러보고 나서 반계(磻溪) 유형원(柳馨遠) 선생 유적지를 찾았다. 반계 선생이 후학들을 길렀던 반계 서당은 마을 뒷산 중턱에 자리 잡고 있어 제법 숨차게 올라가야 할 곳이었다. 올라 보면 마을 앞 들판이 눈 아래 펼쳐져 시야가 탁 트이는 시원함이 있지만, 이 길을 오르면서 느낀 것은 반계 선생의 학자적 고집과 세속과 타협하지 않으려는 그의 고아한 인품이었다. 여러 차례 벼슬길에 오를 수 있었던 기회가 있었지만 끝내 사양하고 학문 연구와 후학 양성에 온 힘을 기울인 그의 고집과 철학이 이 높은 언덕길에 담겨 있는 것 같다는 생각이 들어 삼가는 마음으로 발길을 옮겼다.
  호남 실학(實學), 나아가서 후대의 실학자들에게 실학이라는 새로운 학풍의 길을 열어 준 대학자의 고결한 인품이 이 서당의 위치에 고스란히 반영되어 있는 것 같아 잠시 숨을 고르면서 선생께 깊은 존경의 뜻을 표하였다. 세속의 이해를 따라 울고 웃는 얄팍한 이기주의자들이 오히려 시대의 의인(義人)인 것처럼 행세하는 이 교활한 세태를 다시 한 번 안타까운 마음으로 돌아보기도 했다.

  내소사는 나로서는 두어 번 다녀온 곳이기는 하지만 그 들어가는 길가의 나무들이 좋아 다시 찾아보기로 하였는데 일행들 모두가 오기를 잘하였다고 입을 모았다. 내소사 입구에 있는 음식점에서 노을을 벗 삼아 기울인 막걸리 한잔의 운치는 참으로 잊을 수 없는 추억으로 남을 것이다.

숙소로 돌아오는 길에 격포에서 회를 떠 가지고 와서 밥을 짓고, 매운탕을 끓여 저녁 식사를 한 다음 즐거운 여흥 시간을 가졌다. 좀 늦은 시간까지 술을 곁들이면서 문학 이야기, 세상 이야기를 나누다가 잠자리에 들었다.

이튿날 숙소 인근에 있는 식당에서 바지락죽으로 아침 식사를 하였는데, 채 교수가 아침부터 어제 먹다 남은 막걸리를 돌려 본의 아니게, 그리고 내 사전에서는 찾아보기 어려운 아침술을 먹게 되었다. 결국은 이것이 시발점이 되어 집으로 돌아오는 시간까지 틈틈이 술을 마시게 되었으니, 시작이 잘못된 까닭이다.

아홉 시경 부안을 떠나 충남 예산에 있는 윤봉길 의사 사당을 찾아 참배하고 그 기념관과 생가를 방문하였다. 치욕의 식민지 역사를, 우리가 수모를 당한 시기가 아니라 오히려 우리 민족의 의지가 시험을 받은 시기로 바라볼 수 있는 것은 바로 윤봉길(尹奉吉) 의사(義士)와 같은 민족의 영웅이 있기 때문이다.

출정에 앞서 수류탄을 들고 찍은 사진, 김구 선생과 함께 찍은 고별 사진에 나타나 있는 윤 의사의 그 의연하면서도 담담한 모습은 우리를 전율케 하고 울컥하게 만들었다. 스스로 사지의 길로 들어서는 한 젊은이의 모습은, 그가 숭고한 민족적 책무를 다하기 위하여 그렇게 한 것이라고 하더라도 우리는 꽃다운 한 생명에 대한 연민의 정을 느끼지 않을 수 없는 까닭이다. 나라가 못 나고 힘이 없으면 저렇게 젊은 생령이 희생될 수도 있다는 역사의 엄연한 가르침 앞에서 오늘의 우리를 다시 한 번 반성하게 된다. 어둡고 답답한 식민지 상황에서도 오히려 빛나는 역사를 창조한 대의인(大義人) 앞에 깊이 머리를 숙였다.

수덕사 인근에 있는 '산채명가'라는 음식점에서 중화한 후 추사 김정희 고택을 방문했다. 대교약졸(大巧若拙, 뛰어난 솜씨는 서툰 것처럼 보인다)로 요약되는 서예의 성인을 뵙는 마음은 황송하기까지 하였다. 그의 어록에서 가장 눈에 띄는 것은 수천수만 번의 공부와 내밀한 숙성이 없이는 붓을 잡아도 제대로 된 글씨가 나올 수 없다는 것과, 나는 벼루 열 개의 밑창을 내고서야 글씨가 무엇인지 대강이나마 알게 되었다고 하는 말씀이었다. 그는 대가(大家)가, 위대한 예술이 어떻게 만들어지는가 하는 그 비밀스러운 탄생과 창조의 과정을 우리에게 웅변적으로 일러 주고 있었다.

그리고 출구에 걸려 있는 한 인사가 추사를 두고 한 말, '그는 서예가의 법도 안에 있으면서도 서예가의 법도를 넘어선 사람'이라는 이 모순 형용의 헌사는 원칙과 기초에 충실한 사람이야말로 그 차원을 넘어서서 비로소 자기의 세계를 창조해 낼 수 있다는 진리를 새삼 깨닫게 해 주었다. 기초를 완벽하게 소화해 내었을 때 예술가는 비로소 그의 독창적인 세계를 향하여 나아갈 수 있음을 추사를 통해 확인해 준 명언이었다. 추사가 남긴 묵향의 유산을 통하여 예술의 독창성과 위대성을 결정하는 요소가 무엇인지를 다시 한 번 배울 수 있는 기회가 되었다. 잘 다듬어진 선생의 묘역, 그 묘비 앞에서 위대한 예술혼이란 무엇인가를 곰곰 생각해 보기도 하였다.

 마지막 여정으로 들른 심훈(沈熏) 선생의 '붓으로 밭을 가는 집' 필경사(筆耕舍), 거기는 이제까지 우리가 들렀던 곳들과는 또 다른 뜨거움이 살아 숨 쉬는 곳이었다. 식민지의 어두운 현실 속에서 고뇌했던 한 지식인의 아픔이 전율로써 전해져 오는 곳, 그 질곡의 시대를 온몸으로 저항한 한 순수한 영혼을 만난 필경사, 그곳은 우리를 숙연케 하였고 동시에 열정이 무엇인지, 가치 있게 산다는 것이 무엇인지를 생각게 하였다. 금방이라도 채영신과 박동혁이 튀어나올 것 같은 소설 〈상록수〉의 산실에서 우리는 불멸의 지사(志士), 심훈 선생의 영혼과 만나는 감동을 맛보았다. 소설과 영화로써 이 땅의 불행을 이겨 내어 보려고 했던 한 젊은 예술가의 순수와 열정이 오롯이 느껴지는 그곳에서 우리는 우리의 옷깃에 묻은 먼지를 열심히 털고 또 털어 내었다.

 서울로 돌아오는 길은 이미 어두워져 있었고 우리 일행은 그 어둠을 내다보면서 각기 깊은 상념에 빠져들었다. 이번 문학기행은 가치 있는 삶을 일깨워 준 위대한 선인들을 흠모하고, 그분들을 통하여 오늘의 나를 돌아볼 수 있었던 귀한 시간이었다.

자유와 평등, 그리고 복지(福祉)
-호주·뉴질랜드를 다녀와서

1. 떠나면서

'동산(東山)에 올라 노(魯)나라의 작음을 알았고, 태산에 올라 천하의 좁음을 알았다.'라고 한 공자의 말씀이나 '바다를 흘러 보지 못한 강물은 물이라 할 수 없고, 무산(巫山)을 휘감아 보지 못한 구름은 구름이라 할 수 없다.'라고 한 속언을 상기하면서 견문을 넓히는 일의 소중함을 새삼 되새겨 보았다. 보고 듣는 일은 체험의 영역을 확대해 주고, 체험은 우리의 인식에 깊이와 넓음을 더해 준다.

일찍이 연암 박지원이 연행 길에서 만주 벌판을 바라보면서 그 광활함에 놀라고 그것이 우리의 잃어버린 고토(故土)임을 생각해 내고는 이곳이야말로 '호곡장(好哭場, 울기 좋은 곳)'이 아닐 수 없다고 했는데, 이 말은 새로운 세계를 발견하고, 그것과 우리의 안타까운 역사를 연결하는 순간 한 번 목 놓아 울고 싶어졌다는 뜻인 바, 이것은 견문을 넓히는 데서 오는 통렬한 깨달음의 현저한 예라 하겠다.

세계가 일일생활권이 되어 있는 오늘에 공자나 연암을 인용하여 견문의 중요함을 이야기하는 것은 호사가의 진부한 입담으로 보일 수도 있겠으나, 아무리 일일생활권이면 무슨 소용이 있겠는가, 그래도 역시 '백문이불여일견'임은 변함없는 진리인 것을. 그러니 선철(先哲)의 말씀은 여전히 유효할 수밖에. 하나라도 더 널리 보고 듣고 배워서 돌아와야지, 발걸음이 가볍다.

2. 삶의 질(質)이라는 것

호주, 뉴질랜드의 핵심 화두는 단연 '복지'였다.

복지의 기본적인 개념은 부의 상향평준화를 이루어 내는 일이다. 오늘 우리 사회의 일부 이념지향형 논자들은 개성이나 능력과 상관없이 개인차가 없는 삶을 살아야 한다는 식으로 평등을 왜곡하는 경향이 있는데, 말할 것도 없이 이러한 사고는 가장 비생산적인 논리가 아닐 수 없다. 이야기가 좀 빗나가는 것 같지만 이런 악성 논리는 통일 논의에서, 좋은 통일 나쁜 통일이 따로 없고 누가 하든, 어떤 식의 통일이든 상관없이 통일만 하면 된다는 식의 편곡된 통일 논리를 낳아 국론을 분열시키고 국력의 소모를 초래하고 있는데, 이것은 이들이 또 다른 입으로 외쳐대는 복지와는 정반대로 가는 일이어서 그들 스스로 모순을 노정하고 있음은 누구나 아는 일이다. 말하자면 그들이 말하는 평등과 복지는 무조건 나누자는 식의 복지여서 하향평준화를 가져올 수밖에 없고, 또 우리가 말하는 진정한 복지와는 멀어질 수밖에 없음을 소비에트 70년 역사가 입증하고 있다.

호주, 뉴질랜드의 복지는 다 같이 잘 사는 진정한 의미의 복지-무조건 무상으로 분배하는 것이 아니라 합리적으로 파이를 키우면서 그 혜택이 국민 개개인에게 공평하게 돌아갈 수 있도록 하는 상향평준화 복지의 개념에 부합되는 복지를 실현해 가고 있었다.

호주 가이드는, 호주는 경쟁 사회가 아니기 때문에 남보다 더 잘 혹은 더 열심히 더 많이 일하지 않아도 된다는 것이 호주의 좋은 점이라고 설명했는데, 이것은 그가 복지의 본질을 잘못 이해한 데서 나온 말이다. 열심히 일하지 않고 어떻게 복지의 기틀을 확보할 수 있으며, 결국 복지 예산은 국민의 세금으로 만들어지는 것인데 좋은 복지를 위해서는 세금을 많이 내야 하는 것은 당연한 일이고, 평소 세금을 많이 내는 사람에게는 은퇴 후에 돌아가는 연금 등의 혜택이 더 크다고 하니, 남보다 큰 혜택을 받으려면 남보다 세금을 많이 내어야 하고 그러려면 더 열심히 일할 수밖에 없는 일이고 보면 어찌 더 잘, 더 열심히, 더 많이 일하지 않을 수 있으며, 여기에 어찌 경쟁이 없다고 할 수 있겠는가 말이다.

인간 사회의 어느 곳이든 경쟁의 법칙으로부터 자유로운 곳은 어디에도 없는 법이다. 호주가 경쟁 사회의 국가가 아니라는 것은 분배의 원칙이 분명하게 서 있다는 것을 뜻하는 말이지 적당히 일해도 된다는 것을 의미하는 것은 아니다. 복지에도 차등이 있음은 그곳 호주도 경쟁이 엄연히 존재하는 사회임을 말해 주는 것이다.

초기 사회주의의 한 실험적 방법으로 일부 미국인들이 '팔랑크스(phalanxes)'라는 약 천 명에서 천오백 명 정도를 구성원으로 하는 소규모 사회를 만들고 재산을 공동으로 관리하는 제도를 시행하고자 했는데, 여기에서도 재산(돈과 물자)은 공동으로 관리하되 개인에게 분배되는 것은 그 사람의 기술과 능력에 따라 차등을 둔다는 원칙을 제시하고 있어 비록 초기의 낭만적인 인식에서 출발한 사회주의라 하더라도 경쟁의 원리를 피해 갈 수 있는 것은 이 세상 어디에도 없음을 잘 보여 주고 있다. 결국, 복지라는 것은 아무 노력이나 역할이 없음에도 불구하고 남들이 만들어 놓은 것을 거저 나누어 먹으려고 하는 것과는 전연 차원이 다른 문제임은 말할 나위가 없다.

　호주나 뉴질랜드는 국민소득이 우리보다 높은 것도 사실이지만, 실제 국부의 운용 방법이나 분배의 원칙에서도 우리보다 훨씬 앞서 가는 복지 선진 국가임이 틀림없었다. 이것은 정치적 능력과 효율적인 경제구조, 복지의 기본적 요소에 대한 치밀한 연구와 국민의 성숙된 의식이 만들어 낸 결과물이라 할 것이다. 요즘 대학 등록금 문제로 우리 사회가 몸살을 앓고 있지만, 이 등록금 문제만 하더라도 유학생은 제값을 다 내야 하지만 시민권자나 영주권자는 제값의 10%만 내면 된다고 하니 우리로 말하면 한 학기 등록금이 40~60만 원밖에 안 되는 금액이다. 이외에도 병원 치료비나 보육비 등에서도 우리의 상상을 뛰어넘는 복지 현실을 보여 주고 있어 어떤 의미에서는 진정한 사회주의의 모습을 구현해 나가는 듯하기도 했다.

　물론, 어느 사회나 마찬가지로 그곳에도 빈부의 차이는 엄연히 존재하고, 뒷골목에는 우리나 다름없는 빈자들의 고통과 이민자들에 대한 차별이 상존(尙存)해 있기는 하지만 말이다.

　호주, 뉴질랜드 사람들이 보여 주는 높은 삶의 질은 이념적으로 평등한 사회이기 때문에 만들어진 것이 아니라 그들 하나하나가 스스로 평등한, 그리고 윤택한 대우를 받기 위해 열심히 일하고, 선진적인 정치적 역량과 건전한 경제구조를 만들어 가고자 하는 국가 경영에 적극적으로 참여하고 협조함으로써 얻어 낸 보상임을 우리는 주목해야 한다. 삶의 질을 높이는 일은 국가의 정책이나 정교한 이론에도 일정 부분 힘입어야 하지만, 국민 개개인이 그러한 혜택을 받을 수 있는 최선의 노력과 역할을 보여 줄 때 그 실현이 가능한 것임을 그들을 통해서 다시 한 번 확인할 수 있었다.

3. 환경과 인권의 충돌

자유는 모든 민주국가의 기본 이념이고 그 개념의 핵심은 인간 존엄성과 개성의 존중이다. 이 경우 개성은 한 개인의 교양은 물론 그가 보여 주는, 타인과는 차별화된 사회적 능력을 가리키는 말이다. 교양은 그가 존엄한 인간으로 대우를 받을 수 있는 기본적 조건이고 사회적 능력은 그 사람의 정체성의 구현, 혹은 자기실현을 위해 필요한 요건이 된다. 사람은 누구나 그 어느 것에도 구애받지 않고 인간답게 살기 위해 최선을 다할 수 있어야 하는데, 그것을 보장해 주는 것이 바로 자유인 것이다.

그리고 평등은 모든 나라의 기본적인 통치 이념이자 우리를 인간으로 서게 해 주는 근거가 되는 이념으로서 이 역시 인간 존엄성의 확보를 기본 개념으로 하고 있으나, 개성의 존중이라는 점에서는 자유와 차이를 보인다. 물론 평등의 개념 속에도 개성의 존중이 중요한 한 자리를 차지하고 있기는 하지만 자유에 비하면 그 위상이 약화되어 있는 것만은 사실이다. 자유가 인간 본성을 최대한 인정하고 존중하려는 것에 비해 평등은 그것을 어느 정도 제한함으로써 얻어질 수 있는 이상적(理想的)인 경지이기 때문이다.

자유와 평등은 우리가 추구하는 이상이면서도 이러한 인간 본성에 대한 기본적인 태도의 차이 때문에 그 양립이 쉽게 이루어질 수 없다는 안타까움이 있다. 자유를 강조하면 개인의 능력과 교양의 차이에 따르는 불평등이 초래될 것은 분명하고, 평등을 강조하게 되면 인간 존엄성과 개성에 흠집을 내지 않을 수 없으니 이 둘의 관계는 조화가 어려운 양날의 칼과 같은 것이 아닐 수 없다. 이것은 민주공화국을 꿈꾸고 있는 우리에게 주어진 깊은 딜레마이자 어쩌면 영원히 풀 수 없는 숙제일지도 모른다. 자유를 다소 희생시키더라도 평등하게 살아가는 길을 택할 것인지, 아니면 불평등을 불가피한 운명으로 받아들이고 인간 본성을 따라 자유가 강조되는 삶의 편에 설 것인지, 사실 이것은 인류 역사 이래 인간이 놓여 있었던 가장 전형적인 가치 충돌의 예(例)기도 하다. 우리 현대사의 한때를 지배했고 또 논란이 되었던 개발 독재의 논리도 이 범주 안에서 이해가 가능한 한 예가 될 것이다.

다 같이 잘 사는 더 나은 미래를 위해 현재의 자유를 유보할 것인가, 아니면 민주주의 실현을 위해 자유를 사수할 것인가 하는 문제는 바로 자유와 평등이 부딪치는 또 다른 모습이라 할 것이다. 호주와 뉴질랜드, 특히 뉴질랜드를 돌아보면서 내내 이 생각이 머릿속을 떠나지 않았는데, 그것은 이 나라의 환경 보호(保存) 정책과 그에 관련된 엄혹한 규제 법령에 대한 이야기를 들었기 때문이고, 실제로 우리 일행 중에 한 사람이 오클랜드 공항 입국 시(時) 불각(不覺)의 실수로 가방 속에 든 오렌지 하나 때문에 과도한 벌금을 물어내는 것을 보았기 때문이다.

목재가 풍부한 세계 제일의 목재 수출국인 뉴질랜드는 땔감도 나무가 주종을 이루고 있는데 순수 자연 목재만 때어야지 기름이 묻거나 한 나무를 때거나 하면 곧바로 신고가 들어가 고액의 벌금을 물게 된다고 한다. 우리 교민 중 한 사람이 이런 현지 사정에 익숙지 못하여 그만 불순물이 침윤(浸潤)된 나무를 때었다가 이웃의 신고로 우리 돈으로 약 6천여만 원의 벌금을 물어내는 바람에 정착 비용을 한꺼번에 날려 버린 안타까운 일도 있었다고 한다.

이러한 예는 그들의 관습이나 법에 대한 우리의 이해가 부족한 데서 빚어진 일이기는 하지만, 환경의 보존을 위한다는 명분으로, 신고하지 않은 것이라고 하여 방문객의 가방 속에 든 귤 하나에까지 상식적으로 납득할 수 없는 40만 원이라는 거액의 벌금을 물리는 것이 과연 온당한 것인지, 그리고 이런 처사가 혹시 어떤 목적을 위해서라면 인간을 경시하고 인간의 자유를 축소해도 좋다는 사고방식에서 나온 것은 아닌지 고개를 갸웃거리지 않을 수 없었다.

물론 그렇게 청정하고 깨끗한 환경을 유지하기 위해서는 엄격한 법의 통제가 불가피할지도 모른다. 이 나라의 주요 수출 품목들이 목재, 육류, 육가공품, 유제품, 모피, 건강식품 등 일차산업 생산품으로 이루어져 있는 것도 쾌적한 환경 유지를 위한 정책의 당연한 결과일 것이다. 그러나 여기에서 바로 환경과 인권의 충돌이라는 문제가 발생한다는 것도 사실이다. 국민 누구나 쾌적한 환경에서 살 권리가 있다는 것, 그런데 그 당연한 권리를 위해 국민의 삶의 양식 자체가 인위적으로 제한되거나 법적 규제를 받을 수밖에 없다는 문제(모순)가 생긴다는 것이다. 자유를 얻기 위해 자유를 일정 부분 희생해야 한다는 역설, 그리고 그 희생 위에서 평등이 얻어질 수 있다는 반어법이 이 나라의 복지 혹은 깨끗한 환경 속에 숨어 있는 어두운 그림자가 아닐까? 환경은 자유의 문제일 수도 있고 평등의 문제일 수도 있으나, 한 가지 분명한 것은 이 환경 문제가 개인의 온전한 자유를 구속한다는 점에서 인권 침해의 가능성을 안고 있기도 하다는 점이다.

그러나 환경을 지키기 위하여 자유 의지라는 인간 본성을 축소하거나 제한할 수밖에 없다는 국가 경영의 기본 철학에 이의를 별로 제기하지 않는다는 점에 뉴질랜드인들의 미덕이 있다고 한다면 과언일까. 하나를 얻으려면 하나를 포기할 줄 알아야 한다는, 그리고 가장 중요한 가치를 위해서는, 다른 가치의 일정 부분을 버릴 줄 알아야 한다는 깨달음이 오늘 그들로 하여금 환경과 인권의 충돌을 다스리고 최상의 자연환경과 복지국가를 만들어 내게 한 힘이라는 생각만은 지울 수 없었다. 자유와 평등, 환경과 개발이라는 해묵은 난제에서 한 걸음도 나아가지 못하고 있는 우리의 현실을 되돌아보게 된다.

4. 돌아오면서

오늘 우리 한국인에게 가장 중요한 것은 무엇일까? '가장 중요한 것을 얻기 위하여 그다음 중요한 것들을 버릴 수 있는 것이 용기'라고 한 신학자 폴 틸리히의 말, 우리에게 필요한 것은 바로 이 용기가 아닐까? 사회적 합의를 통해 가장 중요한 가치와 차선의 가치를 가려내어 차선의 가치를 과감하게 포기함으로써 최선을 획득해 내는 힘을 갖추는 일이 무엇보다 필요하다는 것이다.

내 것을 아까워하고 그것에 집착하는 이기적 자아를 극복하지 않고서는 공존공영(共存共榮)의 대도(大道)를 열어 갈 수는 없는 일이다. 자유와 평등의 관계, 그 난마같이 얽힌 길항(拮抗)과 갈등과 모순은 어쩌면 인간이 만들고도 통제하지 못하는 난제이기는 하지만, 그래도 좌우를 초월하고 개인적 이해관계를 넘어서는 결단과 용기를 발휘하여 자유와 평등이 조화를 이루는 사회를 향해 우리의 모든 역량을 결집하는 일이 무엇보다 중요한 일임을 우리는 호주, 뉴질랜드의 예를 통해서 배우게 된다.

시드니의 오페라하우스에 구현된 뛰어난 예술적 감각과 미항(美港)의 전체 구도에 완성도를 높여 주는 하버브릿지의 멋, 그리고 푸른 물결 위에 눈부시게 떠 있는 흰 요트들과 그 배경을 이루는 숲속의 그림 같은 집들, 죄수의 땅-그 절망의 유형지(流刑地)에 이 아름답고 평화로운 세계를 만들어 낸 호주인들과 주어진 환경을 소중히 여기고 그것을 지키기 위하여 기꺼이 자기 개인의 것을 포기함으로써 더 큰 가치를 누리게 된 뉴질랜드인들의 노력과 그 현명함에 경의를 표하면서, 돌아오는 오클랜드 공항. 신기루나 다름없는 기만적인 복지 포퓰리즘으로 날이 지고 새는 우리의 정치 현실에 생각이 미치자, 오래전 성지순례길 이스라엘 텔아비브 공항에서 모호한 갈증에 시달렸던 것처럼 나는 또 이상한 갈증을 느끼고 있었는데, 그것은 아마도 나의 조국 대한민국이 놓여 있는 안타까운 현실과 그 극복에 대한 어떤 열망, 혹은 비원 때문이 아니었을까.

실패는 좌절이 아니라 또 다른 도전의 시발점이 되어야 한다는,
전혀 새롭지 않으나 여전히 살아 있어
늘 우리에게 새로운 깨달음을 주는
이 아포리즘을 새해 아침 문득 떠올리게 된다.

3 생활 속의 아포리즘

생활 속의 아포리즘

• **자기를 장식(裝飾)하는 일**

　자기를 장식하는 일은 사치나 허세가 아니다. 자기를 장식할 줄 모르는 것은 때로 겸손이 아니라 무지이며 낮춤이 아니라 자기를 방치하는 일이다.

　여기서 장식은 자기를 존중하는 마음, 즉 자존감과 자기를 남에게 의미 있는 존재로 보이게 하는 언행을 가리킨다. 이것은 그런 뜻에서 예의나 교양을 갖추는 일과 밀접한 관계가 있다. 따라서 장식은 자기만을 위한 것이 아니라 다른 사람들을 존중하는 일이기도 하다.

　나로 인해 남들이 불쾌함을 느끼지 않도록 하는 것, 나아가 나의 언행에서 그들이 기분 좋은 느낌을 받을 수 있도록 하는 것이 바로 남을 배려하고 존중하는 일이며 이것이 바로 자기를 장식하는 일의 효과이다. 그것은 흡사 여자가 아름다움과 자기만족을 위해 화장을 하기도 하지만 보는 사람을 상쾌하게 해 준다는 점에 화장의 또 다른 미덕이 있는 것과 같다. 때로 여자의 화장은 단순한 꾸밈이 아니라 예의가 되고 교양의 표출이 될 수도 있음과 같은 이치이다.

나만 좋으면 되는 그런 장식이 아니라 타인의 공감을 이끌어 낼 수 있는 장식을 위해 연구하고 노력해 볼 일이다. 외모를 포함하여 조금은 자신을 장식할 줄 아는 마음, 그것은 자기를 아끼고 소중하게 보듬는 일이며 타인을 존중하는 교양의 정신이기도 하다.

• 너무 이기려고 하지 말라

너무 이기려고 하지 말라. 항상 이기려고 하지 말라. 이길 만한 일을 이기려고 하는 것은 그래도 보아 줄만 하지만(이것도 문제가 없는 것은 아니나 그래도 타인으로부터 최소한의 수긍을 얻어 낼 수는 있지만) 이기기 어려운 것, 상식에 어긋나는 것도 우겨서 이기려고 할 때는 자기도 모르게 교활하고 비열한 모습을 보이게 되기 때문이다.

늘 이기려 드는 자들은 자신이 불리하면 순식간에 논점을 교묘하게 바꾸고 이탈하여 상대방에게 책임을 전가하고 없는 흠집도 만들어 역공(逆攻)함으로써 곤경을 벗어나고자 하는데, 이것은 우리가 알고 있는 인간 최악의 비루한 모습이 아닐 수 없다. 비록 그는 위기를 모면하고 상대방을 이긴 것으로 생각할지 모르나 자신이 인격적으로 한층 더 사악해지고 있음을 간과하고 있다는 점에서 그는 지극히 불행한 존재일 수밖에 없다.

이런 버릇은 대체로 치유가 어려운 열등의식과 깊은 관계가 있다. 이것은 불행하게도 그에게 왜곡된 신념을 갖게 하고 그 신념은 화석화되어 움직일 수 없는 그의 세계관을 형성하게 된다. 그것은 그의 자존심의 핵심이어서 손상을 입는 것은 용납할 수 없는 일이며, 이러한 의식은 이제 생활의 전반을 지배하게 되어 아주 사소한 것이라도 지고서는 못 견디는 인격의 막다른 골목으로 그를 몰아가게 되고, 당연한 결과로서 그는 예의와 사과를 모르는 철면피한(鐵面皮漢)으로 전락하고 만다.

이런 자들은 남을 존중할 줄 모르기 때문에 예의를 갖추려고 해도 자기도 모르게 남의 말이나 행동을 쉽게 무시하거나 남들이 애써 이루어 놓은 것도 우정 인정하려 들지 않는 오만의 늪에 빠지게 된다. 남의 정성 들인 말씀을 일언지하에 가치 없는 것으로 폄훼하거나 상말로 모욕하고, 남의 노작(勞作)도 코웃음으로 뭉개 버리는 교만을 교만으로 인식하지 못하고 있다는 점에서 그는 인간관계의 질서를 파괴하는 자라고 할 수 있다.

• 글로 된 모든 정보

글로 된 모든 정보는 일단 의심의 대상이 되어야 한다. 그런 글들은 글에 따라 다소의 차이는 있을지 몰라도 과장(誇張)된 내용을 담고 있기 때문이다. 우리는 바로 이 과장된 정보를 진짜 정보로 받아들이고 있다는 점에서 정보에 속으면서 살고 있는 셈이다. 우리가 정보를 믿고 한 일 가운데 제대로 된 일이 별로 없었음을 상기해 보면 금방 이런 사실을 깨닫게 될 것이다.

전문가들이란 정보라는 이름으로 자기 분야의 지식을 그럴듯하게 포장하여 사람들을 현혹하는 자들이다. 넓은 의미에서 글쓰기는, 그러므로 그 자체가 과장의 기술이며, 문학의 경우 그것이 문학의 한 속성임은 이미 널리 알려진 바와 같다. 비유와 상징, 허구(虛構)가 바로 그것이다.

글 쓰는 사람은 그런 의미에서 기만(欺瞞)하는 자들이며, 자기 지식과 사유(思惟)의 결과물을 과시하려는 자들로서 그것을 자기만 알고 있는 줄로 착각하고 있는 자들이기도 하다.

• 종교와 진실

　종교는 우리에게 진실을 말해 주지 않는다. 종교가 우리에게 진실을 말해 준다면 그것은, 우리가 일상적으로 말하는 그런 개념의 진실이 아니라, 우리가 듣고 싶고 도달하고 싶어 하는 아름다운 비전의 세계로 나타나며 우리가 스스로를 고양할 수 있게 해 주는 자기 암시적인 언어의 모습으로 존재한다. 종교에서 진실이 시비(是非)와 가치를 가려내고 판단하는 객관적인 척도로 이해된다면 그 순간 종교는 존립이 불가능하게 될 것이다. 종교는 눈에 보이지 않는 가치를 우리 스스로 만들어 갖게 한다는 데 그 진실의 초점을 맞추고 있기 때문이다. 그리고 놀랍게도 실체가 없는 것 같은 그 허상의 진실이 객관적 진위(眞僞)와 시비(是非)를 초월해 버리는, 이른바 '진실'을 압도하는 일들을 우리는 현실에서 종종 목도하게 된다. 종교적 진실은 기적과 은사, 거기에 따르는 감동으로 증명된다. 이 모든 것의 출발점은 믿음이다.

• 원단(元旦)의 아포리즘

　우리는 보통 1월에는 이상주의자가 되고 6월에는 현실주의자가 되고 12월에는 허무주의자가 된다고 한다. 다 맞는 얘기처럼 보이기는 하지만, 12월의 허무주의는 1월의 이상주의와 연결되는 고리 역할을 하므로 그 시간 속에는 얼음장 밑을 흐르는 물이 봄을 예비하듯이 새로운 한 해에 대한 희망과 기대가 숨 쉬고 있음을 놓쳐서는 안 된다.

후회와 회한은 절망으로 통하기도 하지만 새로운 희망을 잉태하는 자양분이 될 수도 있다는 이 역설적 진실을 우리는 눈여겨봐야 한다. 절망의 끝에 섰을 때 비로소 진정한 희망의 빛을 발견하게 된다는 이 미묘한 인생사의 진실을 우리는 한 해가 끝나고 또 다른 한 해가 시작되는 이 지점에서 새삼 깨닫고 실감하게 된다.

더 발을 내디딜 곳이 없는 상황에 직면했을 때 비로소 내가 가야 할 길이 어디인지를 알게 된다는 이 진실 앞에서 오늘 겸허하게 나를 돌아보게 된다. '나는 진정 절망을 알고 있는가, 희망을 설명할 수 있는가, 절망과 희망을 놓고 진지하게 고민해 본 적은 있는가, 그리하여 절망 위에 서서 희망을 발견하고 내가 가야 할 길을 찾아내었다고 말할 수 있는가?' 하는 질문을 나에게 던지게 된다.

희망의 실현을 위해 있는 힘껏 노력했으나 결과적으로 뜻을 이루지 못하고 실패와 직면하게 된다 하더라도 그 상황에서 떨치고 일어나 또 하나의 새로운 희망을 만들어 내는 힘을 우리는 용기(勇氣)라고 부른다. 우리의 삶은 결국 희망과 절망이 교차하는 구조로 되어 있다는 분명한 인식 위에 설 때 우리는 절망을 극복하고 희망의 열차에 올라타는 기회를 얻게 될 것이다. 실패는 좌절이 아니라 또 다른 도전의 시발점이 되어야 한다는, 전혀 새롭지 않으나 여전히 살아 있어 늘 우리에게 새로운 깨달음을 주는 이 아포리즘을 새해 아침 문득 떠올리게 된다.

허무와 절망의 늪 속에서 희망과 어떤 가능성을 찾아내고자 하는 강렬한 의지가 바로 용기라면, 한 해의 벽두(劈頭), 지금은 이 용기에 대하여 우리가 다시 한 번 깊이 생각해 보아야 할 때다. 우리가 보낸 그 수많은 해(年)들은 돌이킬 수 없다 하더라도 그동안 우리가 저질렀던 잘못을 되풀이할 수는 없기 때문이다.

• 청년들과 고난의 시대

청년들이여, 지금 그대들은 이 시대(21세기 벽두)를 희망이 없는 시대라 말하고 있다. 정말 이 시대가 그대들의 말처럼 '헬(Hell) 조선', 고난의 시대라고 한다면 그것은 오히려 그대들을 위하여 다행스러운 일이 아닐 수 없다. 우리를 강하고 훌륭하게 만드는 것은 연단(鍊鍛)이 필요한 어려운 여건이기 때문이다. 성경의 "우리가 잠시 받는 환난의 경(輕)한 것이 지극히 크고 영원한 영광의 중(重)한 것을 우리에게 이르게 함이니(고린도 후서 4:17)"라고 하는 말씀은 바로 이러한 진리를 증언하는 것이리라.

"고난의 시대에 태어난 것은 천재에게는 행운이다."라고 한 괴테의 말처럼, 비록 우리가 천재는 아니라 하더라도 그 진리는 동일하게 적용되는 것이기에 범인(凡人)인 우리에게도, 아니 특히 젊은이들에게는 이 고난의 시대가 행운으로 받아들여져야 한다.

젊은이들이여, 희망이 없는 것처럼 보이지만 진정한 희망은 그 없음처럼 보이는 그 속에 숨어 있음을 알아야 한다. 고난은 기회의 다른 모습이고 오카시오(기회의 여신)의 반어적인 현현(顯現)임을 깨달아야 한다는 것이다.

젊은이들이여! 이제 그대들은 일어나, 자신에게 정말 나는 길을 찾기 위해 최선을 다했는지, 희망을 끝까지 뒤져 보았는지 물어보고,

과감하게 그리고 당당하게 고난의 시대에 맞서도록 하라. 이것만이 그대들이 지옥을 벗어나 구원에 이르는 유일한 법문(法門)임을 깨닫기 바란다.

- 이성(理性)과 평등

데카르트는 모든 사람이 이성(理性)을 지녔다는 이유로 모두가 평등(平等)하다고 주장했다.

사람들이 모두 이성을 지녔다는 것은 사실일지 모르나 이성을 지녔다고 해서 모두가 평등하다고 할 수는 없다. 이성은 생득적(生得的)인 것이 아니라 출생 후 어떤 소정의 필요한 과정을 거쳐 얻게 되는 하나의 정신적 능력이라고 볼 수 있기 때문이다.

그런 이유로 개인이 지니고 있는 이성에도 우열(優劣)이 존재하게 되고, 그 이성이 제대로 형성되어 있지 않거나 작동되지 않는 사람들도 많이 생겨나게 된다. 이런 사람들도 이성적 인간일 수 있다는 전제나 가정(假定)만으로 평등의 개념 안에 포함하려는 것은 큰 오류를 낳을 수 있다. 그러므로 다만 이성이 있다는 이유만으로 모든 사람이 평등하다고 하는 주장은 선뜻 받아들이기 어렵다.

오히려 자유와 개성의 존중에서 평등의 가능성을 찾아보는 것이 현명한 일일지도 모른다.

현대사회와 문중(門中)

먹고살기 힘들다고 여기저기서 난리들입니다. 식소사번(食少事煩)이라더니 왜 이리 일은 번거롭고 생기는 건 없는지, 아닌 게 아니라 현실을 돌아보면 그런 아우성들이 나올 만도 하다는 생각이 듭니다. 정치나 경제나 뭐 하나 번듯한 일이 있어야지요. 게다가 미증유의 바이러스 대란까지 겹쳤으니 말입니다.

우리 문중 친속 여러분들은 모두 무고하시리라 믿습니다만, 세상살이의 어려움은 아무도 피해 갈 수 없는 일이니 우선 그 노고에 위로의 뜻을 표하고 문안 인사를 올리는 바입니다. 예나 지금이나 인간의 삶에는 늘 아픔과 한숨과 불만족이 따라다니는 법이어서 오늘 우리만 특별히 어려움을 겪고 있다고 할 수는 없을 것입니다. 역사의 현장에서는 당면한 일들 하나하나가 그 자리에 있는 사람들에게는 가장 절실한 문제가 되는 것처럼 오늘 우리도 그 현장성에서 느끼는 절박함 때문에 유독 더 어려운 삶을 사는 것처럼 생각되는지도 모르겠습니다. 이것은 사실이고 또 그렇게 생각하는 것이 마음은 편

할 것입니다.

그러나 계량적 비교와 평가는 어렵다고 하더라도 이 시대는 이전의 시대와는 다른 좀 더 난해한 일면을 지니고 있다는 데 문제가 있습니다. 역사의 그 어느 시기보다도 변화의 속도가 빠른 시대, 그 변화로 말미암아 빚어지는 혼돈과 불확실성의 시대, 이제 우리는 과거와는 다른 삶의 조건 속에 놓여 있는 것만은 분명합니다. '사람 사는 게 다 그런 거지 뭐 어느 때는 별난 게 있었느냐.'는 식의 가치 부정적인 안일한 태도가 더 이상 용납될 수 없는 숨 가쁜 삶의 현장이 우리 눈앞에 펼쳐지고 있는 것입니다.

오늘을 살아가기 위해서는 경쟁력 있는 개인이 되어야 한다고 합니다. 과거를 해석하고 평가할 수 있는 지성과 미래를 예감하고 예지(豫知)하는 감성을 바탕으로 현실을 경영할 줄 아는 힘이 바로 경쟁력이겠지요. 특히 요즘은 숙고된 지성 못지않게 번득이는 직관력에 성패를 거는 일도 많아지고 있음을 눈여겨볼 필요가 있습니다. 사람들의 생각의 틀과 산업의 구조가 그만큼 달라졌다는 얘기입니다. 명확한 판단을 이끌어 내는 정련된 지성과 사태의 본질을 꿰뚫어 보는 세련된 감성이야말로 경쟁력의 요체라는 것입니다.

그런데 말은 쉽지만 그런 걸 갖춘다는 게 얼마나 어려운 일입니까. 우선 표현 자체가 추상적이어서 무슨 말인지 이해하기조차도 힘들 지경입니다. 게다가 환경 변화에 민감하게 반응하는 유연성과 대처 능력은 오늘을 살아가기 위해 갖추어야 할 필수 항목이고 보면 동분서주 영일이 없는 나날을 보내야 하는 것은 현대인의 운명이자 동시에 불행이라 아니할 수 없습니다. 그렇다고 어쩌겠습니까. 현실은 엄연하고 주어진 삶은 꾸려 나갈 수밖에 없으니, 현대사회의 특성을 잘 파악하고 살아남을 방법 강구에 최선을 다할 도리밖에는요.

그러나 우리가 정작 하고 싶은 얘기는 이런 것이 아닙니다. 앞서 언급했던 현대인의 불행은 주지하다시피 우리가 자신의 정체성과 인간성을 상실하거나 망각하고 있는 데서 온 것입니다. 거기에는 내가 옳다고 믿는 바를 따라 말하고 행동하며 내가 진실로 원하는 바를 이루어 내려는 개인의 자연스러운 의지와 욕구를 무시하고 획일성에 복종할 것을 강요하는 현대사회의 메커니즘이 그 원인으로 작용하고 있음은 물론입니다. 개인의 인격보다는 사회구성원으로서의 의미를 더 크게 강조하는 사회의 구조적 모순이 그 근저에 자리 잡고 있다는 것입니다. 그러니까 책임도 없으면서 불행을 짊어져야 한다는 이 역설 속에 현대인의 비극이 자리 잡고 있다는 것이지요.

사정이 이러한데 언제 우리가 나 자신을 들여다보고 주변을 둘러볼 겨를이 있겠습니까. 일상에 함몰되어 버린 사람에게 자기성찰은 일종의 사치일지도 모릅니다. 소속된 집단에 몰입하지 않고서는 살아남을 수 없는 상황은 거기에 필요한 경우를 제외하고는 개인을 모든 인간관계로부터 차단시켜 버리고 맙니다. 이른바 개인의 파편화가 조장되는 것이지요.

일 년 삼백육십오일 가야 부모 형제 얼굴 한번 보기도 힘드니 나머지 일가친척들이야 일러 무엇 하며 친구들 잊고 지낸 지가 언제인지 모를 정도입니다. 그러니, 문중이다 종친이다 하는 말은 구시대의 유물이거나 아득한 전설처럼 취급될 수밖에는 없겠지요. 도시화가 시대의 대세이고 모두가 뿔뿔이 흩어져 살 수밖에는 없다고 하지만 우리가 느끼는 소외감은 가히 절망적이라 해도 과언은 아닐 것입니다.

 아스라한 기억 속의 산하를 배경으로 인정스레 웃고 있는 내 부모와 동기간과 친구들을 찾아내는 일은 그래서 소중한 일이 아닐 수 없습니다. 유년의 기억으로 돌아가는 것처럼 안온하고 평화스러운 느낌을 주는 일은 없을 것입니다. 이것은 지난날로의 퇴행이 아니라 오늘의 삶을 윤택하게 해 주는, 과거가 우리에게 내리는 축복이라 해도 좋을 것입니다.

 문중의 가까운 겨레붙이들이 우리에게 소중한 것은 그들이 내 근원의 거울이고 힘겨운 세상을 함께 걸어가는 동반자이기 때문입니다. 그들이 나와 함께 하고 있다는 생각만큼 우리에게 고무적인 일도 없을 것입니다. 이러한 까닭에 문중은 오늘날에도 여전히 유효한 것이겠지요.

 우리가 이 시대의 병폐를 들먹이면서 지금이라도 당장 모든 것을 바꿔 놓을 것처럼 침을 튀긴다 하더라도 시대나 사회가 달라지지도 않고 또 우리에게는 그럴 만한 힘도 없습니다. 어찌 되었든 간에 우리는 변화를 능동적으로 수용해야 하며 그것은 거역할 수 없는 시대의 필연이기도 합니다. 그러나 이러한 때일수록 인간의 비인간화와 인간성의 상실을 부추기는 모든 불순한 조류에 대한 경계의 마음만은 늦추어서는 안 될 것입니다.

 이러한 뜻에서 문중은 더 이상 시대의 퇴물이 될 수 없으며, 오히려 인간성을 고양하는 정신문화의 발원지로서의 역할을 감당해야 할 것입니다. 가까운 겨레붙이들 간의 돈독한 관계 조성은, 비록 작을지라도 그것은 현대인의 고독과 불행을 치유하는 한 방편이 될 수도 있으니 이 얼마나 아름다운 일입니까. 특히 젊은 종친들은 이런 점에 대한 인식을 새롭게 할 필요가 있습니다.

　이번에 순환 아저씨께서 우리 가까운 친속의 근본과 줄기를 자세히 밝힌 책을 펴내신 것은 우리 후손들에게 추원보본(追遠報本)의 모범을 보이신 것이라 생각되어 경의와 깊은 감사의 뜻을 표하는 바입니다.

혼자 있음, 신독(愼獨)을 생각하다

연사흘을 집에서 칩거하였다. 특별히 밖에 나갈 일이 없기도 했지만, 우정 혼자 있는 시간을 가져 보고 싶었던 까닭이다.

군자는 혼자 있을 때 오히려 더 자신에게 엄격해야 한다고 하는데, 나는 이 신독(愼獨)을 실천할 수 있을지 나 자신을 한번 들여다보고 싶은 마음이 조금은 있었기 때문이다. 흉내를 낸다고 될 일도 아니지만, 솔직히 나는 옛날의 군자를 흉내 내고 싶은 마음은 없다. 혼자 있는 시간은 좀 자유스러워야 한다는 것이 내 생각이고 어떤 격식을 설정하고 거기에 맞추려고 하는 것은 어찌 보면 위선일 수도 있을 것 같다는 생각이 들어서이다.

그러나 혼자 있으면서도 생각과 행동을 반듯하게 한다는 것은 무슨 뜻일까, 또 그것은 가능한 일일까에 대한 궁금증이 생기는 것은 사실이다. 과연 신독이란 구체적으로 어떤 태도를 가리키는 것일까? 아니 구체적으로 표본이 될 만한 행동 양식이 존재하는 것일까? 아마도 그런 것은 아닐 것이다. 옛 성현들도 구체적으로 어떤 행위의 규범을 염두에 두고 이런 말씀을 한 것은 아니라는 생각이다. 그것은 어떤 기준이 있는 것이라기보다는 자신을 대하는 마음의 자세를 가리키는 개념이라고 보아야 할 것이다.

　남이 보지 않는다고 해서 복장을 아무렇게나 한다든가, 앉고 서는 자세를 문란하게 한다든가, 게으르게 드러누워 뒹군다든가, 천박한 취향에 사로잡힌다든가 하는 것이 우리 소인배들이 혼자 있을 때 흔히 저지르는 일들이다. 좋게 말해서 편하게 긴장을 풀고 어느 것에도 구애받지 않고 여유를 즐긴답시고 우리가 혼자 있을 때 연출하는 모습들이 대개 이런 모양이다. 어찌 보면 꾸밈없는 자신으로 돌아가는 시간이기도 하고 자유를 음미해 보는 비밀스러운 시간이기도 하다. 또 어찌 보면 혼자 있을 때도 이렇게 풀어진 시간을 즐길 수 없다면 우리네 인생이 너무나 팍팍하여 사는 재미가 없을 것 같기도 하다.

　나도 가끔 혼자 있을 때면 이런 모습들을 별생각 없이 연출하면서 시간을 보내곤 한다. 이래도 되는 건가, 좀 절도가 있어야 하지 않을까, 이런 무위의 시간을 보내도 괜찮은 건가, 남이 보지 않아도 생각과 행동이 반듯해야지, 하는 생각이 아주 들지 않는 것은 아니지만 그것은 잠시 스쳐 지나가는 바람결처럼 흔적도 없이 사라져 버리고 나타(懶惰)와 해이(解弛)가 주는 나른함 속으로 빠져들어 가곤 한다. 이것도 자유라면 자유이고 나름대로 휴식을 즐긴다면 그렇다고 할 수는 있겠으나 아무래도 뭔가 내가 합리화의 덫에 걸린 것은 아닌가 하는 생각만은 지울 수 없음도 사실이다. 자유란 방종이나 일탈과는 구별되어야 하는 개념이라는 이 인식이 우리를 갈등으로 몰고 가기 때문이다.

혼자 있는 시간과 관련지을 때 '인간적'이라는 말은 자신을 무장 해제시키고 사회적 관계로부터 일탈한 어떤 상태를 보여 주는 것으로 이해될 수도 있다. 혼자 있는 시간만이라도 모든 것을 벗어던진 본연의 자기로 돌아가 보고자 하는 것, 그것을 인간적이라고 할 수도 있다는 것이다. 그런 관점에서 본다면 내가 혼자 있을 때 보여 주는 풀어진 모습은, 그것이 비록 천박해 보인다 할지라도 인간적인 나의 일면이라고 강변할 수도 있을 것이다. 그런데 아무리 생각해 봐도 무장 해제를 한, 뭔가 길을 벗어난 듯한 그 모습을 인간적이라고 하는 이 말의 본래의 개념에 맞추려고 하는 것은 큰 무리가 있어 보인다. 아무렇게나 하고 싶은 대로 하는 것을 인간적이라고 하는 것은 견강부회를 넘어 부도덕해 보이기까지 한 까닭이다.

사람이 너무 격식에 얽매이는 것은 바람직하지 않은 것이니 때로는 파격도 필요하고 탈선도 꿈꿀 수 있는 일이지만 그것이 막연한 게으름을 합리화하는 것이어서는 안 될 것이다. '본연의 자기'란 윤리나 도덕과는 무관한 어떤 인간의 모습이 아니라 자기실현(自己實現)을 추구하는 진정한 자아를 가리키는 말임을 상기한다면, 꾸밈없는 자기로 돌아간다는 미명하(美名下)에 사회적 관계로부터 일탈한 모습을 보이는 것은 큰 오해와 무지의 소산이라 하지 않을 수 없다. 우리 주변에 종종 나처럼 나태와 해이를 미화하거나 합리화하는 선무당들을 볼 수 있는데 이는 건전한 사회를 위해서도 경계해야 할 일이다.

홀로 있을 때도 삼가서 도리에 어긋나는 말과 행동을 하지 아니한다는 뜻의 신독은 남이 보느냐 보지 않느냐와 상관없이 나를 바르게 세워 가기 위한 '수양의 과정'을 의미하는 말로 이해되어야 할 것이다. 무엇이 옳은지, 어떻게 해야 하는지 알면서도 그대로 행하지 못하는 것은 내 속에 잠재하고 있는 오래된, 자기합리화의 나쁜 습관 때문이니, 그것을 벗어나 나를 자기실현(self-realization)의 길로 인도하기 위해서는 끊임없이 자신을 단속하고 경계하고 새롭게 해야 한다는 것이 이 신독의 개념이라 할 것이다. 나아가 그것은 자신을 경계하는 데 그치지 않고 자기 혁신과 창조적인 삶을 지향하는 데에 그 목표를 두고 있는 심리적 분투(奮鬪)이기도 하다. 신독은 겉으로 드러나는 태도의 문제일 수도 있으나 실은 그보다는 태도의 이면에 그 근원으로 자리잡고 있는 마음의 문제를 경계한 말씀으로 보아야 한다.

나는 이 며칠 혼자 있으면서 결국은 나 자신에게 엄격하지 못하여 사나흘을 게으름과 해이로 보내고 말았다. 독서도 제대로 못했고, 밀린 해야 할 일도 다시 미루어 놓았고, 집사람과 매듭지어야 할 집안일도 차일피일하고 있고, 아들놈과 담판을 지어야 할 대화의 시간도 놓치고 있다. 오늘 할 일을 내일로 미루지 말라는 세 살 때 들은 교훈의 말씀을 이 나이가 되도록 실천하지 못하고 있으니, 이야말로 신독의 훈련, 자신에 대한 엄격한 감찰이 부족했음을 절감하게 된다.

나의 신독에 대한 실험은 시작도 해 보지 못하고 공염불로 끝나고 말았다. 나는 애초부터 군자가 못 되는 인물이었으니 당연한 일인지도 모르겠다. 그러나 한 사나흘 후에 정말 반듯한 신독의 날을 다시 한 번 기도(企圖)해 보아야겠다. 아니, 그리고 보니 이런 말 자체가 벌써 오늘 할 일을 내일로 미루는 것이 아닌가. 허허, 거 참. 신독의 길은 멀고도 험하도다.

내 친구들 이야기

• 임공(林公)

친구를 소중하게 여겨야 한다는 가르침은 우리가 어려서부터 자주 들어온 것이라 새로울 것이 없을 듯도 하지만, 나이가 들면서 겪어보니 갈수록 이보다 더 큰 진리는 없다는 생각이 듭니다. 젊어서는 처자식의 생계와 나름의 목표 달성을 위하여 동분서주하거나 이해관계에 휩쓸리다 보니 현실적인 교환 가치를 지닌 것이 아니면 돌아볼 여가가 없었고 친구도 그중 하나여서 우리의 관심권 밖으로 밀려나 있을 수밖에 없었지요. 그러나 시간이 지나면서-참 그리고 보니 시간이 빠르기도 하지요?-우리의 젊은 날의 꿈들이 하나 둘 전지(剪枝)당하고 자식들이 서서히 우리와의 분리를 시도하면서 부모와는 별개의 존재임을 선언할 무렵이 되면 우리는 허전하다는 등의 상투적인 어사로는 표현해 낼 길이 없는 일종의 심리적 공동(空洞) 상태를 맛볼 수밖에 없게 되고, 자연히 새삼스러운 눈길로 주변과 자신을 돌아보게 된다고 합니다. 외롭다, 고독하다와 같은 정서적 깨달음이 우리를 방문하게 되는 때이기도 하지요.

이것은 잊고 있었던 자기 정체성의 재발견이라는 지적 체험으로 연장되기도 합니다만, 그 과정에서 우리가 만나게 되는 것이 바로 옛 친구에 대한 기억이며 그들에 대한 그리움입니다. 친구는 우리의 정체성을 구성하는 가장 중요한 요소이기 때문입니다. 인간의 정체성이란 어떤 구체적인 현상이나 업적으로 확인될 수 있는 가시적인 그 무엇이라기보다는 자아실현에 대하여 스스로 내리는 평가가 어떤 쪽이냐 하는 문제와 깊은 관계가 있는 것으로 보입니다. 긍정적이고 다소간 만족할 만한 평가가 가능하다면 그것은 자기가 성취한 세속적 명리 때문이 아니라 인간적으로 무엇인가를 이루어 내었다는 정감적인 만족감에서 그 근거를 찾아야 할 것입니다. 친구는 우리를 이러한 심리적 국면으로 인도한다는 점에서 축복과 같은 존재가 아닐 수 없습니다. 사람은 개인에 따라 정도의 차이는 있겠으나 대체로 자신의 삶은 실패한 것이라고 생각하는 경향이 강합니다만, 친구는 우리를 이런 상심에서 벗어나 나의 삶에 대하여 새로운 긍정적 인식을 갖게 하는 계기를 만들어 주는 고마운 사람들이기도 하지요. 아마도 이것은 추억을 공유하고 있는 사람들, 꿈을 함께 나누고 이야기한 사람들 사이에서만 찾아볼 수 있는 불가사의한 현상이 아닌가 하는 생각도 드는군요.

　얘기가 좀 앞뒤 연결이 어설픈 관념론으로 흐른 것 같습니다. 요컨대 내 친구 임공(林公)은 온라인 카페를 만들어 우리에게 친구의 소중함과 정체성 회복에 대한 깨달음의 기회를 제공하고, 나아가 다양한 내용의 글을 올려 잠자고 있는 우리의 의식에 불을 밝혀 주었다는 점에서 앞서 본 친구의 전형이라 할 것입니다. 요즘 세상에 카페 하나 만드는 것이 뭐 그리 대수로운 일이냐고 할는지 모르나 이것이 우리에게는 콜럼버스의 달걀처럼 대견한 일로 여겨지기만 합니다. 또 본인은 잡학(雜學)이라고 스스로 겸손해하고 있으나 임공이 문원(文苑)에 올린 글들은 우리에게 소중한 지식과 정보가 되고 있음도 사실입니다.

그러고 보니 해암(海巖) 선생님 강좌와 갈등을 빚으며 괴로워하던 임공의 옛날 모습이 생각나는군요. 우리들 상당수는 고등학교식대로 선생님이 가르쳐 주시면 그것만 신주 모시듯 하고 있을 때, 이미 임공은 학문에는 여러 갈래의 방법론이 있고 그에 따르는 결론이 다양하게 존재할 수 있으며, 그 선택은 개인의 학문적 취향의 문제임을 터득하고 우리에게는 신기하게만 보이는 다른 학자, 예컨대 양주동 박사 같은 이의 저서를 지니고 다니던 그 모습 말입니다. 오늘 임공이 보여 주는 박학다식함은 이러한 사건들에서 이미 예고된 것이라 해도 무방할 것입니다. 당시 임공이 보여 준 강한 지적 호기심에 대하여 부러워하면서도 왜 경원시하기도 했는지 지금 생각하면 부끄럽기 짝이 없군요.

친구들이여, 어려운 가운데에서도 생활의 굴레로부터 자유로워지고 싶은 사람, 그러나 책임질 줄 알아야 한다는 의식이 분명한 참된 자유인을 지향했던 우리 젊은 날의 꿈을 다시 한 번 상기하도록 하자. 시행착오는 어리석음이 아니라 의미 있는 삶을 찾아가는 하나의 과정임을 생각한다면, 이제 임공의 예를 본받아 우리의 꿈을 다시 한 번 부활시켜 보는 것도 의미 있는 일이 아니겠는가!

- 강 학장(康 學長)

　우리나라에서는 몇몇 사람들, 예컨대 우리 친구 K 교수 유(類)의 사람들만 핸드폰을 장만하면 그다음에는 마소가 그걸 사서 쓰게 될 것이라고 하는 한 모(韓某)의 유명한 익살이 결코 헛된 말이 아니어서 바야흐로 일인일전화기 시대를 맞은 지금 핸드폰 하나 구입한 것이 무슨 얘깃거리가 되겠는가마는 강 학장이 그걸 샀다고 하니, 이상한 일도 다 있지, 그게 뭐 대단한 일이라고 정겨운 소식을 접한 때처럼 내 마음이 왜 이렇게 즐거운 것인지. 게다가 운전까지 배워 요즘 사람 대열에 적극 참여하리라는 각오를 피력한 대목에서는 가슴 가득히 흥겨움이 밀려오면서 홍소(哄笑)라도 터뜨리고 싶은 심정이었다네.

　강 학장의 작다면 작은 변화가 우리에게 즐거움을 주는 까닭은 그것이 강 학장의 인간미에 바탕을 둔 위트에서 비롯된 것이기 때문이라 생각하는 바이네. 위트가 뭐겠는가, 한 인간의 인간성과 평소의 철학이 촌철살인의 형식으로 표출된 어떤 현상, 또는 언어를 동반하는 행위가 아니겠는가. 흔히 위트는 그 사람의 지혜를 반영하는, 당면한 상황에 적절히 대처하는 능력이나 순간적으로 떠오르는 기발한 생각 정도로 이해되고 있지만 나는 나아가 그것을 순전히 인간성, 그것도 긍정적이고 정겨운 정서를 내포하는 한 인간의 사람됨, 위인(爲人) 그 자체가 반영된 것이라 보고 싶네. 느림과 무욕의 인간성이 빚어내는 심정적인 평화로움 같은 것도 모두 그 범주에 드는 것은 아닐까?

　그렇게 본다면 강 학장의 핸드폰 구입과 운전 배우기는, 본인이야 별 뜻 없이 한 일이라 하더라도, 우리에게는 그것이 하나의 유머이

자 위트로 이해되지 않을 수 없다는 것이지. 말이 될지는 모르나 앞서 내가 즐겁고 흥겹다고 한 것은 괜한 과장이 아니었음을 이해했으리라 믿네. 의도하지 않았으나 자연스럽게 남에게 유머와 위트의 효과를 자아내는 언행을 보여 주는 사람을 만난다는 게 어디 쉬운 일인가. 우리 동기들은 강 학장 같은 그런 친구를 뒀으니 이것이 행복이 아니고 무엇이겠는가.

잠시 돌아보건대 일찍이 학창 시절, 언제나 수업 시간이면 맨 앞자리에 앉아 미동도 하지 않고 공부에 열중하는 듯한 강 학장의 모습이 사실은 잠이 든 상태였음을 알고 나서는 한편으로는 어이없음에, 다른 한편으로는 경외(敬畏)의 염(念)으로부터 해방되었다는 안도감에서 '잠봉근'이라 놀렸던 일이 생각나는군. 비록 조는 한이 있더라도 제대로 공부하려면 앞자리에 앉아야 한다는 신념 하나로 앞자리를 고수하며 수마(睡魔)와 싸워 이긴 끝에 자랑스럽게 초지를 실현해 낸 강 학장에게, 당시는 대붕(大鵬)의 뜻을 알지 못하고 웃음거리로만 생각했던 연작(燕雀)의 경박함에 대하여 때늦은 감이 없지 않으나 용서를 구하는 바이네.

이제 자기 방으로 돌아와 연구에 열중하는 것이 가장 강 학장다운 모습이겠으나, 내 덕담 한마디 하겠네. 강 총장이 되었으면 좋겠다고 말이야. 세속적인 명리를 탐해서가 아니라 이 혼탁한 세상에 참다운 인간의 길을 제시하고 이끌어 가는 진정한 교육자로서의 총장 말일세. 대학이 경영 마인드를 강조하고 취직을 위한 학원으로 변질되어 버린 왜곡된 세태를 교정하고 실종된 대학의 정체성-그 고전주의적인 엄격함과 고상함, 그리고 계몽주의적인 인간 해방과 자유 수호의 정신을 회복해 낼 수 있는 총장이, 누가 되었든 우리 친구들

가운데서 나온다면 얼마나 좋겠는가?

 그리고 강 학장이 어려운 선택의 과정을 거쳐 드디어 승용차를 구입했다니 참으로 반가운 일이 아닐 수 없다. 핸드폰을 사용하기 시작했다는 소식을 들은 지 얼마 안 되는 것 같은데 그사이 운전을 배워 면허증을 땄다고 하더니 급기야 승용차를 구입하여 그 시운전의 감회를 카페에 올리기까지 되었으니, 단시일 안에 문명인의 대열에 들어선 강 학장의 모습에서 그의 잠재력을 새삼 확인하게 된 것 같아 다시 한 번 반가운 마음 금할 수 없다. 이제 총기(聰氣)나 번뜩이는 기지(機智)나 무엇을 계획하여 성취한다는 것은 먼 과거 속의 일처럼만 느껴져 무력감에 빠지기 쉬운 우리 나이에 아직도 이렇게 싱싱하게 살아 있음을 보여 준, 그리하여 우리에게 새로운 일에 도전하고픈 충동을 갖게 해 준 강 학장에게 깊은 감사의 뜻을 전하는 바이다.
 또 하나 축하하고픈 일은 강 학장이 그 부인이 보기에 대견한 남편으로 인식되었다는 점이다. '아, 나도 남편 노릇을 제대로 할 수 있게 되었구나.' 하고 감격해하는 그의 심정적 상황에 공감하고 동참하지 않을 수 없는, 참으로 축하할 만한 일이 아닌가. 요즘 세상에 남정네들이 아내 눈에 대견한 남편으로 보인다는 게 어디 쉬운 일이며 타박만 안 당해도 다행이 아니던가. 너무 자기 기준으로만 얘기하여 강호제현을 폄훼하는 듯한 면이 없지 않으나 일부 사실임을 부정할 수 없으니 이 또한 강 학장이 우리를 일깨우고 있음이라 하겠다. 우리는 우리의 동일성(identity)을 회복해야 할 필요성과 당위성을 강 학장으로 인하여 새롭게 각성하게 되었으니, 이것이 그의 승용차 구입이 갖는 다른 하나의 미덕이라 하겠다.

이제 문명의 이기가 주는 편리함을 최대한 누리되 거기에 얽매이지는 않는, 강 학장 본연의 인간적인 면모 또한 유지해 가기를 바라며, 다시 한 번 축하의 박수를 보내는 바이다.

존경하는 친구들이여, 되도록이면 오지인(奧地人)으로 남고 싶은 사람, 그러나 큰 고집은 부리지 않고 그래서 물처럼 담기는 그릇에 따라 모양을 만들어 갈 줄도 아는 유연성을 지닌 사람, 그러니까 문명의 도도한 흐름 속에 서 있으면서도 원시의 순수성을 잃지 않으려고 애는 쓰지만 굳이 대세를 거스르지도 않는 그 불기(不羈)의 인품에서 배어 나오는 향기를 우리 모두 그리워하자. 그리고 청춘의 형형(炯炯)한 눈빛과 윤택한 피부까지야 욕심낼 수는 없지만, 그래도 마음만은 푸르고 싱싱하게 살자꾸나.

동행기(同行記)

• **취선일기**(醉仙日記)

그날은 이열치열(以熱治熱)의 진리를 온몸으로 증언한 날이었다. 중복(中伏) 더위에 오히려 산에 올라 더위와 정면으로 맞섬으로써 더위를 일차 진압하였으며, 곧이어 40도짜리 양주를 주재료로 하는 폭탄주를 도대체 순배(巡杯)도 잘 기억하지 못할 정도로 돌려 몸을 더위보다 더 뜨겁게 함으로써 더위를 드디어는 굴복시켰으니 말이다. 인사(人士)들은 그 승리감에 도취한 나머지 모두 웃통을 벗어부쳤으며, 그 기쁨을 주체하지 못해 누가 더 몸을 뜨겁게 하나 하는 경연장이나 되는 듯이 다투어 가창력들을 뽐내었는데 와중에 어떤 참석자는 그 감격을 이기지 못해 잠시 혼절하기까지 했으니, 그날의 정황이 어떠했으리라는 것은 족히 알고도 남을 일이다. 권외자 들은 혹시 그날의 우리 모습을 보고 광인의 무리가 벌이는 난무가 아닌가 하는 의구심을 가졌을지도 모르겠으나, 그것은 우리의 깊은 뜻과 그 우정과 진실을 미처 헤아리지 못한 오해일 뿐이다.

점입가경(漸入佳境), 이제 더위 자체를 의식하지 못하는 상태에까지 이르게 되었으니 이로써 우리는 그 도달하기 어렵다는 망아(忘我)와 신선의 경지까지 맛보게 되었던 것이다. 물론 이렇게 되기까지는 지상의 넥타르를 이삼 차로 연장하는 과정이 또 있었고, 그 결과 귀가에 상당한 어려움을 겪어야 했는데 이것은 모두 신선이 되어 있어 인간이 다니는 길이 갑자기 낯설어졌기 때문임은 두말할 나위가 없다. 속인들은 이런 우리의 모습을 보고 저 취한은 어찌 집에 가려나 걱정했겠지만 모두 우리의 경지를 이해하지 못하는 어리석은 생각일 뿐이다.

우리는 그날 두 가지 교훈을 얻었다. 그 하나는 더위를 쫓는 데는 친구만한 약이 없다는 것이고, 나머지 하나는 모든 일은 정도껏 하는 것이 좋다는 상식의 확인이다. '속대발광욕대규(束帶發狂欲大叫)'[11]의 단계에서 머물 줄 아는 것도 미덕은 미덕이기 때문이다.

다음 모임이 기다려진다. 다음번에는 인간적 차원에서 끝날 수 있을까 하는 기대 반 흥미 반의 실험정신 비슷한 마음에서다.

• 그리움의 힘

그리움은 우리 인생 최후의 양식이다. 이 나이가 되어 반추할 그리움조차 없다면 우리네 인생이 얼마나 삭막할 것인가.

지난날을, 친구들을, 한 책상 짝꿍 코흘리개 여자아이를, 나물 캐러 나갈 때면 꼭 나를 데리고 다녔던 이웃집 누나를, 고향의 산하와 그 갈피 갈피에 서려 있는 유년의 아스라한 모습을 추억하는 일만큼 우리에게 위안이 되는 일이 또 어디에 있을 것인가. 나이가 들어 감동이 적어지고 정서가 메말라 가는 때일수록 잃어버린 듯한 그 무엇인가를 그리워하는 마음은 필요한 것이니 그것이야말로 우리를 정

---

11) 두보(杜甫)의 〈早秋苦熱〉의 일절-더위에 띠를 두르고(있으니) 발광해 크게 외치고 싶음

감 어린 사람으로, 윤택한 인정을 지닌 사람으로 살아갈 수 있게 해 주기 때문이다.

우리 친구 달그림자의 시적 수사는 그 연륜을 극복한 감각도 훌륭하지만, 그리움이라는 보편적 정서를 자기의 것으로 개성화시키는 힘을 잘 보여 주고 있어 시 쓰기의 한 요체를 터득한 것으로 보인다. 자칫 자기감정에 함몰되기 쉬운 언어의 미로를 다소 미숙한 듯한 포즈를 취함으로써 건너뛴 것도 이제는 아마추어가 아님을 보여 준 점이라 하겠다.

이제 무엇인가를 그리워하지 않으면 견디기 어려운 가을이 깊어 가고 있다. 창문 밖 가을빛에 실려서 밀려오는 저 만추의 서정은 또 어떻게 감당할 것인지, 차라리 그 가을빛의 한가운데로 들어가 그것에 동화되어 버린다면 이 감상은 극복될 수 있을 것인지, 이 가을 들녘에서 달그림자의 시를 읽으며 송산과 임공(林公)의 산행기를 읽으며, 솔하늘의 처절하기까지 한 자기 확인의 송가를 들으면서, 연영의 고백록을 음미하면서, 나는 그리움이 피어오르는 가을 저녁을 맞이하고 있다.

그리움의 근원은 외로움이기도 한 것이니, 처와 자식이 있고 동료가 있고 이웃이 있고 그런데도 우리가 벗어나지 못하는 외로움이야말로 우리에게 무엇인가를 그리워하지 않고는 못 배기게 만드는 원천적 정감이 아니던가. 이 근원적 고독은 인간적 숙명이기도 하지만 우리가 지나온 세월에 대하여 느끼는 모호하면서도 아쉬운 상실감에 그 한 원인이 있을지도 모른다. 하여, 이 그리움이라는 병은 근본적 치유는 어렵다 하더라도 우리가 위안은 얻을 수 있는 것이니, 아름다운 시절을 함께 보낸 친구들이 바로 그 위안의 주체이면서 동시에 객체임을 확인하게 된다.

 이제 우리는 정서적 나이를 거꾸로 세어 가도록 하자. 누가 우리를 치기 어린 무리로 의심할지도 모르나 그것은 우리의 진정을 헤아리지 못한 속인들의 얕은 식견일 뿐이니 개의치 않기로 하고. 그리하여 기회가 되는 대로 우리 자주 만나 서로의 그리움을 이야기하고 그 빈 가슴을 서로 채워 주도록 하자.

- **대야산 등반기-추수(秋水)와 반석(盤石), 그리고 점점산(點點山)**

 애초에 대야산 등반은 그 낯선 이름으로 하여 별다른 기대를 하지 않았기에 보고문 작성이나 혹은 감상문 등을 염두에 두지 않았었다. 처음 생각이 그랬기에 무심히 그냥 넘어갈 그런 분위기였으나, 그날 참석하지 못한 나래 동무들이 궁금해한다는 소식을 접하고는 뭔가 언급이 있어야 할 것 같아 다소 시간이 지나 맥 빠진 느낌이 없지 않으나 몇 자 적어 소임을 다하고자 한다.

 청명한 가을 날씨라 우선 몸과 마음이 함께 가벼운 산행길이었다. 날씨가 맑을 뿐만 아니라 공기 또한 이루 말할 수 없이 청정하니 세속의 그 잡다한 생각들, 친구들이 만나면 흔히 보이게 되는 필요 이상으로 열리거나 느슨해지는 마음 같은 것들이 우선은 생기지 않았다. 뭐 그렇다고 긴장하거나 무거워진 것은 아니고 비교적 정돈된 마음, 말하자면 마음이 가지런해지는 그런 기분이었다. 이것이 가을 산행의 묘미이기도 하지 않은가.

 대야산은 무엇보다 그 청렬한 추수와 넉넉한 반석이 인상적인 산이었다. 규모는 별로 크지 않으나 넓어야 할 곳은 필요한 만큼 넓고, 모양을 갖추어야 할 곳은 묘한 구조를 지녀 충분히 자연의 조화를 자랑하고 있는 그런 계곡을 지닌 산이어서 우리의 마음을 설레게 했다. 반석 위를 맑고 경쾌하게 흘러내리는 옥수는 준수한 젊은이의 얼굴을 보는 것 같아 우리의 마음을 즐겁게 했고, 그 옆의 희고 깨끗한 바위는 풍류를 부르는 듯 우리의 발걸음을 멈추게 했다.

대야산 정상은 주변의 모든 명산을 두루 둘러볼 수 있는 기막힌 전망대였다. 멀리 아스라이 조령산과 월악산이 보이는가 하면 다른 한쪽으로는 속리산이 그 우아한 자태를 드러내고 있어 절로 감탄과 자연에 대한 경외감이 솟아나게 하는 그런 곳이었다. 이쪽저쪽 사방을 가리키며 한모(韓某)가 일러 주는 수많은 산들이 만들어 내는 파노라마는 근래 느껴 보지 못한 감동을 우리에게 선사하고 있었다.

대야산은 산행도 좋지만, 물 흐르는 반석에 발을 담그고 친목하기에 더없이 훌륭한 산이기도 하였다. 가까운 시일 안에 좋은 친구들과 함께 다시 대야산 용추 계곡을 찾아 신선주를 즐기는 풍류객이 되어 보고 싶다.

이제 가을이 깊어 가고 있다. 만추의 서정과 생활인으로서의 긴장감이 조화를 이루는 일상들이 되었으면 좋겠다.

기회(機會)에 대하여
-나의 아들들에게

　기회는 누구에게나 온다고 하지만 아무에게나 오는 것은 아니다. 그것은 준비하고 찾아 나서는 사람들에게만 선택적으로 그 모습을 보이는, 추상적인 그러나 우리의 심적 동기를 자극하는 그 무엇이다.
　기회는 육안으로 보아 알 수 있는 것이라기보다는 우리가 판단해야 할 문제이며, 따라서 그것이 기회인지 아닌지를 구별해 내는 안목이 무엇보다 중요할 수밖에 없다. 준비하고 있는 자만이 이 기회를 알아볼 수 있는 눈을 가지게 된다. 그 눈은, 준비하고 기회를 찾아 나서는 사람들에게 신이 내린 금강석과 같은 축복이다. 그리고 준비는 무한한 노고와 인내를 통하여 얻게 되는 그 사람의 교양과 능력, 혹은 역량을 의미한다.
　기회는 준비하고 기다리는 자, 아니 그것을 찾아 길을 떠나는 사람들에게 기적처럼 그 모습을 드러내기도 하지만, 그러나 매양 그 기회가 성공으로 이어지는 것은 아니다. 오히려 성공보다는 실패할 가능성이 더 클지도 모른다. 기회가 곧 성공은 아니라는 사실을 충분히 이해하고 있는 사람만이 기회의 주인이 될 수 있다. 실패와 실수는 나를 단련하는 쇠망치와 같은 것, 그것은 기회를 나의 것으로 만드는 힘의 원천이다. 준비하고 있는 자는 실패와 실수를 전연 두려워할 필요가 없다는 것이다.

사랑하는 나의 아들들아, 그러므로 너희는 먼저 '나에게 목표는 있는가? 있다면 그것은 무엇인가?'를 자문(自問)하고 그것을 분명하게 확정하라. 이것이 없이는 기회의 문 앞으로 다가갈 수 없기 때문이다. 그리고 또 자문하라. '나에게 과연 그 목표를 이루어 낼 수 있는 능력(역량)은 있는 것인가?'라고. 즉, 준비가 되어 있는가를 물어보고 그렇지 못하다면 다시 원점으로 돌아가서 능력의 배양을 위한 노고와 인내, 고통의 시간을 기꺼이 감수해야 할 것이다. 도대체 아무런 준비도 없이 신부(新婦)를 얻으려고 한다면 그것이 말이나 되는 소리이겠는가.

일생에 기회는 세 번 온다고 하지만, 그것은 행운이나 요행이라는 관점에서 기회를 바라본 수사(修辭)일 뿐이다. 준비된 자는 언제 어디서나-물론 자주 볼 수 있는 것은 아니지만-기회를 만날 수 있게 된다. 아니 그들에게 기회는 찾아오는 것이 아니라 그들 자신이 만들어 가는 것일지도 모르는 일이며, 이런 취지의 명언(名言, 明言)들을 우리는 이미 여러 번 들은 바 있기도 하다.

너희는 이제 기회를 만나기 위해, 혹은 만들기 위해 길을 떠나라. 현대사회 자체가 그렇거니와, 우리 개개인도 가능성을 찾아 이곳저곳을 횡단하는 유목민(遊牧民) 정신(노마디즘)을 응용하지 않고서는 변화와 발전을 기대할 수 없다. 그리고 눈을 멀리 두어라. 안주(安住)하는 자-사소한 재미와 안일에 빠져 있는 자, 성(城)을 견고하게 쌓고 그 안에서 그 성을 지키는 데만 골몰하는 자에게는 기회란 없다. 과감하게 성문을 열고 바깥세상으로 나오는 자만이 웅비의 기회를 만나게 될 것이다. 가장 중요한 것을 위하여 차선의 중요한 것들을 과감하게 포기할 줄 아는 지혜가 필요한 때이다.

지금 너희에게 가장 필요한 것은 건곤일척의 승부 정신이다. 끊임없이 연마하고 실력을 쌓아 기회를 탐색하고 도전하라. 비록 실패하더라도 낙심하거나 좌절할 필요는 없다. 앞서 지적한 것처럼, 실패는 변화와 발전을 위해 당연히 거쳐야 할 통과의례일 뿐이며, 또 다른 가능성을 향해 나아가는 시발점이라 생각할 일이다. 그러므로 기회가 왔음에도 불구하고 실패가 두려워 뒤로 숨거나 용기가 없어 뒷걸음질 치는 어리석음을 범해서는 안 된다. 우리가 그렇게 해서 놓친 기회가 어디 한두 번이었던가. 실패가 두려워 피해 가려는 자는 신(神)도 외면하는 법이다.

사랑하는 나의 아들들아, 준비하고 탐색하고 도전하라. 그곳에 기회가 있고 성공이 있다.

그리고 이 기회의 발견은 그 사람의 교양의 힘에 의존하고 있음도 다시 확인할 필요가 있다. 교양은 사태를 바르게 파악하는 비평 정신이 그 핵심을 이루고 있기 때문이다. 그러므로 너희들이 남의 부모 노릇을 제대로 할 수 있으려면 먼저 교양 있는 사람이 되어야 한다. 자녀들이 그 부모를 보고 배운다는 것은 우리 모두 잘 알고 있는 일이거니와 좋은 부모가 갖추어야 할 첫 번째 요건이 바로 교양임은 말할 나위가 없다. 그러기 위해 가능하면 독서하는 시간을 많이 가져야 한다. 독서는 교양의 바탕이며, 기회를 알아보는 안목과 그것을 나의 것으로 만드는 능력의 토대임은 재론의 여지가 없다.

요즘처럼 영상 매체가 대중예술을 지배하는 요란스러운 시대에 무슨 정신으로 책을 읽겠는가 라는 생각이 들 법도 하지만 아무래도 깊이 있는 지식, 이른바 암묵지(暗默知)[12]가 없이는 교양 있는 지식인이 되기는 어렵다. 말장난이 주를 이루는 흥미 위주의 오락프로그램이나 사람을 흥분과 긴장으로 몰고 가는 스포츠 중계 등에 시간과 정신을 빼앗긴 오늘 우리의 생활 풍경에는 교양이 끼어들 자리가 없고, 자연히 교양이나 품위를 찾아보기 어려워져 버리고 말았다. 물론 이런 프로그램들의 순기능이 없는 것은 아니지만 그 졸렬함으로 인한 역기능이 상대적으로 더 크게 눈에 띄는 것은 사실이다. 그러다 보니 덩달아 예절이 실종되고, 진정성이 결여된 듣기 좋은 말만 골라 하기, 혹은 과장된 친절이나 터무니없는 변종 논리들이 난무하여 우리의 정신을 어지럽히고 있다.

이런 비교육적 환경에 노출되어 있는 자녀들을 정서적으로 안정시키고 보호하려면 그 부모 된 자들이 안정된 교양인의 모습을 보여야 한다. 독서를 통하여 폭넓은 지식을 얻고 교양과 품위를 갖추어 너희 자신을 높은 차원으로 격상시킬 뿐만 아니라 자녀들에게도 모범을 보이는 부모가 되어야 한다는 것이다. 한마디로 독서를 통하여 먼저 너희들이 품격 있는 부모가 되는 것이 무엇보다 시급한 문제라는 것이다. 결국, 평범한 이야기로 돌아오고 말았지만, 위대한 진리는 늘 평범 속에 숨어 있음을 상기할 일이다.

---

12) 암묵지(暗默知): 내재화되어 감추어진 지식. 폭넓은 지식의 섭렵과 깊이 있는 사고의 축적을 통해 자기 개인만이 가질 수 있는 지식. 사고하고, 판단하고, 비평하는 능력. 쉽게 얻을 수 있는 일반화되어 있는 정보(형식지)와는 달리 육화되어 있는 지식을 말하는데, 교양은 바로 이런 암묵지가 외면화된 것이라 볼 수 있음.

그리고 아이들에게도 독서 습관을 길러 주기 위해 함께 독서하는 시간을 자주 갖도록 해야 한다. 이것이 어쩌면 자녀 교육의 핵심일지도 모른다. 그들이 이 독서라는 자기 단련의 과정을 통하여 기회를 발견하고 자기 삶의 길을 찾아나가는 능력을 얻을 수 있게 되리라는 생각 때문이다.

독서하는 가정에 질서와 화목이 있고 비전을 지닌 건전한 자녀가 자란다는 이 사실을 우리 함께 명심토록 하자.

사랑하는 나의 아들들아, 이 아비가 제법 철이 든 소리를 했다만, 왜 지금에 와서야 내가 이런 말을 하고 있는가 하는 자괴감이 드는구나. 좀 더 일찍, 진작 너희들과 우리들의 미래와 꿈에 대하여 이야기를 나누었더라면 얼마나 좋았을까 하는 아쉬움이 크지만, 이제라도 우리가 우리의 삶이 어떠해야 하는가에 대한 반성과 정리가 있어야겠다는 생각에서 이렇게 몇 자 적어 보았다. 옛 선현들이 그 자녀에게 준 교훈의 글에 비하면 보잘것없는 것이지만 이 아비 나름대로 너희에 대한 미안한 마음에서, 그리고 할아비로서 너희 자녀를 아끼는 마음에서 적은 글이니 이 점을 헤아리기 바란다.

행복론

인간은 누구나 행복한 삶을 원한다. 행복은 삶의 궁극적인 목적이자 가치 있는 삶을 구성하는 핵심적인 요소이기 때문이다. 행복한 연인, 행복한 부부, 행복한 가정, 행복한 사회, 행복한 나라, 행복한 세계-인간이 추구하는 것은 모두 행복으로 연결되지 않는 것이 없다. 행복은 삶의 의미 그 자체라고 할 수 있다.

그러나 이 행복은 실체를 지니지 않는다. 누구나 행복을 음송(吟誦)하고 있지만 아무도 그것을 보거나 만져 본 사람은 없다. 그것은 지극히 추상적이어서, 실체나 현상으로서 나타나는 것이 아니라 이념에 가까운 것이라 보아야 할 것이다. 플라톤의 이데아와 방불한 형이상학적인 성질을 지닌 것이다. 칼 붓세의 시 〈산 너머 저쪽〉에서 시적 화자가 산 너머로 행복을 찾으러 갔다가 빈손으로 울면서 돌아올 수밖에 없었던 것은 행복의 이 같은 성질 때문이다. 울면서 돌아온 그에게 사람들은 그 산 너머의 너머에 행복이 있을 거라고 하지만 거기에도 그것이 없으리라는 것은 자명한 이치다.

아리스토텔레스는 행복을 인생의 최고선이라고 그의 논리학에서 말하고 있다. 최고선이란 지선극미(至善極美)와 같은 말로서 그 실체를 볼 수 없는 이상적 경지를 가리킨다. 우리 인간은 여기에 무한히 가까이 갈 수는 있어도 거기에 도달할 수는 없게 되어 있다. 이상은 영토나 구체적 형상으로 존재하는 것이 아니기 때문이다

행복은 잡을 수 있는 구체적인 그 무엇이 아니다. 행복이 무엇이냐는 물음은 끝없는 심적 고통과 갈등을 수반하는 자문이 될 가능성이 크다. 그것은 시대와 역사적 상황과 세계관과 개인의 의식에 따라 다양하게 해석될 수 있는 이상적인 삶의 양식이기 때문이다. 우리는 누구나 이러한 물음 앞에서 아무런 대답도 할 수 없는, 상상력이 활동을 멈추어 버린 무기력한 자신을 발견해 본 경험이 있다.

그러나 이것은 우리가 상상력이 빈곤하기 때문도 아니고 지적 사고 능력이 모자라기 때문에 생기는 현상도 아니다. 실체가 없는 것을 있는 것으로 착각하는 데서 오는 미망(迷妄)이요 혼란일 뿐이다. 실체가 없는 것을 보려 하고 붙잡으려 하는 데서 비롯된 일종의 정신적 공동(空洞) 상태인 셈이다. 행복은 그것을 붙잡으려고 하는 자에겐 언제나 좌절과 절망만 선사할 뿐이다. 그것을 보고 끝내 확인하고자 하는 것은 시행착오의 도로(徒勞)에 불과하다. 행복은 수학 문제처럼 정답이 있는 것도 아니며, 우리가 부른다고 해서 응답하는 연인도 아니다.

따라서 우리는 행복을 하나의 실체로서 파악하려는 태도를 버리고, 보려 하거나 붙잡으려 하는 욕망도 버리는 것이 좋다. 역설적으로 들릴지 모르나 행복한 삶이란 행복에 대한 의식에서 해방됨으로써 얻을 수 있는 것일지도 모른다. 지나치게 행복을 동경하고 그것이 실현될

것을 기대하면서 생활하는 것은 오히려 불행에 대한 두려움만 불러일으킬 뿐이다. 너무 고르다 보면 결과적으로 가장 좋지 않은 것을 선택하게 되는 법이다. 바둑에서 자주 쓰는 '장고(長考) 끝에 악수(惡手) 둔다.'라는 말은 좋은 수를 두어야 한다는 심리적인 압박감이 사태를 명확하게 보는 눈을 흐려 버리기 때문에 의도와는 반대로 악수를 두게 된다는 뜻이다. 행복은 우리가 추구하는 인생의 목적이기는 하지만 그것에 집착한다고 해서 그것을 갖게 되는 것은 아니라는 것이다. 그것을 지나치게 의식하는 것은 그것으로 가는 길에서 벗어나는 결과를 초래할 뿐이다. 그것을 잊는 것은 아니지만 거기에 속박되지 않는 것이 그것에 가까이 갈 수 있는 방법이다. 행복에 예속되는 것이 아니라 그것으로부터 자유로워질 때 비로소 우리는 그것을 만날 수 있게 된다.

 이러한 미묘한 성질을 지니고 있는 것이 행복이기에 실제 우리 자신이 행복한 것인가, 아니면 그도 저도 아닌가를 구분 짓기란 여간 어려운 일이 아니다. 사람에 따라서 같은 상황이라도 낙관론자는 자신을 행복하다고 생각할 것이고 비관론자는 스스로 불행하다고 여길 것이며, 사는 것의 의미를 별로 고려하지 않는 자는 행불행 자체에 관심이 없을 것이다. 이렇게 보면 행불행은 어떤 특정한 분위기나 상황에서 재래(齎來)하는 것이 아니라 그것을 수용하는 각자의 개성과 의식에 의하여 결정되는 것임을 알 수 있다. 행복은 소유하는 것이 아니라 느끼는 것이며 개성을 긍정적인 방향으로 움직이게 하는 심적 에너지인 까닭이다. 느낌과 심적 에너지는 동의어로 해석될 수 있는 것으로, 이것은 지속적이 아니라 간헐적인 성질을 갖는다.
 행복은 예기치 않은 어느 순간에 우리의 곁을 스쳐 지나가는 우연히 만난 반가운 손님과도 같은 것이다. 우리는 그것을 느끼고, 느끼는 순간은 지극히 짧다. 그리하여 그것은 유쾌하고 때로는 감미롭고 때로는 감동적인 체험으로 우리의 기억 속에 간직되는 그러한 것이다. 이런 경우는 대개 우리가 우리에게 주어진 일상적 업무를 수행하거나, 아니면 낯설면서도 신선한 새로운 상황을 체험하게 될 때를 막론하고 순간순간 나타나는 현상들이다.

그러므로 행복은 하나의 심적 체험이다. 그것은 지속적이지는 못하지만, 끊임없이 우리의 마음속에서 명멸하는 현란한 불꽃과도 같은 것이다. 불꽃은 스러지면 이내 없어지지만, 그 밝음과 강렬함에 대한 인상은 오래도록 우리 마음속에 남는 법이다. 이런 심적 체험을 곧 하나의 기쁨이라고 할 수 있을 것이다. 기쁨은 행복의 부수적 현상이라고 아리스토텔레스는 지적하고 있다. 미추(美醜)에 대한 판단이나 시비선악에 대한 분별은 지극히 인위적인 것이라고는 하지만 우리는 모두 유쾌하고 즐거운 것을 식별해 내는 감각을 지니고 있다. 보아서 즐겁고 들어서 유쾌한 것은 아름답고 선한 것이며, 또 그것이 바로 진실이다. 불쾌하고 역겨운 것은 추한 것이고 악한 것이며, 옳지 못한 것이다. 이러한 판단은 사람에 따라서 그 동기가 잘못되어 있어서 그 기준이 왜곡될 염려가 없는 것은 아니지만 그것은 극히 예외적인 경우에만 해당할 뿐이다.

그래서 우리 인간은 누구나 기쁨을 기대하고 그것의 주인이 되고자 한다. 기쁨이 왜 우리 인생에서 소중한가 하는 철학적 물음은 별로 중요하지 않다. 그것은 철학적 질문 이전의 실존의 조건이기 때문이다. 그 기쁨이 모여서 행복을 구성한다는 소박한 진리는 인식되어도 좋고 또 몰라도 좋다. 그러나 앞서 지적한 것처럼 기쁨이란 우리가 의식적으로 찾는다고 해서 주어지는 것도 아니며 잊어버린다고 해서 우리의 곁을 영영 떠나 버리는 것도 아니다. 우리가 우리의 생을 성실하게 영위할 때, 또는 신선한 충격에 접했을 때, 그것은 예고 없이 수시로 우리를 찾아오는 것이다. 그러면서도 그것은 흐르는 시간처럼 오랫동안 우리 안에 머물러 주지는 않는다. 잠시 스쳐 가는 바람 같다고나 할까. 진정 행복의 주인이 되고자 하는 사람은 그것을 오래 붙잡아 두려고 해서는 안 된다. 가면 가는 대로 내버려 두되 그것을 소중한 체험으로 기억 속에 간수해 둘 줄도 알아야 한다. 행복하다고 느낀 순간은 이미 행복이 지나간 뒤인 까닭이다.

행복은 그러니까 온통 이러한 기쁨의 단편들이 기억 속에서 엮어 내는 구슬 목걸이와 같은 것이다. 행복의 바구니는 현실적이 아니라 과거를 향하는 우리의 마음 그 자체라고 할 수 있다. 우리가 가끔 지난날의 일들을 회상할 때 마음의 평화와 안온함을 느끼는 것은 행복의 이러한 성질 때문이다. 그렇다고 해서 과거 속에서만 기쁨이 나오고 행복이 발견된다는 것은 아니다. 과거와 현재를 토대로 한 미래를 투시하는 안목과 그 희망 속에서도 물론 기쁨과 행복은 얼마든지 찾아질 수 있다. 아니, 그러한 기쁨이 오히려 우리가 더욱 바라는 바일지도 모른다. 여기서 과거라고 하는 것은 시간적 퇴행을 의미하는 것이 아니라 우리 인생을 구성하고 거기에 행복의 의미를 부여하는 기쁜 체험의 총합을 뜻하는 것이다. 그것은 상상력을 통하여 과거와 현재와 미래를 통합하면서 기쁨을 정리하는 우리 마음의 총체적 기능을 의미한다. 이러한 마음의 기능이 원활하게 작용할 때 우리는 행복한 것이 아니겠는가.

우리는 순간순간의 기쁨을 소중하게 여길 줄 알아야 한다. 지나치게 의식적으로 기쁨을 만들어 가지려고 해서는 안 된다. 의식적으로 기쁨을 만들려고 하다가는 속된 향락으로 전락하게 될지도 모른다. 자연스럽게 얻는 기쁨이라야만 그것이 행복을 구성하는 요소가 될 수 있음은 물론이다. 강제적이거나 의도적으로 추구되는 기쁨은 오히려 뒷맛이 고약하여 불쾌감을 수반한다. 그것은 자연스럽지 못하기 때문이다.

불쌍한 사람을 도와줄 때, 어려운 수학 문제를 풀었을 때 느끼는 것과 같은 단순한 기쁨이 있는가 하면 우리에게 영원을 속삭이는 듯한 연인의 눈동자를 들여다볼 때 느끼는 열락(悅樂)과 같은 기쁨도 있다. 이와 같은 것은 모두 순간적이다. 어리석은 자는 언제까지나 계속되는 기쁨을 얻고자 욕심을 부리지만, 현명한 사람은 순간순간의 기쁨을 소중히 간직하려고 한다. 기쁨이란 본질적으로 순간적인 것이다. 가장 고귀하고 소중한 것일수록 그것이 우리 곁에 머무는 시간은 짧다. 아름다운 꽃이 그러하고 우리의 젊음이 그러하고 우리의 시간이 또한 그러하지 않던가. 이런 아름다운 기억의 단편들을 소중하게 여기지 않고 행복의 구체적인 모습을 헛되이 좇는 자는 끝내 불행하게 삶을 마감하게 될 것이 분명하다.

행복은 자신이 체험한 기쁨을 아름다운 기억으로 간직할 줄 아는 사람이 그 주인이다.

가을 일화(逸話)
-도토리 줍기에 동원되다

　아침 하늘에 새털구름이 가득 깔려 있어 하늘이 높아지는 가을임을 실감하게 된다. 가을이 제법 자리를 잡아 갈 무렵이면 꼭 나타나는 이 새털구름은 그 높이가 여느 구름과 다르고 그 생김새도 깨끗하고 순한 느낌을 준다. 바람에 빨리 밀려가면서 맑고 푸른 가을 하늘에 그 자리를 양보한다. 가을 하늘이 유난히 깨끗하고 맑고 푸른 느낌을 주는 것은 이 새털구름이 하늘을 쓸어 주기 때문이 아닌가 싶다. 이런 때의 하늘은, 아침에 일어나 할아버지가 쓸어 놓으신 깨끗한 마당을 보는 듯한 상쾌함을 우리에게 선사한다. 새털구름 덕분에 마음이 깨끗해지는 아침이었다.

　그러나 이맘때가 되면 나는 괜한 걱정거리를 만나게 되는데, 그것은 집사람의 밤 줍기 열성 때문이다. 올해도 집사람은 밤 줍는 일을 오늘내일 사이에 그만둘 생각이 없는 모양이다. 이것은 큰애 몫이고 저것은 둘째, 또 저것은 셋째, 저것은 목사님 것, 권사님 것, 집사님 것 등을 챙겨야 하니 부지런히 주워 와야 한다고 주장한다. 그런데 문제는 그렇게 몫을 나누고도 밤이 많이 남아 매년 그 정성을 다한 밤이 애물단지로 전락하고 만다는 사실이다. 결국은 버리는 길밖에는 달리 방법이 없어 그 안타까운 마음이 이만저만이 아니다. 그렇다고 말릴 수도 없는 것이 이 팍팍한 세상에 그런 재미라도 없다면 무슨 낙으로 살 것인가 하는 생각도 들고, 여성 특유의 채집 본능을 충족시키는 보람도 맛볼 수 있을 것이라는 추측이 가능하기 때문이다.

집사람은 먼저 잠자리에서 일어나 향교 뒷산으로 밤 주우러 가고 나는 잠시 뒤에 일어나 뒷산 산행길에 올랐다.

이 뒷산을 오르게 되면 그때그때 계절이 바뀌어 가는 모습들과 마주치게 되는데, 계절이 바뀌는 모습을 자연 속에서 수시로 만난다는 것은 즐거운 일이고, 내가 자연의 한 부분으로서 그 변화에 동참하고 있음을 느끼는 데서 오는 재미와 감동을 체험케 되는 일이기도 하다. 백로와 추분을 지나면서 칡넝쿨과 찔레꽃 가시넝쿨을 비롯한 숲을 이루는 온갖 나무들의 그 무성함이 수그러들어 시야가 한결 넓어진 것 같은 산길 언덕에서 멀리 도봉과 관악을 건너다보면서 가을이 정말 우리 품속으로 들어왔음을 실감하게 된다. 신록이 우거지기 시작하면서부터 여름내 극성하여 우리의 시야를 가리던 덩굴 숲이 그 기세를 지워 가기 시작하면서 이 도봉산과 관악산, 그리고 북한산 족두리봉에서 백운대로 이어지는 연봉(連峰)들의 뚜렷해진 형자(形姿)를 볼 수 있게 될 때면 나는 가을이 바로 우리 곁에 와 있음을 새삼 깨닫곤 한다는 것이다. 아직 숲에 확연한 변화는 없지만 이런 작은 변화들에서 계절의 움직임을 포착하게 되고 자연의 미묘한 섭리의 한 자락을 대하는 것 같아 어떤 충만한 감동을 맛보게 된다.

오늘 아침 나는 이런 자연의 은택으로 잠시 집사람에 대한 걱정도 지울 수 있었으니 얼마나 감사한 일인가.

집사람은 오늘도 제법 많은 밤을 주워 가지고 들어왔다. 내일까지만 다니겠다고 하지만 그건 그때가 되어 봐야 알 일이다. 그래 놓고 언제 그런 말을 했냐는 듯이 '한 번만 더, 한 번만 더'한 것이 한두 번이 아닌 까닭이다. 아침 일찍부터 밤을 줍는다고 산기슭을 이리저리 헤매고 다닌 지 벌써 열흘은 족히 되었을 터이니 잠도 부족하고 몸에 기운도 많이 빠졌을 것이다. 그래서인지 집에 들어오더니 대강 씻고는 자리에 드러누워 끙끙거리고 있다. 나는 그 모양이 무슨 희극을 보는 것 같기도 하고 안 되었기도 하여 뭐라 말하지도 못하고 물이나 떠다 주면서 좀 쉬라고만 하였다.

자업자득이기는 하지만 집사람의 상태가 걱정스러워 영양제 주사라도 한 번 맞는 게 어떻겠냐고 했더니 그보다는 뭐 맛있는 것을 먹었으면 좋겠다고 하여 점심시간에 저쪽 길가에 있는 강강술래로 가서 돼지갈비로 점심식사를 하였다. 식사를 마치더니 저 뒤쪽 산으로 도토리를 주우러 가야 한다고 고집을 부려서 하는 수 없이 동행해 주지 않을 수 없었다. 오늘 날씨는 제법 더워 준비되지 않은 복장으로 산언덕을 뒤 시간 오르내렸더니 땀이 흘러 속옷이 다 젖고 말았다. 참나무도 별로 없는 낮은 산인 데다 숲이 크게 우거진 곳도 아니어서 도토리를 주울 곳이 아닌데 주우려고 하니 소득은 별로 없고 힘만 들었다. 아까 점심때까지만 해도 기운이 없어 죽겠다고 하더니 어디서 그런 힘이 나는지 집사람은 잘도 바닥을 뒤지고 다녔다. 나도 이리저리 움직이다 보니 눈에 띄는 도토리가 더러 있어 좀 줍기는 하였다.

지난번 동네 사람들을 따라 등산을 갔을 때 일행 중 한 남자분이 열심히 도토리를 주우면서 이 작업은 분명 중독성이 있는 것 같다고 한 말이 문득 생각났다. 처음에는 별로 줍고 싶은 마음이 없었지만 한 개 두 개를 줍다 보니 눈에 띄면 거의 반사적으로 또 줍게 되고, 줍고 돌아보면 또 눈에 띄어, 나도 모르게 허리를 굽히게 되는 것으로 보아 그 남자분 말이 맞는 것 같기도 하였다. 그러나 집사람의 경우는 거기에 해당할지 모르지만 나는 아닐 것이다. 아니, 그렇게 되기 어렵다. 무슨 일이든 잘 몰입하지 못하는 나의 게으른 천성으로 보아 그렇다는 것이다. 또 어떤 일이든 재미가 있어야 집중력도 생기는 법인데, 이 도토리 줍기에서 내가 별다른 재미를 느끼지 못한다는 것도 그 한 까닭이라 하겠다.

그래도 집사람이 저리 열성이니 그 뜻에 동참하는 것이 예의라는 생각이 들어 나름 부지런히 줍는 시늉을 했더니 재킷 양쪽 주머니에 그런대로 도토리가 좀 모였다. 집사람과 합했더니 한 되들이 비닐봉지가 가득 차고도 많이 남아 신문지에 싸 가지고 집으로 돌아왔다. 여기에 고무되었는지 집사람은 내일까지만 밤을 줍고 모레부터는 도토리를 주워야겠다고 결의를 다지는 모습이다.

이제 우리 동네 뒷산 다람쥐들은 다 굶어 죽게 생겼다. 그러면서 밤 줍기와는 달리 이번에는 좀 깊은 곳으로 들어가야 하니 당신도 꼭 동행해야 한다고 다짐을 놓았다. 달리 할 일이 없어 늘 집에서 어정대는 백수임이 분명하니 무슨 핑계를 대 봐야 통할 리도 없고, 그렇다고 눈을 부라리면서 호령할 용기도 힘도 없고 하니, 이번에도 글쎄 꼭 그래야 하나 어쩌나 하면서 대답을 얼버무리기는 했으나, 지금까지의 경우로 보아 붙들려 갈 것이 분명하다.

집사람이 내일 일찍 일어나야 하니 빨리 안방으로 건너와 자라고 한다. 다른 때는 잘만 잠이 들다가도 내가 무슨 일만 하고 있으면 꼭 잠이 오지 않는다고 호출하고 그런다. 하기야 밤이 깊기는 하였다. 늘 드는 생각이지만, 세상은 왜 이렇게 가까운 사람들로부터 구속과 괴로움을 당하게 생겨 먹었을까? 그러나 이것은 서로 부대끼면서 삶의 의미를 만들어 가는 인생의 진실로 받아들여야 할 일! 우리가 자유를 갈망하면서도 그것을 적절히 조절하고, 자기 구원을 꿈꾸면서도 현실에 주목하는 것은 바로 이런 연유에서이리라. 그나저나 내일부터 며칠 비나 잔뜩 내렸으면 좋겠다. 허허허, 이러면 또 사람이 협량(狹量)하다 할 것이고, 거참.

친구들의 근황을 접하고

저녁 안개는 강에 내리고
창 너머 불어 드는
바람은 선선하네
오가는 이 하나 없어
집 안은 적적한데
옛 친구 명절 문안만
비인 서안 밝혀 주네.

이 시구(詩句)는 내가 지난 추석 때 친구들에게 보낸 문자를 받고 노월(蘆月)이 보내온 답신이다.

그는 이전에도 '강물에 비친 구름의 그림자를 바라보면서' 세상살이의 의미를 되새기는 시간이 많아졌다고 하더니 이제는 완연한 은자의 모습을 보이고 있어 한편으로는 그 원숙함에 고개가 끄덕여지기도 하고, 다른 한편으로는 점차 무대의 저 뒤편으로 서서히 그 자취를 감추어 가는 우리들의 자화상을 보는 것 같아 마음 한구석이 비어 가는 듯한, 그래서 우리에게 그 어느 것이라고 딱 집어 말할 수는 없지만, 서운한 마음을 감출 수 없게 만들고 있다. 손짓하여 부를 그 누구 하나 없는 이 적막함을 오히려 벗을 삼아 우리도 그와 함께 시인이 되어 보면 어떨까?

화곡(禾谷)이 오랜 칩거 끝에 어렵게 그 근황을 저서를 통해 전해 와 반가운 마음 금할 수 없다. 본디 남 앞에 나서기를 삼가는 것으로 그 겸손한 성정을 지켜온 사람이라 당연히 해야 할 이런 일에도 많이 망설였을 것으로 보이나, 그의 학구열이 여전함을 확인할 수 있어 우리로서는 여간 반가운 일이 아니다.

이제 우리가 가진 것, 사실 가진 것 이룬 것도 거의 없지만, 조금 가진 것 그것마저도 짐스럽게 느껴져 하나씩 내려놓고 싶다는, 또는 홀가분하게 살고 싶다는 안일함에 길들어 가는 우리에게 그는 아직 끝나지 않은 부분이 남아 있음을 일깨우고 있는 것 같아 한편으로는 부끄러운 마음이 들기도 하지만, 내 가까운 곳에 이런 열정이 여전히 살아 있음에 감동하지 않을 수 없다. 우리의 삶에서 항심(恒心)과 초지일관을 실천해 나간다는 것이 얼마나 어려운 일인가는 새삼 말할 것도 없지만, 시종 그 자세를 견지해 나가는 화곡 선생의 의연한 모습에 새삼 경의를 표하는 바이다.

노월이 한쪽 발만 세속에 걸쳐 놓고 이제 삶을 관조하고 정리해 가는, 달관으로 가는 철학자의 모습을 보여 준다고 한다면, 화곡은 은자(隱者)의 깨달음 위에 서 있으면서도 현실의 가치를 확인하고 실현해 가고자 하는 일에 보다 큰 관심을 보이는 또 다른 형태의 철학을 우리에게 선보이고 있다.

사실 이 두 태도는 다른 것 같으면서도 우리들의 내면에 존재하는 진실의 양면성이기도 하다. 나이가 들어가면서 의욕이 줄어드는 것은 사실이지만 그 열정에의 추억과 부활의 욕망마저도 소멸해 버리는 것은 아니다. 연륜과 경륜에서 오는 깨달음이 달관으로 연결되기도 하지만 새로운 개안(開眼)을 체험케 함으로써 우리의 정신을 고양하기도 한다는 것이다.

　화곡 선생의 노작(勞作)은 이외에도 많이 있지만 오랜 망설임 끝에 내린 결정으로 그가 우리에게 보내온 최신 걸작「다다 혁명 운동과 이상의 오감도」는 그래서 우리에게는 새로운 개안을 체험하게 해 준 소중한 선물이 아닐 수 없다. 일찍이 우리가 꿈꾸어 온 가치 있는 실존과 자유로운 삶, 그리고 끊임없는 자기 혁신에의 열망을 고스란히 간직하고 있는 화곡은 그래서 우리의 멘토가 되기에 족하다.

　나는 감당하지도 못할 일들을 만들어 놓고 그 뒤치다꺼리에 골머리를 앓고 있다. 무언가를 해야 한다는 뒤늦은 조바심이 만들어 내는 소인배의 행태를 스스로 꾸짖어도 보지만 결자해지라 했으니, 도망을 가려야 갈 수도 없는 처지가 되고 만 것이 요즘의 내 모습이다. 게으른 농부가 황혼에 바쁘다고 했던가, 이왕에 이렇게 된 일이니, 그러니까 영일(寧日)과는 거리가 먼 운명이려니 하고 내 친구 화곡의 예를 따라 마음을 다잡아 보기로 한다.

동기(同期)의 빈소(殯所)에서

　우리 대학 여자 동기 K가 유명(幽明)을 달리했다. 우리 동기 20명 가운데서 처음으로 세상을 떠난 사람이 생긴 것이다. 그리고 그것이 이 K라는 사실이 우리로서는 그렇게 자연스럽게 받아들여지지 않는다. 무슨 죽는 데 누구는 그렇고 또 누구는 아니고 하는 것이 있을 수 없지만 K라고 하니 어쩐지 의외라는 생각이 든다. 적어도 그녀는 우리 앞에서 언제나 긍정적이고 단정했으니까. 그리고 그렇게 살려고 노력하는 모습을 항상 보여 주었으니까.

　그러나 그녀가 우리가 몰랐던 조울증으로 고생하고 있었다는 사실과 연결해 보면 어쩌면 그녀의 죽음은 오히려 피할 수 없는 운명의 행로가 아니었을까 하는 생각도 든다. 조울증이 있다고 해서 다 그런 것은 아니겠지만 돌발적인 사태가 항상 염려되는 것이 이 병이라고 하니 K는 어쩌면 그래도 지금까지 잘 버텨 온 것이라 해도 좋을 것이다. 그녀가 우리에게 보여 준 밝고 긍정적인 모습은 운명에 저항하는 내면적 분투의 역설적 측면이었을지도 모른다. 나이

칠십을 넘으면 누구나 언제 무슨 일이 닥칠지 모르는 일이기도 하니 그녀의 죽음은 그저 인명재천으로 돌리는 것이 온당할지도 모르겠다.

아무튼 우리 동기들은 모두 우리 사이에서는 처음 있는 일이라 충격을 많이 받은 것 같았다. 칠순을 전후한 나이들이 되었으니 언제 누구에게나 찾아올 수 있는 일이라고는 하지만 그 일이 막상 우리 가까이에서 일어나게 되니, '아, 이게 남의 일로만 볼 게 아니로구나!' 하는 실감에서 오는 충격이라 할 것이다. 그래 이제 우리는 우리 중 언제 누가 저렇게 느닷없이 세상을 떠날지 알 수 없는 나이가 되었지, 이제부터는 무슨 일이 생겨도 찾아올 것이 찾아온 것이라고 생각해야 하는 나이가 되었지, 이런 얘기들을 주고받는 우리는 모두 어떤 허망감 같은 것에 사로잡히고 있었다.

그래도 그녀의 명복을 비는 술 한 잔씩은 해야지 하면서 소주를 한 순배씩 돌렸다.

K야 잘 가거라. 얼마나 많은 날을 자신도 제어할 수 없는 고통 속에서 지내왔겠는가. 누구보다 영민한 너였으니 그 몹쓸 숙환 앞에서 절망감은 또 얼마나 컸을까. 네가 겪었을 그 정신적, 정서적 고통을 우리는 그 십분의 일도 짐작할 수 없지만 네가 이렇게 갑자기 유명(幽明)을 달리하니 네가 짊어져야 했던 그 숙명의 멍에가 크나큰 무게로 우리 가슴을 눌러 오는구나. 소주 한잔으로 우리의 애도의 정과 텅 빈 가슴을 다 너에게 전할 수는 없지만, 이것이 돌아올 수 없는 먼 길을 떠난 너에게 우리가 건넬 수 있는 유일한 위로의 방법이니, 이 사실이 또한 우리를 슬프게 하는구나. 이제 생로병사도 없고

울고 웃는 일에 매이지 않아도 될 하늘나라 천국에서 영생복락 누리기를 간절히 축원한다. 우리 남자 동기들에게 누나처럼, 수호천사처럼 도움을 아끼지 않은 너였으니 그 덕업을 우리는 오래오래 기억할 것이다.

오늘 문상을 온 친구들은 하나같이 경음(鯨飮)을 불사했던 애주가들인데, 한낮이기는 했지만, 두세 잔을 넘기는 친구를 볼 수 없었다. 어디 오대산에 갔다가 굴러떨어져 다친 뒤로 허리가 안 좋다면서 저쪽으로 기대앉은 C는 귀도 잘 안 들린다면서 손바닥을 귀에 대고 대화를 하고 있고, H는 수술 이후 술을 끊었고, 또 다른 H도 술을 멀리한 지 오래되었고, 나도 어지럼증으로 술을 삼가고 있으니, 이제 L과 한모(韓某)가 그래도 두어 잔 기울일 수 있을까, 임공(林公)은 애초에 술을 마시지 않는 사람이고 보면 남은 사람은 두 사람 정도뿐이라, 세월 앞에 어느 장사가 있으랴. 물론 오늘 이 자리에 같이 오지 않고 따로 문상을 온 친구 중에는 한두 잔 기울일 수 있는 친구가 없는 것도 아니지만, 역시 크게 다를 바 없을 것이니 허전하기는 마찬가지이리라. '인제 어디 가서 한잔 더하자고 하는 놈 하나 없구나.' 하면서 세월의 무정함과 인생의 허무함을 두 번 세 번 읊조리는 H의 뒤를 따라가면서 이제는 세월 앞에서 더없이 비겁해진 내 오그라든 모습에 또 다른 비감을 느꼈다.

친구들이여, 그렇다고 우리 기죽지 마세나. K는 갔지만, 그녀는 더욱 좋은 나라로 갔을 것이 분명하니, 그리고 그녀의 애칭인 사띠〔sati-'알아차려라'라는 뜻의 인도(印度)의 고어(古語)〕처럼 먼저 깨닫고 알아차린 현자(賢者)로서 승천한 것이니, 우리 이제 그녀를 잘 보내고, 우리는 우리에게 허여된 이승에서의 삶을 그래도 사는 날까지는 윤기 있게 가꿔 보아야 하지 않겠는가.

 우리 모두 꿈과 희망으로 해맑게 웃던 신입생 그해 봄날의 우리들의 모습처럼 그렇게 여생을 장식해 보세나.

막걸리를 두고 자유를 생각하다

요즘 더러 막걸리를 마시다가 보면 문득 이 즐거움과 기쁨은 어디서 오는 것일까 하는 생각이 들 때가 있다. 그거야 목마름을 달래는 기쁨일 수도 있겠고, 허전함을 물리치는 데서 오는 즐거움일 수도 있어 무슨 그럴듯한 답안이 필요한 의문이라 할 수는 없겠지만, 그렇게만 치부하고 넘어가기에는 뭔가 아쉬운, 달리 고구(考究)해 볼 여지를 던지는 화두라는 생각도 든다.

이런 생각은 어떨지 모르겠다. 퇴근길 주막에서 술 한 잔씩 앞에 놓고 왁자지껄 거리낌 없는 수작을 펼치는 갑남을녀 생활인들의 유쾌한 모습에서 읽을 수 있는 고양된 정감과 내가 막걸리를 마실 때 느끼는 즐거움과 기쁨은 그 연원을 같이하는 것이라 보아도 좋지 않을까 하는 생각 말이다. 적어도 막걸리를 마시고 싶다는 충동과 그것을 실행으로 옮기는 과정은 모든 구속을 떨쳐 버린 상태가 아니면 가능한 일이 아니며, 퇴근길 주막의 그 거리낌 없는 방담도 얽매임에서 벗어나고자 하는 욕구가 없이는 이루어질 수 없는 일이기 때문이다. 이 두 가지는 모두 평범한 일상의 한 단면이기는 하지만 그 근저를 들여다보면 자유로워지고 싶다는 작지만, 절실한 욕구에 그 연원을 두고 있음을 알 수 있다는 것이다. 그러나 이 자유는 우리가 조심스럽게 접근하지 않으면 안 된다.

 자유는 인권과 함께 옳고 그름의 차원을 넘어서는, 그 자체로서 절대선(絶對善)이지만 난해한 명제임에는 틀림이 없다. 우리가 이 자유를 어떻게 이해하고 해석해야 할 것인가, 그리고 어떻게 부려야 그 참뜻을 살릴 수 있는가 하는 물음 앞에 서면 우리는 갑자기 상상력이 정지해 버린 것 같은 곤혹스러움에 직면하게 되는데, 거기에는 그만큼 복잡하고 다원적인 의미가 포함되어 있을 뿐만 아니라 그 개념이 인간의 근원적인 문제와 연결되어 있기 때문일 것이다.
 그래서 편의상 그 개념을 최소 범위로 한정해 보면 자유와 책임의 문제가 눈에 들어온다. 자유에는 책임이 따르고 이 책임의 문제는 절제와 조절이라는 필요조건을 발생시킨다는 논제인데, 이 절제와 조절이라는 기제(機制)는 개인에 따라 그 기준과 정도가 다르다는 점에서 개념 규정에 많은 어려움을 겪게 된다. 항간에서 자주, 이른바 표현의 자유를 두고 논란이 끊이지 않는 것도 이 기제의 개인차가 큰 데서 기인(起因)한 것임은 재론의 여지가 없다. 표현하는 사람의 양심 문제를 거론하기도 하지만, 양심이 또 소박하게 말해서 한 개인의 윤리적 판단의 기준이라는 점을 생각한다면 이 또한 문제 해결에 별 도움이 되지 않음을 알 수 있다.
 그렇다면 우리는 이 자유와 책임, 그리고 그 뒤를 따르는 절제와 조절의 문제는 나의 인격과 교양 수준에서 해석하고 적용할 수밖에 없다는 다소 맥 빠지는 결론에 이를 수밖에 없게 되는데, 이 결론도 당연히 진실이지만 우리가 추구하는 충분한 답이 될 수 없음은 물론이다.

　진정한 자유가 오기 위해서는 다른 자유가 죽어야 한다고 한다. 이 사이비진술처럼 보이는 언명 속에는 가치의 충돌과 거기에서 빚어지는 비장한 희생에 대한 요구가 일렁이고 있다.
　뜬금없는 얘기일지 모르지만, 예수는 목적일까 수단일까? 신앙적인 측면에서는 예수는 최종적인 목적이지만, 그의 행적이 우리에게 주는 의미로 보면 그는 하나님의 수단으로 여겨질 수도 있다. 원죄(原罪)와 인생세간(人生世間)의 구조적 모순으로 말미암아 구속(拘束)당하는 인간들을 그 비극적 상황으로부터 해방시키기 위해, 즉 그들에게 본래 그들의 것이었던 자유와 인권, 그 근원적인 권리를 회복시켜 주기 위해 또 다른 하나의 고귀한 자유-자기(自己)를 희생한 예수는 목적보다 위대한 수단의 본보기가 될 것이다. 자기 소멸을 통하여 자유의 새로운 역사를 쓴 예수, 그는 스스로 수단이 됨으로써 자유를 처절하게 실현해 내었다. 이로 보면 자유와 책임, 그리고 절제와 조절은 개인의 인격과 교양에서 출발하되 결국은 가치 선택의 문제로 귀결됨을 알 수 있다. 가장 중요한 것을 위해 다른 잔가지들을 쳐내는-희생시키는 용기가 바로 자유에서 말하는 절제와 조절의 요체인 것이다.
　그리고 자유와 인권은 추상적 개념이 아니라 구체적인 사상(事象)이어야 한다. 현실적으로 자유가 실체를 가지고 나타날 때 비로소 그것은 진정한 가치를 발하게 된다. 모든 법률적 자유는 물론 우리의 삶을 구성하는 다양한 항목들에서 우리의 자유와 권리들을 확인할 수 있어야 한다는 것이다. 그 권리들은 모두 우리의 삶을 구성하는 진실의 문제들과 직결되기 때문이다. 여기에는 권리에 따르는 책임과 의무도 당연히 강조되어야 할 것이다.

비근한 예^(例)에 불과하지만, 내가 막걸리를 마시고 싶을 때 마실 수 있다는 것은 자유가 구현되고 있음을 보여 주는 긍정적인 일면이 있는 일이지만, 동시에 절제와 조절이 병행되지 않으면, 즉 욕구를 희생하지 않으면 당연히 그것은 방종이고 일탈이다. 타성적인 욕구의 추수^(追隨)는 자유의 단절을 불러올 뿐이다. 그렇게 보면 자유는 확장보다는 축소와 제한^(制限)의 개념으로 해석될 때 더욱 귀한 권리가 될 수 있음을 알 수 있다.

나의 경우 가끔은 순간적으로 자제력을 잃고 다소 과음을 한 것도 사실이나, 근^(近) 십 년 이래로는 그런 일이 거의 없기도 할뿐더러 지금은 종심^(從心)에 든 탓인지 굳이 절주를 의식하지 않아도 음주의 횟수와 양이 자연스럽게 줄어들어 많아야 한 달에 서너 번, 양은 탁주 두세 잔 미만이니 다행이라면 다행이라 하겠다. 절제와 조절이 어느 정도 실행되고 있다는 느낌 때문이다.

나와 같이 일하고 있는 소설 쓰는 채 교수, 이분만큼 부지런한 사람도 보기 드문데, 요 얼마 전부터 술 담그는 일에 재미를 붙이고는 나에게 시음^(試飲)을 부탁하곤 했는데, 나를 비롯하여 시음에 참여한 분들이 부정적 반응을 보이자, 오히려 투지가 생겼는지 몇 달을 정진하더니 어제 갑자기 2L 물통에 한가득 막걸리를 담아 와서 이제는 다를 거라고, 집에 가서 드시라고 하는 게 아닌가. 이번만큼은 틀림없다고 하면서 자신감을 보이는데 크게 믿음이 가지는 않았지만, 성의를 생각해서 집으로 가지고 들어왔다.

집사람 왈, 그러면 그렇지, 참새가 방앗간을 그냥 지나가겠냐고. 이게 무슨 말인가 하면, 바로 그 저녁에 감자를 강판에 갈아 감자전을 부쳐 먹기로 했는데 거기에 구색을 맞추기 위해 내가 우정 술을 얻어 들고 들어왔다는 뜻이었다. 오비이락(烏飛梨落)의 억울함이 있기는 하지만 그러려니 하고 계획대로 감자전을 부쳐서 먹었는데 웬일로 집사람이 채 교수님 술 마셔 보지 그러냐고 하는 게 아닌가. 못 이기는 척 한 잔 따라 마셔 보았더니 정말 맛이 제대로 들어 마실 만하였다.

나는 연신 채 교수의 열의와 솜씨를 칭송하면서 두어 잔을 더 마셨는데, 집사람은 물론 칭송에 가담하지도 않았고 내 쪽을 잘 쳐다보지도 않았지만, 그러나 나는 집사람이 조그마하나마 나의 자유를 이해하고 인정해 준 것 같아 취기와 함께 기분이 썩 좋아졌다. 자유로움을 향유(享有)하는 데서 오는 이 즐거움과 기쁨, 나는 이 아름다운 자유를 이어 가기 위해 그쯤에서 잔을 내려놓았음은 물론이다.

자유를 찬송하라, 그러나 아껴 쓰라!

노령(老齡) 오강(五綱)

어떤 친구가 노후(老後)에도 지니고 있어야 할 것, 혹은 노후를 위해 준비할 일이라면서 다섯 가지 사항(일, 사명감, 인간관계, 건강, 목적)을 제시하고 간략한 설명을 덧붙인 글을 보내어 왔기에, 이에 그 다섯 가지를 오강(五綱-다섯 벼리)이라 명명하고 내 생각으로 바꾸어 적어 본다.

1. 일

내가 존경하는 목사님 한 분은 그의 목회 사업의 핵심 과제 중 하나로 '늙어서 일하자'를 제시하면서, 성경의 가르침도 그러려니와 일(노동)은 나이와 상관없이 끝까지 쥐고 있어야 할 신성한 것이기 때문이라고 하였다.

그래 그러면 일해야지! 그런데 무슨 일을 하지? 배운 거라고는 쓸모없는 공리공론(空理空論)뿐이요, 손끝에 익힌 재주(기술, 기능)가 없으니, 사방팔방을 둘러보아도 아는 체하는 사람 하나 없네. 집에 가만 있으면 하루 종일 전화 한 통도 안 오니, 답답한 마음에 밖으로 나가 눈치를 보지만, 이 또한 헛일.

에라, 손바닥만 하지만 잠시 빌려 쓰고 있는, 집 앞 텃밭에나 마음을 붙여 볼까나. 며칠 전에 한 모종이 이번 비에 어찌 되었나 나가 보기나 하자.

아니지, 그렇게 내던지듯이 말할 일이 아니지. 이번 기회에 이 텃밭을 대하는 태도를 바꿔 보기로 하자. 다행히 어린 시절 시골 농사 짓는 집안에서 자란 덕분에 농사일은 직접 겪어 본 터라, 비록 그동안 세월이 많이 흘렀다고 해도 그 기억의 일부는 복원이 가능할 것이니, 이제 소일거리 소꿉장난이 아닌, 정직하고 신성한 노동의 의미를 거기에 부여해 보도록 하자. 비록 규모는 작다 하더라도 정성을 다하고 땀 흘려 가꾸면 그것이 바로 일이지 않겠는가. 같은 일이라도 그것을 대하는 마음가짐에 따라 그 의미는 크게 달라지는 까닭이다. 이제 이런 식으로 일을 찾아나가 보기로 하자.

그러고 보니 일은 삶의 추동력이요, 살아가야 할 이유가 되기도 한다는 사실을 간과하고 있었구나. 살아가기 위해 일하고 일하기 위해 사는 것, 이것이 삶과 일의 관계임을 다시 들여다보게 된다.

2. 사명감

작은 봉사활동, 그림 그리기 같은 것도 사명감(使命感)의 좋은 예가 될 수 있다고?

받아(맡아) 행해야 할 가치 있는 일, 혹은 수행해야 할 의무가 있는 일 등에 대한 책임 의식만 사명감인 줄 알았는데, 그리고 그것은 이타적(利他的)인 것이라고만 생각했는데, 이렇게 소박하고 친근한 일들이 사명감의 항목이 될 수 있다니, 특히 나 자신을 위한 일로 그 의미를 축소할 수도 있다니 어디 한번 용기를 내어 보도록 하자.

그럼 뭘 해 보나? 평소 내 멘토나 다름없는 몇몇 우리 친구들, 예컨대 간산 선생을 따라 늦었지만, 지금이라도 서예(書藝)를 시작해 보나, 김형(金兄)을 본받아 자전거 타기를 해 보나, 차형(車兄)처럼 스포츠 댄스를 배워 보나, 노 목사님을 좇아 신앙을 궁구(窮究)해 보나, 인형(仁兄) C를 본보기 삼아 불경(佛經) 탐독(耽讀)을 해 보나, 고산 선생의 초서(草書) 연구 같은 것은 애초에 언감생심이고, Y는 요즘도 야생화 사진(寫眞) 탐방(探訪) 다니시나 모르지만, 이 모든 일들이 부지런하지 않으면 성사되기 어려울 것이니, 나의 게으르고 끈기 부족한 성품으로는 기대 난망(難忘)이라. 그러나 작심삼일은 내 특기이니 또 한 번 더 한다고 무슨 흉이 되겠는가?

그러고 보니 이것은 저 위의 '일' 항과 필연의 관계가 있는 게 아닌가! 그렇구나, 내가 할 수 있는 일을 만들면 될 일을 가지고 괜히 크게 생각했구나. 그래 우선 집 안을 깔끔하고 깨끗하게 정리 정돈하는 일에서부터 시작하여 내 정신과 마음을 간결 명료케 하는 일로 나아가 보자. 그리고 눈이 오면 아파트 앞길을 남보다 먼저 쓸어 보자. 이것들은 비록 작지만, 그러나 나에게 생명을 주신 큰 분께 내가 보여 드려야 할 진정한 사명감의 한 모습으로 결코 부족함이 없으리라.

작은 것에서부터 이웃과 나를 위한 사명을 찾아나가는 여정(旅程)에 축복이 있기를!

3. 인간관계

이 말을 듣고 주변을 둘러보니 정말 내가 나의 소중한 인연들을 너무 멀리하고 살아왔음을 깨닫게 되네. 인간관계의 핵심은 부부, 부모 자식, 형제, 친구, 직장 동료들, 학교 선후배 등일 텐데, 부부간이나 부모 자식, 형제간은 당연한 사랑이나 의무감으로 추슬러 가야 하는 것이니 일단 뒤로 미루어 놓는다면, 나머지는 모두 친구 관계로 수렴된다고 볼 수 있는데, 과연 평소 내가 친구들에게 무슨 따뜻한 정(情) 같은 것을 베푼 게 있기나 한 건지, 아무리 생각해 봐도 그런 기억을 찾을 수 없으니 일단 나의 인간관계는 낙제점이라 해야 할 터. 그러니 나를 진정한 친구라고 생각할 친구들이 있을 것 같지 않아 쓸쓸해지는 마음.

막간(幕間) 얘기 하나.

어떤 친구들은, 친구들 모두 담배를 끊었는데 그중 한 사람이 영 끊지를 못하자 모두 문경지우(刎頸之友) 사이인 그들은, 그러면 우리가 같이 담배를 피워 그를 외롭지 않게 하자 해서 다들 다시 담배를 피우게 되었다는, 말 같지도 않은 일을 실제 내 주변에서 본 적 있으니, 이는 어찌 해석해야 할까? 이런 비현실적인 우정도 있다는 점 일단 참고하기로 하고 다시 본래의 화제로 돌아가 보자.

'여보.' 하고 불렀을 때, '왜요, 나 여기 있어요.'라는 대답이 돌아올 때 느끼는 그 안온함, '엄마, 아빠 고맙습니다. 이렇게 키워 주시고 가르쳐 주셔서요.' 하는 인사말에서 받게 되는 기쁨, '자네 왜 그러나? 괜찮아, 다 잘될 거야.'라고 다독여 주는 친구의 말에서 얻는 용기 등은 모두 명예나 돈과는 거리가 있지만, 우리가 끝까지 지니고 가야 할 인간관계의 핵심! 이제 출세나 명예를 위한 인간관계로부터는 멀어진 나이이니 좀 더 따뜻한 인간이 되고자 하는 노력을 통해 아내와 자식들, 그리고 친구들의 온정(溫情)을 기대해 보도록 하자.

4. 건강

㉮ "병상십오일(病床十五日)/불기불립시(不起不立時)/지유일소원(只有一所願)/자재왕정방(自在往淨房)-병상 십오 일, 앉지도 일어서지도 못해, 오직 한 가지 소원이 있다면 내 발로 화장실 출입을 하는 것!"

㉯ "기저귀를 찬다는 것은 가장 은밀하고 부끄러운 것을 남에게 열어 보임으로써 내 인격을, 인간으로서의 존엄을 뿌리째 흔들어 버리는 일이 아닐 수 없다."

㉮는 내 친구 A가 고관절 수술 후, 남의 손을 빌리지 않을 수 없는 그 불가역적인 상황에 대한 절망적 심경을 오언(五言) 한시(漢詩)의 형식으로 압축하여 토로한 것이고, ㉯는 같은 수술을 받은 내 바둑 친구인 학교 후배 B가 그 피해 갈 수 없는 수치스러움을 객관적 언어로 정리한 병상 일기의 일절이다.

어떤 이유로든, 감추어야 할 신체의 일부를 남에게 보인다는 것은 부끄러운 일, 나도 일전에 허리와 엉덩이가 아파 병원 치료를 받을 때 엎드려서 바지를 엉덩이 아래로 내리는 것도 선뜻 손이 가지 않았는데, 위의 두 사람은 오죽했겠는가. 건강을 잃으면 인격도 존엄성도 위협받는다는 이 바뀌지 않는 사실, 건강은 모든 가치의 대전제요, 큰 기둥이다. 식상(食傷)한 얘기지만 무릇 건강의 소중함이란 이런 것.

바둑 친구 B의 경우는 취중 낙상이 그 원인이고, A도 멀리 거슬러 올라가면 술도 그 한 원인이라 할 수 있다는데, 모든 일에는 빛과 그림자가 있는 법. 사나이에게 경음(鯨飮)과 호주(豪酒)는 쾌사(快事)일 수 있으나, 그 후유증도 경계해야 할 일임이 분명하다. 이는 술을 예로

든 얘기지만, 어디 술만 그렇겠는가. 매사 자신을 잘 제어하고 다스리는 건전한 정신이 건강을 지키는 한 요체임도 기억해야 할 일이다.

병상에서 일어나 이제 집으로 돌아가면 무엇보다 먼저 절주(節酒)를 거쳐 단주(斷酒)를 감행하겠다고 다짐하는 B를 따라, 나도 절주, 아니 절주는 건너뛰고 이참에 아주 금주(禁酒)의 길로 들어서 보자.

5. 목적

'아이고 이 인간아, 너는 무엇 땜에 사니?' 이런 소리를 해대는 사람들을 가끔 주변에서 보게 되는데, 물론 이런 말을 함부로 입에 올려서는 안 되겠지만, 삶의 의미를 묻는 엄중한 질문이다. 젊으나 늙으나 남 보기에 게으름만 가득하고 양지(陽地)쪽에 쪼그리고 앉아서 담배나 빠끔거리는 인사들을 보면 저런 말이 나올 법도 하다는 생각도 든다.

그러나 과연 나는 저런 사람들과 다르다고 자신할 수 있을까? 당연히 아니지. 게으르고 우유부단하고 오늘 할 일을 내일로 미루기 예사요, 밭에 열린 가지, 오이를 제때 따오지를 않아 달린 채로 썩히는 일이 어디 한두 번이며, 말만 해 놓고 실행하지 않아 그 약속을 믿고 기다리는 사람들을 실망케 한 일도 더러 있었으니, 이야말로 목적 없이 사는 삶의 전형적인 양상이 아니고 무엇이랴!

삶에는 이유가 있어야 하고, 목적은 삶에 이유를 제공한다는 귀한 충고의 말씀을 접하고도 아무 반성도 성찰도 없다면 도대체 내 가방끈이 무슨 소용이 있겠는가. 이제 눈을 다시 비비고 목적 있는 삶의 길을 찾아 나서 보자. 그것이 잃어버린 줄도 모르고 살았던 나를 다시 찾는 일이요, 뒤늦었지만 자기실현(自己實現)과 갱생(更生)을 꿈꾸는 가치 있는 일이 될 것이라는 믿음 때문이다.

그러면 어떤 목적이 있을까? 이제 이 나이에는 세속적인 성공이나 명예는 목적의 항목에서 빼야 할 듯. 오늘 하루를 보람 있게 보낼 수 있도록 해 주는, 오늘 하루 해낼 수 있는, 비록 작더라도 가치 있는 일을 찾아 실천하는 것이 바로 나에게는 목적 있는 삶이 아닐까? 여기 이 글에서 권유하는 대로, 작지만 성취의 기쁨을 만들어 낼 수 있는 일을 찾아가 보자!

그리고 분명한 목적의식은 의욕과 활력을 불러오는 동기가 되고, 의욕과 활력은 건강한 삶의 기본적인 조건이니, 이 목적은 건강을 지키게 해 주는 묘약(妙藥)임도 꼭 기억해야겠다.

이들 중 제일 앞머리에는 건강이 자리 잡겠으나, 이 다섯 가지는 필연적으로 유기적인 연관성을 가지고 움직인다. 일은 사명감과 목적을 실현해 가는 구체적 모습이고, 한 개인이 사회 구성원으로서의 존재 의미를 인정받게 해 주는 요인이 된다. 후자의 경우 일은 직업과 동의어가 될 수 있으며, 직업은 개인과 사회를 이어 주는 통로이기도 하니, 사회적인 인간관계의 한 출발점이 되기도 한다. 여기서는 언급하지 않고 있으나, 이 다섯 벼리에 한 가지를 덧붙인다면 그건 당연히 경제적인 문제, 즉 '돈'이다. 돈의 중요성을 언급하는 것은 췌언(贅言)이 될 가능성이 크므로 여기서는 뺀 것으로 보인다.

현실적으로 이 여섯 가지가 조화를 이루는 삶이 과연 가능할까? 어렵겠지만, 그렇다고 믿고 꿈꿀 수 있기에 인간이다.

시인과 그리움
–친구 N의 시를 읽고

소나무 숲에 고요히 내리는 눈을 본 적이 있는가. 아니, 가지를 서로 뻗어 지붕을 만든 아늑한 소나무 숲속에 앉아 창밖을 내다보듯이 그렇게 눈 내리는 풍경을 본 적이 있는가?

이웃 마을로 심부름 가는 길가에 자리 잡은 소나무밭에서 눈을 만나 그 휘휘함도 잊은 채 소나무 지붕 위에 사르륵거리며 쌓이는 눈을 경이롭게 바라본 적이 있는 사람은 왜 눈이 그리움인지, 슬픔이고 또한 기쁨인지 알게 되었으리라. 마술처럼 나만의 공간으로 바뀌어 버린 눈 내리는 솔숲에서 느끼는 그 안온하면서도 외롭고 적막한 마음은 이제 우리가 거쳐 가야 할 긴 그리움과 기다림, 그리고 기쁨과 슬픔을 예감케 하는 귀한 심적 체험이었기 때문이다. 어린 시절 눈 내리는 어느 날 그 눈이 암시하는 곱고도 애틋한 진실을 잠시 만날 수 있었다면 그 체험은 누구에게나 중요한 정서적 자산이 될 것임은 자명한 일이다.

시인은 이런 기억들을 유달리 소중하게 여기고 오랫동안 간직하는 사람들이다. 일상에 붙들려 살아가다 보면 자연스럽게 망각의 뒤편으로 사라지게 마련인 유년의 심적 체험을 오히려 더욱 새롭게 다듬으면서 살아가는 사람들, 그래서 그들은 어찌 보면 현실 감각이 없어 보이기도 하고 유치해 보이기도 하지만 그것은 다 세속의 때가 묻은 사람들의 눈으로 볼 때의 이야기일 뿐이고, 그러한 점이야말로 시인이 보통 사람의 것과는 구별되는 진실을 지니고 사는 사람들임을 잘 드러내고 있다 할 것이다. 어린 시절 무지개를 보면 뛰놀던 마음이 사십 오십이 되어도 여전히 살아 있다고 한 워즈워스의 감동은, 시적 정서의 원천이 어디에 있는가를 잘 말해 주고 있다.

무지개가 환기(喚起)하는 신비로움과 그 너머 미지의 세상에 대한 그리움은 소망과 현실이 서로 멀리 떨어져 있음을 알게 되는 데서 오는 절망감에 대한 보상 심리이며 기쁨과 슬픔의 공존, 그 숙명적 갈등에 대한 깨달음이기도 하다. 그러기에 그 절망이 깊고 갈등이 크면 클수록 그리움의 진폭은 커지고 분출의 욕구 또한 강렬해지는 것이다. '나의 시는 온통 내 그리움의 표출'이라든지 '나의 시는 그리움을 길어 올리는 두레박'이라든지 하는 유수(有數)한 시인들의 고백은 그대로 모든 시인의 고백일 수밖에 없다.

지금은 나에게 없는 것, 그러나 저기에는 있을 것 같은 것, 그래서 손짓으로 불러보고 발길을 그쪽으로 향해 보지만 결국 허허로움과 아픔만을 안고 돌아설 때 마음은 더 큰 그리움으로 채워지게 되는 것이니 그리움은 퍼내고 퍼내도 마르지 않는 샘물과 같은 것이 아닐 수 없다. 그들은 이 샘물이 있어 영원히 젊게 살아가는 사람들인지도 모른다.

내 친구 시인 N은 우리가 잊고 있었던 그리움을 되찾아 주고 있다. 그 나이를 헤아리기 어려운 눈부신 이미지로 그리움을 이야기함으로써 우리의 몸에 싱싱한 피를 돌게 하고 있는 것이다. 도대체 칠십을 바라보는 이 나이에 그리움다운 그리움이 남아 있을 것 같지 않은 우리의 마음속에 젊은 날의 그리움을 다시 살려 내어 주었으니, 이보다 고마울 일이 어디 있겠는가. 관념성이 강한 시상을 감각적 언어로 처리한 수법에서 이 시인이 이제 언어를 다루는 솜씨가 한 경지에 이르렀음을 알 수 있겠거니와 너무도 젊게 살고 있음도 인상적이라 하지 않을 수 없다.

무엇보다도 이 시의 미덕은 그 메시지가 객관성과 합리성을 확보하고 있어 별 어려움 없이 우리가 그 뜻을 헤아려 볼 수 있다는 점에 있다. 솔밭 길과 솔향의 대응에서 이 시의 시적 자아 솔하늘과 그가 그리워하는 여인 소향이 함께일 수밖에 없음을 자연스럽게 도출해 낸 이 사랑과 그리움의 변주는 충분히 우리를 젊은 날로 인도하고도 남음이 있지 않은가.

그리고 그리움은 이 경우 '보고 싶다'라는 마음과 통하는 것으로 그것은 육체적 합일을 소망하는 마음이라고도 할 수 있다. 심리적으로 이성을 대상으로 하는 모든 보고 싶어 하는 마음은 무의식적이든 의식적이든 성적 결합에 대한 욕망을 동반하는 심적 상태라고 한다. 이 시는 몇몇 시어에서 이런 관능적인 분위기를 강하게 드러내고 있는데 이 점이 또한 우리를 즐겁게 하고 있다. '솔 하늘 아래 샘터'는 이 시인이 산책 다니는 뒷산에 있는 샘터일 수도 있고 관능적 심경을 담아내는 한 이미지일 수도 있음에 주목할 필요가 있다. 솔밭, 샘터, 솔향, 소향, 이 시어들이 환기하는 에로틱한 분위기는 이 시의 주된 정조(情調)이기도 하다. 솔 향기 그윽한 인적 없는 솔밭에서 샘물 같은 소향을 그리워하고 기다린다니 그래서 무얼 어떻게 하겠다는 것인지, 그 관능성이 환기하는 젊음을 찬미하고 싶다.

유년 시절 눈 내리는 솔밭에서 만났던, 어떤 계시와 같은 정서적 체험이 사랑과 관능의 시어로 변용되는 이 아름답고도 슬픈 시적 공간에서 나는 나의 친구들을 만나고 싶다. 자, 한 잔씩 술잔을 들고 그리움을 이야기하고 젊은 날의 사랑을 이야기하고 우리의 부활을 이야기하자.

꽃과 바람

 아침에 날이 흐리고 바람이 불었다. 일기예보에 오늘 오후 늦게부터 비바람이 불 것으로 예상된다고 하더니, 그 전조인가, 요 며칠 전만큼은 아니지만 바람이 제법 불었다.
 아침 뒷산 산행길에서 보니 언제 피었는지 아카시아 향이 물컥 몰려왔다. 고개를 들어 사방을 둘러보니 어제 보지 못했던 아카시아꽃이 여기저기 피어 있어 의아한 생각이 들었다. 어제 아침에도 피어 있었는데 내가 못 본 것인지, 어제 낮부터 피기 시작한 것인지 잘 분간이 가지 않는 까닭이다. 동행한 집사람은 이미 며칠 전부터 아카시아꽃이 피기 시작했기 때문에 어제도 피어 있었는데 아마도 당신이 미처 못 본 것일 거라고 했다. 그렇다면 어제 내가 눈으로는 못 보았다고 하더라도 그럼 왜 향기는 맡지 못했을까 하는 의문이 들어 집사람의 말에 선 듯 동의하지는 못했지만, 뭐 하기야 '내려오다 보았네, 올라갈 때 보지 못한 꽃'이라는 시구도 있다고 하니 내가 어제 못 보고 향기를 지각하지 못했다고 해서 그 꽃이 어제 없었다고 할 수 없는 노릇이기는 하다. 아무튼 벌써 아카시아 꽃향기가 온 산에 진동하고 있어 이제 봄이 무르익었음을 실감할 수 있었다. 그러고 보니 꼭 이 꽃이 필 무렵이면 비바람이 불곤 했던 계절적 특성이 생각나 오늘 아침 바람이 괜한 것이 아니었구나 하는 깨달음이 왔다.

아름다운 것은 이 지상에 머무는 시간이 짧다고 했던가. 그리고 시샘을 피해 갈 수 없다고도 했으니, 그래서 다산 선생은 '보름달이 차오르면 구름이 자주 끼고, 꽃이 피어나면 바람이 어지럽게 불어오네.'[13]라고 노래한 것이리라.

꽃에게 바람은 성가신 존재지만 자연의 이치는 이 둘을 같은 시공 속에 배치함으로써 시인들에게 그 아쉬움을 노래하게 하고 묵객들에게는 잠언(箴言)을 일필휘지케 하고 있으니, 일찍이 꽃과 바람의 부조리한 관계를 안타까워한 맹호연의 '춘효(春曉)[14]'가 그러하고, 바람 앞에 선 꽃의 덧없는 숙명성을 관조하고 있는 조지훈의 '낙화(落花)[15]'가 또한 그 예가 된다 할 것이다.

이 아카시아꽃은 때맞춰 어김없이 나타나는 비바람으로 하여 다른 꽃들보다 더 큰 시련을 겪는다고 할 수 있으니, 이는 그 빼어난 향기에 원인이 있다고 한다면 억측일까?

이 꽃은 또한 다른 꽃들에서는 보기 드문 귀한 꿀의 채취 원이 되기도 하는 것이어서 양봉업자들에게는 이 세상 어느 것보다 소중한 보물이 아닐 수 없는 바, 그래서 이 꽃이 지상에 머무는 시간은 짧고 우리의 아쉬움은 커지게 되는 것이리라. 우리는 때를 놓치지 않으려는

---

13) 다산 정약용의 〈독소(獨笑)〉 중 일절, 원문-月滿頻値雲/花開風誤之
14) 맹호연(孟浩然, 중국 唐나라 때 시인)의 〈춘효(春曉)〉, 원문-春眠不覺曉/處處聞啼鳥/夜來風雨聲/花落知多少
15) 꽃이 지기로소니/바람을 탓하랴//주렴 밖 성긴 별이/하나 둘 스러지고/귀촉도 울음 뒤에/머언 산이 다가서다//촛불을 꺼야 하리/꽃이 지는데//꽃 지는 그림자/뜰에 어리어/하이얀 미닫이가/우런 붉어라//묻혀서 사는 이의/고운 마음을/아는 이 있을까/저허하노니//꽃이 지는 아침은/ 울고 싶어라.

양봉업자들의 수고로움을 보면서 소중한 것을 얻기 위해서는 어떤 분투가 있어야 하는가를 다시 확인하게 되고, 그 소중한 것은 우리 곁에 오래 머물러 주지 않는다는 냉엄한 진리도 새삼 깨우치게 된다.

꽃과 바람, 이 자연의 아이러니한 공존은 우리의 철학자들에게 우리가 어떻게 살아야 할 것인가 하는 명제를 떠올리게 하고, 철학자들은 그 사유에 동참하라고 우리를 손짓하여 부르고 있다. 그리하여 바람이 매양 꽃에게 불편한 존재이기만 한 것이 아니라 풍매로써 그 꽃의 종족 번식을 가능케 해 주는 필요불가결한 동반자이기도 함을 깨닫게 되고, 이 불합리한 듯한 현상 속에 숨어 있는 자연의 이법과 그 오묘한 섭리 앞에서 고개를 숙이게 된다. 또한, 꽃을 피우게 하고는 뒤이어 바람을 보내어 꽃을 지게 함으로써 열매를 맺게 하는 생성과 소멸, 그리고 다시 소생으로 이어지는 어떤 초월적 의지를 엿보게도 된다.

동구 밖 과수원 길의 아카시아꽃이 어찌 동심만의 소유물일 수 있겠으며, 추억 속의 아름다움으로만 이어지는 것이겠는가. 오늘 이렇게 나이가 들어 버린 사람들에게도 현재진행형으로 아스라한 그리움과 낭만의 세계를 꿈꿀 수 있게 해 주고, 동시에 모순처럼 보이는 자연 현상을 통하여 생활인으로서의 자세를 다시 점검해 볼 수 있게 해 주고 있으니 이처럼 큰 미덕이 어디 있으며, 이보다 더 고마운 은택이 어디 있겠는가.

그 덕을 안으로 감추고 있어 오히려 소박해 보이는 아카시아꽃들이 산행길 숲속 곳곳에 하얗게 무리 지어 피어나고 있다. 육아기에 접어든 산새들의 지저귐과 그들의 먹이가 될 온갖 곤충의 유충들-벌레들이 길 위에 거미줄처럼 드리워진 숲길에 그윽한 향기를 내뿜는 이 꽃들은 분명 봄을, 아니 자연을 그 아름다움의 극치로 인도하고 있다. 연두색 신록의 청신한 자태와 하얀 아카시아꽃, 그리고 그 싱그럽고 우아한 두 향기가 한데 어울려 우리의 시각과 후각을 자극하여 우리에게 일상의 권태로움으로부터 벗어나는 즐거움을 맛보게 하고 있다. 말하자면 무기력함에 빠져 있던 우리의 세포들을 자극하여 깨어 일어나게 하고 그들을 팽팽하게 잡아당겨 싱싱한 활력을 되찾게 해 주고 있다는 것이다.

아침 산행길에서 만나는 사람들은 모두 이런 산길의 은택에 고무되어 얼굴은 밝게 피어나고 서로 맑은 목소리로 아침 인사를 나누고 있다. 점차 녹음을 이루어 가는 신록과 그 사이사이에 피어난 아카시아꽃이 함께 빚어내는 그 충만한 생명의 기운은 우리의 정서를 출렁이게 하고 우리의 정신을 고양하는 힘이 있음이 틀림없다. 저 기쁨과 환희에 가득 찬 산보객들의 얼굴을 보고, 그들의 생기 넘치는 목소리를 들어 보라. 우리는 저 모습들에서 우리가 일찍이 자연의 한 부분으로 살았던 때의 그 순수하고 건강한 원시의 정서와 정신을 회복하고 있음을 볼 수 있지 아니한가.

오늘은 날이 약간 흐리고 바람이 불었지만, 그러나 그것은 사람들이 봄날 아침의 정기를 온몸으로 받아들이는 즐거움을 결코 방해할 수는 없을 것이다. 모처럼 아침 뒷산 산행길에 따라나선 집사람이 길 위로 늘어진 벌레들을 보고 놀라면서도 연방 향기가, 새 노랫소리가 너무 좋다고 감탄을 아끼지 않았다. 내일부터는 매일 산책을 나와야겠다고, 그러면 괜히 힘이 막 솟을 것 같다고 유쾌한 수다를 폈다.

또 한 차례 아카시아 꽃향기가 물컥 몰려왔다.

단오(端午)의 추억

오늘은 음력 5월 5일 단오날이다. 옛날에는, 아마 1950년대만 하더라도 한식, 단오, 동지 등은 설이나 추석만큼은 아니더라도 정성들인 제수(祭需)를 진설(陳設)하고 차례를 올린 것으로 기억되는데, 이 풍습이 60년대로 오면서 하나둘 없어지다가 어느 한순간에 아주 사라져 버리고 말았다. 특히 단오와 동지에는 중요한 명절의 의미를 부여했기 때문에 그날은 꼭 차례를 올렸던 모습이 지금도 눈에 선하다. 한 사회의 전통이나 관습은 시대의 흐름에 따라 변질되기도 하고 바뀌기도 하고, 소멸하기도 하는 것이 당연한 이치지만, 내 기억 속에 남아 있는 이런 세시풍속은 내 유년의 소중한 추억의 일부분이라는 점에서 아쉬움과 그리움을 불러일으키곤 한다.

단오에는 누구나 다 아는 것처럼 추천 놀이, 즉 그네 타기가 대표적인 민속놀이인데, 예전 우리 마을에서는 단오 며칠 전부터 동네 청년들이 밤이면 모여서 그넷줄로 쓸 밧줄을 꼬아 만들었다. 그때부터 일종의 명절 분위기가 만들어지고 어린 우리들은 그 따분하고 지루한 일상에서 벗어날 수 있는 어떤 기회를 얻은 것 같은 기쁨과 설렘을 맛보곤 했었다. 우리 동네 구미리는 3반과 4반 사이에 낙락장송이라 해도 좋을 큰 소나무들 수십 그루가 자리 잡고 있는 작은 언덕이 있었고, 그 언덕 한쪽에 안성맞춤으로 그네를 매기 아주 좋은 소나무가 있어 매년 그곳에 그네를 매곤 했었다.

단오날 아침 식사가 끝나면 동네 처녀, 총각 젊은이들과 아이들이 그 그네 터로 모여들어 서로 그네타기 실력들을 뽐내었는데, 별 재주가 없어도 누구나 잘 탈 수 있을 것 같지만 그게 그런 것이 아니어서, 남자들에게는 그것이 별 화제가 되지 않았지만, 처녀들은 그 우열이 매겨져 누가 그네 하나는 맵시 있게, 힘차게 잘 탄다고 칭송을 받으면 다른 처녀들은 그걸 부러워들 하였고 총각들은 그 처녀에게 은근히 호감을 표시하기도 하였다. 이래저래 그 처녀는 인기인이 되는 것이다. 그것이 무슨 큰 행사라고 할 수는 없지만, 함께 즐길 오락이라고는 이런 세시에 따르는 민속놀이밖에는 없었던 시절이라 단오날 그네 터의 이런 장면들은 아주 즐겁고 흥겨운 일이 아닐 수 없었고, 또한 기억에 오래 남는 풍경일 수밖에 없었다.

우리 꼬마들도 형들이나 아저씨들, 혹은 누나들을 따라 그네 터로 가서 중간중간에 아이들을 배려하여 태워 주는 그네를 타는 일이 그렇게 신나고 즐거울 수가 없었다. 요즘은 어느 놀이터에서나 그네 시설이 있어서 쉽게 놀이 삼아 탈 수 있지만, 그리고 그 옛날에도 학교 운동장에 그네가 있기는 했지만, 이 단오날의 추천 놀이는 그날이 그날 같은 무료한 시골 어린이들에게는 축제와 같은 의미가 있는 것이어서 운동장 그네와는 전연 다른 정서적 감흥을 맛보게 된다는 점에서 신명 나는 일이 아닐 수 없었다.

그러나 이 추천 놀이가 빌미가 되어 동네 총각, 처녀들 사이에 염문도 생기곤 했는데, 이것은 젊은 남녀가 상면할 수 있는 곳에서라면 당연히 생길 수 있는 일이었지만, 그때만 해도 남녀가 유별했던 때이고, 연애란 일정 부분 금기시되던 때여서 어른들의 꾸지람과 동네 사람들의 지탄의 대상이 되는 불행한 일도 가끔 생겼다.

우리 집보다 조금 더 길 쪽으로 나앉았다고 해서 택호(宅號)보다는 앞집이라고 불렀던 그 집에는 누나가 둘이 있었는데, 그 언니가 언덕 너머 총각과 단오날 그네 터에서 서로 마음이 통하여 연애를 하게 된 사건이 그 대표적인 예로 내 기억에 뚜렷이 남아 있다. 그 누나가 임신한 사실이 밝혀지면서 그 누나는 아무 준비도 없이 집에서 쫓겨나다시피 하여 그 형과 동네를 떠나 어딘가로 종적을 감추어 버렸다. 그 누나는 내가 더 어렸을 적에는 소 풀 먹이러 가거나 어디를 놀러 가거나 하면 곧잘 나를 데리고 다녀서 아주 좋아하는 누나였다. 그 동생 누나도 마음이 착해서 심심한 내 동무가 되어 주거나 글공부도 가르쳐 주고 옛날얘기도 해 주어서 이 작은누나를 더 좋아하기는 했지만, 그 언니 누나가 종적을 감춘 사건은 어린 나에게는 큰 충격이 아닐 수 없었다.

그리고 그 양가 부모들과 동네 사람들이 가혹하다는 생각이 들어 그들이 미워지기도 했다. 사랑이란 아름다운 것이지만 거기에도 어떤 제약과 판단을 고려하지 않으면 그것이 아름다운 것으로 객관화되기 어렵다는 이 인간 세상의 복잡한 구조를 이해하거나 받아들이기에는 나의 나이가 너무 어렸기 때문에 그 일은 나로서는 수긍하기 힘든 비정한 일로 인식될 수밖에 없었다. 언니 누나와 그 형이 더 큰 손가락질을 받고 추방되다시피 했던 것은 두 사람이 바로 동성동본이었다는 사실 때문이었다. 그렇지만 않았더라도 어쩌면 그 부모나 동네 사람들은 그런 현실을 받아들이고 그들을 용서하였을지도 모른다. 그 뒤로 언니 누나의 소식을 들을 수 없었고, 그 사이 시간이 꽤 지나 나는 고향을 떠나 서울로 와 대학에 다니면서 그 누나의 일은 거의 잊고 있었지만, 단오 때가 되면 문득문득 그 가엾은 누나가 생각나곤 하였다.

 그러던 어느 해인가 여름방학 때 집에 내려가 있는데, 어느 날 저녁 어스름에 웬 취한(醉漢)의 술주정 소리가 바로 앞집에서 들려오기에 나가 보았더니 오래전 고향을 떠났던 그 형이 말하자면 처가를 찾아와 행패를 부리고 있는 거였다. 나중에 동네 소식을 들으니 그 누나도 같이 돌아왔다는 것이다. 그러나 나는 그 누나를 보지는 못했다. 내가 찾아가는 것도 필연성이 없는 일이고, 그 누나도 나를 특별히 보고 싶어 할 일도 없을 것이기 때문이었다. 그 형은 그 뒤로도 몇 번 더 술주정을 했는데, 한 번은 나와 마주치자 내가 장성한 뒤로 나를 본 적이 없었음에도 그래도 곧 나를 알아보고는 일순 반가운 표정을 지었지만, 곧바로 고음(苦吟)을 토하면서 휘적휘적 아랫동네 쪽으로 사라졌다. 그리고 그들은 또 어딘가로 떠났다고 했다.

 왕성한 양(陽)의 기운이 천지를 감싸는 이 계절에 젊은이들이 사랑을 구가(謳歌)하는 일은 지극히 자연스러운 일이고, 또 마땅한 일임에도 불구하고 그 두 남녀의 아리따운 사랑은 오히려 그들의 운명을 불행의 늪으로 인도하였다는 이 아이러니는 지금도 내 마음을 아프게 하고 있다. 그러나 언젠가는 정든 가족과 친지, 동네 사람들로부터 인정받고 환영받는 날이 올 것이라는 어떤 희망과 믿음의 끈이 그 언니 누나에게도 있어, 나는 그 누나가 어디 먼 곳에 있다 할지라도 우리의 염려와는 달리 아주 행복하게 잘 살고 있을 것이라 믿고 싶다.

  이 추천 놀이 세시풍속도 이제는 시류의 변화와 그 속도에 밀려 부지불식간에 우리의 눈앞에서, 생활 의식 속에서 자취를 감추고 말았다. 아니 오늘이 단오라는 사실조차 모르고 지나가는 사람이 대부분일 것이다. 지금은 이 단오를 특화하여 지자체의 명물로 만들어 크게 성공한 강릉단오제 정도로 명맥을 유지하고 있을 뿐이지만, 우리 같은 사람들의 마음속에는 아름다운 유년의 추억으로, 어떤 사람들에게는 아련한 첫사랑의 추억으로 간직되고 있을 오월 단오, 또 한편으로는 생명의 기운을 가득 채워 주는 오월 단오를 마음껏 누리고 찬미하고 싶다. 여름은 사랑의 계절이라고 하지 않는가.

장미의 계절에
–역동적인 생명의 기운을 만나다

　바야흐로 장미의 계절이다. 뇌쇄적인 자태와 고혹적인 향기로 우리를 깊은 열락의 세계로 인도하는 장미의 계절이 지금 막 만개하고 있다. 무르익은 여인의 매력에 이끌리는 기쁨, 그 아름다움 앞에 스스로 항복하고 싶어지는 이 역설적인 행복감, 이 꽃의 저항할 수 없는 견인력에 사로잡혀 나른한 관능에 빠져들게 되는 장미의 계절이다. 아파트 철책과 동네 집들 담장 너머로 그 붉은 정열을 뿜어내고 있는 넝쿨장미 행렬이 봄꽃의 절정을 이루면서 여름날의 왕성한 생명력을 불러오고 있다.
　우리는 이러한 때 살아 있음을 감사하게 되고 고개를 들어 새삼 하늘을 바라보게 되며 경쾌한 발걸음을 옮기게 된다. 또한 야하거나 추하지 않을 만큼만 사랑을 그리워하게 된다. 이런 날 우리가 느끼는 사랑은 그리움의 한 모습이고, 이 그리움은 섹스를 동반하는 이성과의 만남에 대한 욕구와 다르지 않다. 이 세상 이성을 향한 모든 그리움은 섹스를 전제로 한 만남에 대한 소망임을 우리는 일찍부터 심리적, 정서적 체험을 통하여 익히 알고 있는 바이기도 하다. 그러나 이것은 외설적, 혹은 일탈적인 욕구와는 전혀 차원을 달리하는 문제로서, 그 근본은 생명에 대한 사랑이고 생명의 탄생에 대한 외경(畏敬)이며, 그 탄생의 실현에 동참하고자 하는 지극히 자연스러운 마음에서 비롯되는 것이다. 봄날 우물가에 피는 앵두꽃에 이끌리어 홀연히 먼 길을 떠나는 시골 처녀의 모습은 얼핏 보면 세속적인 일탈 행위로 간주되기 쉽지만, 그 깊은 내면을 들여다보면 거기에는 거부할 수 없는 생명력의 충일함이 자리 잡고 있음을, 그리하여 그 불가항력적 자연의 섭리를 따라 움직이고 있는 것임을 발견하게 된다.

생명의 탄생은 신화적으로 보면 대모(大母, great mather)의 복숭아나무에서 비롯되는 것으로, 이 복숭아나무는 대모에게 헌신하는 쌍둥이 형제가 지키고 있는데, 이는 이들이 대모의 생산에 참여하는 영웅들임을 의미하는 것이다. 시골 처녀의 앵두나무는 곧 대모의 복숭아나무에 대응되고, 그래서 처녀는 그 앵두나무를 지켜 줄 수 있는 영웅이 있는 곳으로 먼 여행을 떠나는 것이라 할 수 있다. 대모와 그녀에게 헌신하는 쌍둥이, 시골 처녀가 찾아 떠난 영웅, 이들은 모두 서로를 필요로 하기 때문에 서로 그리워하고, 필경 그 그리움은 생산적 행위와 깊은 관련을 맺을 수밖에는 없는 것이다. 오늘 우리가 이성을 그리워할 때 그것이 왜 섹스를 동반하는 만남으로 이어질 수밖에 없는가 하는 것은 이런 신화적인 진실이 그 이면에서 작용하기 때문임을 알 수 있다.

아직 아카시아꽃의 잔향이 남아 있고 찔레꽃의 향수(鄕愁) 어린 은근한 향기가 숲속을 서성이고 있는데, 동네 장미들까지 함성을 지르듯이 일제히 기지개를 켜고 툭툭 여기저기서 피어나 늦봄에서 초하로 이어지는 양(陽)의 기운과 그 정취를 고조시키고 있다. 아카시아

향, 찔레꽃 향과 장미의 붉은 색감이 어울려 만들어 내는 절묘한 공감각적 정서와 감흥이 우리를 영웅으로, 대모로, 시골 처녀로 돌아가라고 유혹하고 있는 듯하다. 모내기를 위해 논에 물을 대는 콸콸거리는 역동적인 소리, 또 다른 논에서 모내기를 하고 있는 이앙기의 부지런한 모습, 논 가장자리 숲까지 내려온 꾀꼬리의 노래와 드디어 나타난 뻐꾸기의 울음소리 등이 우리에게 원시의 활력을 회복하게 하고 있다. 일 년 중 양의 기운이 가장 왕성하다는 단오가 내일 모레이니 어찌 우리가 태고의 쌍둥이로, 대모로 돌아가고 싶은 마음이 들지 않을 수 있겠는가.

 이 장미가 피는 계절은 깊은 산에서는 송화가 피어 그 가루가 바람에 날리는 때이고, 어디에서 오는지 꼭 이맘때면 때맞추어 뻐꾸기가 나타나 그 아득하고도 졸음기를 실어 오는 울음소리로 우리를 나른한 동경의 세계로 데려가곤 한다. 뻐꾸기가 개개비, 멧새, 노랑때까치, 어치 등 조그만 새들이 지어 놓은 둥지에 침입하여 몰래 자기 알을 낳아 놓고 그 주위를 배회하면서 공짜로 새끼를 키우는 새란 것을 알게 된 뒤로부터 뻐꾸기를 싫어하게 되었다는 우리 집사람, 오래된 뻐꾸기시계도 핑계 김에 다른 새것으로 바꾸어 놓았는데, 글쎄 그 고운 마음씨는 이해할 수 있지만, 나는 거기에 대하여 동의하고 싶은 마음은 조금도 없다, 그 탁란(托卵) 또한 자연의 이치요, 그 수를 헤아릴 수 없이 많고 다양한 생명 실현의 한 부분일 뿐인데 굳이 거기에 인간의 판단과 윤리 의식을 개입시킬 필요가 있을까? 인간의 기준으로 보는 시비선악과는 차원이 다른 문제인 까닭이다. 인간이 끼어들 일이 아니라고 말하자 아내는 약간은 멋쩍게 빙긋 웃고 만다.

송홧가루 날리는 외딴 봉우리
윤사월 해 길다 꾀꼬리 울면
산지기 외딴집 눈먼 처녀사
문설주에 귀 대고 엿듣고 있다.

 이 박목월 선생의 〈윤사월〉의 눈먼 처녀와 꾀꼬리의 교감이야말로 오래전 인간이 자연에 순종하여 살아가던 때 누렸던 그 원시의 건강한 생명과 정신, 그 신비와 우리의 근원에 대한 유전적 향수를 절묘하게 드러내 보여 주고 있다. 눈이 멀었기 때문에 갖게 되는 원시적 청각을 통하여 이 계절의 아름다움을 오롯이 향수(享受)할 수 있는 그 소경 처녀의 정서에 나도 동참하고 싶다. 생명을 불러오는 꾀꼬리의 노랫소리, 생명의 강렬함을 뿜어내는 장미의 붉은 꽃잎과 매혹적인 장미향이 조화를 이룬 이 아름다운 자연 속에서 함께 생명을 찬미하고 감동적인 정서를 나누고 싶다는 것이다.
 만물이 그 생명력을 고조시켜 가는 이 장미의 계절이 우리에게 내리는 축복을 감사히 여기고 소중히 보듬어야 하겠다.

혹서수상(酷暑隨想)

며칠 전이 8월 1일이었는데도 달이 바뀐 것을 의식하지 못하고 지나갔다. 이것저것 좀 들춰 보고 끼적이고, 요즘 하고 있는 한두 가지 일로 사람도 좀 만나고 하느라 신경을 쓰기도 했지만, 날씨가 너무 더워, 낮에는 낮대로 뜨거운 태양과 후끈한 대기 때문에 고생하고 밤에는 밤대로 열대야에 시달리느라 잠을 제대로 이루지 못해 정신을 차리지 못하고 있는 것이 그 원인이 아닌가 싶다.

뜨겁고 더운 여름 날씨가 오히려 어떤 투지 같은 것을 일깨워 주기 때문에 나는 이 여름의 더위를 좋아하는 사람이지만, 요 며칠 간은 그 투지를 떨쳐 볼 겨를도 없이 그저 속수무책으로 더위에 압도당할 뿐, 어떤 대책을 세운다는 것 자체가 불가능한 그런 폭염이 이어지고 있다. 우리 기억으로는 그 유례를 찾아보기 어려운 더위라고 모두들 고개를 내두르고 있다. 오늘은 어제보다 더 더웠다. 모임에 나가기 위해 버스를 기다리는데 햇살이 피부를 태울 듯이 쏘아 대고 있었다. 백 년 만의 더위라고도 하니 이 미증유의 더위는 낯선 세계에서 맞닥뜨린 어떤 공포와도 같은 느낌을 주고 있다고 해도 과언이 아니다. 햇볕이 뜨겁고 습도가 높아 더운 날씨라기보다는 햇살 자체가 너무 뜨겁고 강렬해서 그늘을 나서기 겁나는 그런 정오 무렵이었다.

재난대책본부에서는 오후 한 시부터 폭염주의보를 발령한다고 알려왔는데, 이미 10시경부터 폭염이 시작되어 정오를 지나면서부터는 폭염이 그 기세를 점차 더해가고 있었다. 노약자들은 출입을 삼가야 할 때다. 오늘 서울의 기온이 거의 36도에 육박했고, 경북 어느 지역은 39도를 넘어섰다고 하는데, 그 예를 찾아보기 어려운 살인적인 더위라 하겠다.

신장 위구르의 화염산, 투루판 지역이나 우즈베키스탄 지역을 여행할 때, 그 지역들은 여름 기온이 40도를 넘는 것은 흔한 일이라고 들었지만, 그곳의 40도와 우리나라의 40도는 개념이 다르다. 그곳 태양의 강렬함이나 뜨거움은 과연 상상을 초월하는 것이었지만 얼굴을 가린다거나, 양산을 쓴다거나 그늘로 피하면 그렇게 크게 뜨겁다는 느낌을 받지는 않았다. 사막의 건조한 대기라 습도가 거의 없어 후텁지근한 더위는 없었다. 대개 몽골의 초원이나 중앙아시아의 사막성 기후는 직사광선만 피하면 견딜 만하지만, 우리나라의 더위는 그와는 전연 다른 양상을 보이고 있음은 우리가 잘 알고 있는 바와 같다. 오늘 같은 날은 양산을 쓰거나 그늘에 들어가 있어도 별 도움이 되지 않는 뜨거운 한증막 더위였다.

그러나 근래 보기 드문 더위 앞에서 여름 날씨의 또 다른 진면목을 접하는 뿌듯함과 거기에 도전하는 즐거움을 맛보기도 한다. 단, 한 가지 오늘 같은 날은 직사광선을 피하는 게 상책이라는 점만은 잊어서는 안 된다. 당연한 얘기지만 덥다고 에어컨에만 의지하는 것도 바람직하지 않다. 나는 우정 에어컨을 장만하지 않고 있다. 집사람은 돈이 없으니 별 핑계를 다 댄다고 투덜대지만, 글쎄 그 말이 아주 틀린 것은 아니지만, 나의 진심은 그런 것이 아니다.

그래서 제언하자면 직사광선은 피하되 더위와 맞서는 투지를 불태워 보는 것도 피서의 한 방법일 것이다. 이열치열 같은 흔한 이야기가 아니라 정말 더위와 정면으로 맞서는 색다른 투혼을 발휘해 볼 필요가 있다는 것이다. 내 개인적인 경험에 의하면 이런 마음가짐으로 여름을 대하면 사계 중 여름이 가장 의욕이 넘치고 왕성한 생명력을 느낄 수 있는 계절로 여겨져 이 계절을 사랑하지 않을 수 없게 된다. 여름이 끝나 갈 무렵이 되면 뭔가 신나는 일이 막을 내리는 것 같은 서운함마저도 느끼게 된다. '모란이 지고 말면 그뿐 내 한 해는 다 가고 말아'라고 노래한 김영랑의 심경을 나는 늘 여름의 끝자락이면 느끼곤 한다.

이제 본격 피서철이 시작되었다. 올해 우리 집은 아직 피서 계획을 세우지 못하고 있지만, 남들이 피서를 떠나는 모습을 보는 것만으로도 마음이 들뜨고 마치 그들과 동행하는 것처럼 신이 난다. 저 감당하기 어려울 정도의 뜨거운 태양을 향하여 과감하게 진군하는 피서객들의 행렬을 보고도 심장이 고동치지 않는 사람이 있다면 그는 그의 정서에 혁명적인 수술을 가해야 할 것이다. 거리에 넘치는 태양의 아들들, 그 젊음과 함께 심정적으로라도 이 여름날 사랑의 축제에 동참하지 못하고, 그 즐거움으로부터 멀리 벗어난 곳에 산다는 것은 얼마나 무미건조한 삶인가.

뒷산의 산길 양쪽으로는 키를 넘게 그 잎을 힘차게 펼쳐 나가는 칡넝쿨과 그 잎이 피워 낸 칡꽃 향기가 있어 우리는 눈과 후각을 통하여 여름날의 또 다른 잔치에 동참하는 즐거움을 누린다. 봄꽃과는 달리 원색이 자극적인 여름꽃들이 안내하는 여름날 특유의 향연은 또 얼마나 관능적인가. 매미 소리가 시원한 그늘 좋은 정자나무 아래서 먼 산의 구름을 바라보고 잠시 명상에 잠기거나, 어설픈 대로 인생의 의미를 사유하는 즐거움 또한 여름날이 우리에게 내리는 큰 선물이 아닐 수 없다.

더욱이나 시원한 계곡의 정자를 찾아 대자리를 깔고 마음 맞는 기우(棋友)와 함께 수담(手談)을 나누면서 한 잔의 술을 기울일 수 있는 기쁨을 이 여름이 아니면 어디서 다시 만날 수 있겠는가. 더위는 견디기 힘들지만, 그 더위가 우리에게 내리는 혜택 또한 그 못지않음을 깨닫게 되고, 자연이 지닌 그 오묘한 양면성의 섭리에 새삼 감탄하게 된다. 내 과문(寡聞)의 탓일지 모르나 일찍이 더위를 예찬한 글은 본 적이 없기는 하지만, 이제 어느 뛰어난 시인의 손에서 더위의 미덕을 찬송하는 시가 만들어져 나오기를 기대해 본다.

오늘 밤은 어제보다 열대야가 더 심한 것 같다. 가만히 앉아 말만 좀 해도 그것도 운동이라고 땀이 흐른다. 입을 다물고 미동도 하지 않으면 그래도 좀 낫다. 그 옛날 두보는 그의 〈조추고열(早秋高熱)〉에서 '속대발광욕대규(束帶發狂欲大叫)'라 노래한 바 있는데, 이는 여름철 더위에도 체통을 지킨다고 의관(관복)을 정제하고는 그 더위를 견뎌내지 못하는 고통을 호소한 시구로 잘 알려져 있거니와, 오늘 밤은 다 벗고 있어도 그 처지를 방불케 하고 있다. 그러나 이 또한 얼마나 신나는 고행인가. 비록 일상의 리듬이 헝클어지고 그 운영에 두서가 없어져 혼란을 겪는다 하더라도 이것은 또 다른 질서를 잉태하는 과정이라 할 수 있는 것이려니, 때로는 육체의 고통이 정신의 정화를 가져다 주기도 한다는 그 역설적 진실을 이 혹서를 통하여 정말 확인해 보고 싶다.

중추가절, 친구들에게

중추가절이라고는 하지만 양력에 익숙한 우리로서는 때 이르게 찾아온 추석이 어리둥절한 면이 없지 않다. 분명 절기는 입추, 처서를 지나 8월 한가위에 이르고 있지만, 여름의 끝자락을 잇는 잔서(殘暑)가 맹위를 떨치고 있어 우리에게 익숙한 추석 명절의 정서는 느끼기 어렵다.

그러나 추석은 추석이어서 귀성 행렬이 줄을 잇고 새로운 풍속으로 자리 잡아가는 역귀성객들의 이동도 만만찮게 길을 메우고 있다. 계절이 일러 무슨 햅쌀, 과일 등이 나올 수나 있겠나 싶었는데 그래도 때는 때인지라 시장에는 사과를 비롯한 제철 과일은 물론 온갖 추석 제수 농산물들이 풍성하게 진열되어 있어 명절 기분이 조금은 살아나고 있다.

우리 동네 뒷산에 이른 밤들은 이미 알밤을 더러 떨구고 있고 저 앞 동네 가정집 담장 안 대추는 아직 붉은색을 띠지는 않고 있지만 푸른 대로 아주 통통하게 살이 올라 먹음직스럽게 익어가고 있다. 어느 시인의 말씀처럼 태풍, 천둥, 벼락, 땡볕, 초승달은 들어 있어

4부 장미의 계절에

도 아직 무서리 몇 밤은 들어오지 않았기에 한껏 둥글어지기는 했지만, 미처 붉어지지는 못한 우리 동네 대추 한 알이 반갑고 정겹다. 우리 밭으로 가는 길가 토란밭에는 토란이 무슨 우산을 쓴 교목(喬木)처럼 우거져 서 있고 논에는 이미 여물기 시작한 올벼들이 풍요를 예견케 하고 있다.

이맘때의 볕은 따가워도 기꺼운 마음으로 받아낼 수 있으니, 그것은 알찬 결실을 약속하기 때문이다. 가을은 결실을 준비하는 온갖 생명들과 우리 인간에게 똑같이 안으로 여물게 하는 은총을 내리고 있다. 나도 무언가 안으로 익어가는 충만함을 느끼게 된다.

우리 동기 친구 모두 즐겁고 넉넉한 한가위를 맞고 있으리라 믿는다. 우리 집은 지금 극심한 혼돈을 겪고 있다. 몇 명 되지도 않는 손주 놈들(손자 둘, 손녀 둘)이 어찌나 뛰어다니고 어질러 놓는지 정신을 차릴 수 없다. 게다가 웃다가 싸우다가 울다가, 쿵쾅거리지 말라고 소리 지르는 엄마, 아빠들의 잔소리까지 다중 소음이 온 집안에 가득하다.

어느 할머니가 손주들이 온다고 하니까 고맙다고 손주들을 오게 해 주신 하나님께 감사헌금 만 원을 했는데, 손주들이 돌아간 뒤 주일날에는 손주들을 돌아가게 해 주셔서 고맙다고 이만 원을 헌금했다는 유머, 비록 옛날 버전이기는 하지만 손주들이 지니고 있는 양면적 실체를 너무나 잘 드러내고 있는 것 같아 다시 웃음을 머금게 된다. 부엌에서 일하는 할머니와 나에게 번갈아 오가면서 질문 공세를 펴고 있어 나나 집사람이나 일일이 대답하랴 할 일 하랴 정말 정신을 못 차릴 지경이다.

그러나 이것이 사람 사는 모습일 것이니 호불호를 떠나 이런 장면 자체를 소중하게 보듬을 줄 알아야 하리라. 명절이 돌아오면 음식 준비 등으로 주부들은 스트레스가 이만저만이 아니라고 하소연하지만, 그런 수고가 없다면 인간의 체취와 정(情)의 세계를 어디 가서 찾을 수 있겠는가. 명절 준비를 일이나 노고로 인식하면 한없이 고달플 테지만 가족이, 여러 사람이 모이면 당연히 겪게 되는 자연스러운 일이라 여기면 한결 그 수고로움이 덜어지고 오히려 보람을 맛보게 될 것이다. '일체유심조(一切唯心造)'가 어디 불가(佛家)에서만 통하는 법어(法語)이던가.

올 추석도 우리 모두 한 해의 풍요로운 결실을 함께 기뻐하고 감사하는 마음으로 맞이하도록 하자. 우리 동기 친구들 모두 가족 친지와 함께 행복한 추석 명절 보내기 바란다.

컴퓨터 자판기를 두들기고 있는 내가 한가해 보였는지 집사람이 당신은 어디 외계에서 온 사람이냐고 우정 내 곁에 와서 빈정거리고 휙 돌아서 가더니 빨리 와보라고 급한 호출을 발령한다. 할머니를 따라와 그 곁에서 요롷게 나를 쳐다보고 섰던 손녀들이 먼저 쪼르르 달려 나간다.

무슨 닭을, 머리가 그대로 달린 생닭을 사와 가지고 무서워서 못하겠다고 집사람과 며느리들이 그 닭의 목을 쳐달라고 다들 나만 쳐다보고 있다. 나도 이런 생닭은 처음이라 아주 역겨웠지만, 어쩌랴 내가 아니면 그 일을 할 사람이 없다는 데야. 아들놈들도 저만큼 물러나 있는 형편이니 말이다. 역시 일체유심조라, 모든 일은 그 의미가 마음먹기에 따라 달라지는 것이니 이런 일도 즐거운 마음으로 행하면 남에게 도움이 되고, 나아가 덕행이 되는 것이 아니겠는가.

아무래도 이번 추석은 인고의 미덕을 배우는 시간이 될 듯하다.

가을비와 도토리

어제 아침나절 소강상태를 보이던 비가 오후 접어들면서 다시 추적거리더니 오늘 아침 눈을 떠 보니 소리는 희미하지만, 아직도 내리는 모양이었다. 비가 오더라도 뒷산에는 가야겠기에 일어나 창문을 열어 보니 가랑비보다 조금 더 굵은 빗방울이 떨어지고 있었다. 9월 이후 내내 가물더니 이제 더 이상 어디 모아 놓을 데가 없다는 듯 느릿느릿 비를 계속 뿌리고 있어 가을비치고는 조금은 지루한 느낌을 주었다.

우산을 받치고 뒷산 산행길에 올랐다. 산에 올라 보니 그 나이(팔순)에도 술과 담배가 보통이 아니라고 소문 난 신 씨 영감님과 개인택시 하는 천 씨 영감님, 파주 민통선 안에서 고추 농사를 짓는다는 홍씨 등 서너 분이 비를 맞으면서도 운동을 하고 있었다. 늘 오던 사람들은 이미 다녀갔는지, 아니면 올라오지 않았는지 보이질 않았다.

신 씨 영감님이 나를 보더니 며칠 보이지 않던데요 하신다. 이분들, 늘 만나다 보니 하루 이틀만 빠져도 소식이 궁금한지 꼭 이런 인사를 하곤 한다. 지난 금요일부터 우리 법인의 가을 문학기행 행사로 남해안을 다녀오느라 뒷산 아침 산행을 내리 사나흘을 빠지게 되었는데, 거의 매일 보이던 사람이 안 보이니 아마 궁금하기도 했을 것이다. 아무튼 서로의 안부를 궁금해하는 것도 이 산 위의 동료들이 지닌 미덕일 시 분명하다. 이 각박한 세상 어디에서 이렇게 나에게 관심을 보이는 사람들을 쉽게 찾을 수 있겠는가를 생각하면 고마운 일이 아닐 수 없다.

빗방울이 제법 떨어지기는 하였지만 며칠 쉰 뒤인지라 나도 우산을 접고 늘 하던 운동을 정상적으로 소화하였다. 운동이라 해 봤자 아령이나 역기 등을 좀 들었다 놓았다 하고, 맨손 체조 좀 하고, 철봉에 좀 매달리고, 팔굽혀펴기 좀 하는 정도이니 뭐 대단한 것은 아니지만 그래도 쉬엄쉬엄하면 2~30분은 족히 걸린다. 오늘처럼 비가 조금씩 오는 날이면 이렇게 운동 장소에 비치된 타월로 운동기구의 물방울을 닦아 가면서 운동을 하게 되는데, 그러다 보면 내가 뭐 아주 열성적인 운동선수라도 된 듯하여 흐뭇한 기분이 들기도 한다.

우리 동네 뒷산 오르는 길에는 참나무들이 많아 아주머니, 할머니들은 물론 할아버지, 아저씨들까지 가세하여 며칠 전까지만 해도 서로 경쟁적으로 도토리들을 주워 대는 바람에 거의 도토리 구경을 할 수가 없었는데, 어제오늘 비가 와서인지 도토리들이 길 주변은 물론 운동기구들이 있는 곳까지도 많이 떨어져 있었다. 한창 주워 댈 때는 이 산 다람쥐들이 다 굶어 죽겠다 싶었는데, 오늘 또 이렇게 많이 떨어져 있는 것을 보니 괜한 걱정을 했다 싶어 피식 웃음이 나왔다. 그러나 도토리를 나누어 먹자고 덤비는 사람들 숫자가 늘어나면 늘어나는 만큼 다람쥐, 청설모 등의 살림살이가 팍팍해지고 힘들어지는 것만은 사실일 것이다. 짐승이나 사람이나 세상 살아가는 이치는 다를 바 없는 까닭이다.

등산로에 보면, 도토리는 다람쥐 등의 겨울 양식이니 무단 채집을 금지하며 위반 시 벌금을 물린다는 경고 현수막을 여기저기 걸어 놓았는데, 어찌 보면 우리 등산객들의 의식 수준을 반영하는 것 같기도 하여 실소를 머금게 되기도 하고, 뭐 그렇게까지 호들갑을 떨 필요가 있을까 하는 생각도 든다. 아무튼 무슨 블랙코미디의 한 부분을 보는 것 같아 뒷맛이 씁쓸한 것은 사실이다.

그 도토리들은, 비가 와서 사람들이 덜 올라온 탓인지 그대로 널려 있었다. 올라온 아주머니들도 이제는 때가 지났다고 생각하는지 보는 둥 마는 둥 하고 지나쳐들 가고 있어 그 모습이 나에게는 오히려 생소한 느낌을 주었다. 무심히 지나칠 때는 아무 의미가 없어 보이는 것도 그 상황에 적용되는 인식이 달라지면 같은 일이라도 아주 낯설게 느껴지는 경우를 오늘 다시 경험하게 되었다. 일상의 사소한 갈피들 속에 숨어 있는 이 미묘한 기미들, 혹은 작은 진실들을 들여다보는 즐거움이 있어 비를 잠시 잊기도 하였다.

나도 집사람을 따라 한 번 도토리를 주워 본 적이 있기는 하지만 별 감흥을 느끼지 못하였는데, 오늘 빗속에 떨어진 실한 도토리들을 보면서 그 줍는 기분이 어떨까 새삼 확인해 보고 싶어 몇 개를 주워 보았다. 역시 별다른 감흥은 일어나지 않았지만 여기저기 윤기 나는 놈들이 눈에 띄니 줍고 싶다는 마음이 일기는 하였다. 줍는 재미를 알고, 그 실용적인 가치를 높이 사는 사람들에게는 좋은 오락이고 기쁨일 수 있겠다는 생각도 들었다. 이제는 집사람의 밤 줍기와 도토리 줍기를 가능하면 긍정적으로 바라보아야겠다는 생각이 들었다.

그러나 이제 앞으로 며칠간은 집사람이 은행을 주워 날라와 온 집안에 냄새를 피우게 될 차례니 또 이건 어찌해야 할지, 이것도 긍정적으로 보아 넘겨야 할지 갈등이 생긴다. 좋은 게 좋다고 하니, 그리고 몸에 좋다는 은행도 덕분에 얻어먹을 수 있으니 오히려 감사한 마음으로 받아들이는 것이 좋을지도 모를 일이다.

저녁때 학교에 야간강의를 다녀왔다. 수업을 마치고, 볼일 보러 밖에 나온 집사람과 아들놈에게 연락하여 같이 집으로 들어왔다. 드문드문 내리던 비는 어느새 그치고 스산한 바람에 날리는 낙엽이 어느 먼 나라의 가을의 전설을 전하는 편지처럼 자동차의 불빛 속에서 슬프게 몸을 뒤채고 있었다. 이제 내일 아침이면 우리 동네 뒷산 산길의 시야는 더 넓어지겠지만 우리의 마음은 그 넓어진 공간만큼 더 허전해질 것이다. 가을의 서정(抒情)은 충만함과 공허가 교차하는 데 그 묘미가 있다고 하지만, 결실을 이루어 내고 자신은 정작 텅 비워 버린 들판을 보고 있노라면 열정 뒤에 오는 아픔, 혹은 상실감 같은 것이 문득 떠올라 마음이 서늘해지고 허허로워진다.

보람과 허무가 공존하는 이 가을이라는 계절의 모순을 변증법적으로 극복할 수 있는 길을 찾아 우리는 먼 사유의 여행을 떠나야 할지도 모르는 일이다. 그래서 가을은 시인들에게 뿐만 아니라 우리 같은 범인(凡人)들에게도 무거운 의미로 다가오곤 하는 것일 게다. 이제 가을비가 몰고 온 처연(凄然)함, 그 감상적 분위기에서 벗어나 이 계절이 우리에게 던지는 질문에 대한 답을 고구(考究)해 보기로 하자.

그리고 내일 아침에도 산길 주변에 주워 가지 않은 도토리들이 많이 남아 있기를 기대해 본다.

"아버지 어디 가서 요기라도 좀 했으면 좋겠는데요."라고 아들놈이 말하자 집사람도 기다렸다는 듯이 "나도 배가 고프네요." 하고 맞장구를 친다. 뭐 아직 저녁 식사 전이라면 그럴 수도 있겠지만 두 사람 다 이 시간까지 뭘 하다가 저녁도 못 먹은 것인지 영 마음에 들지 않았다. 그러나 이것이 현실이다. 하기야 나도 김밥 한 줄 먹고 수업에 들어갔다 나온 처지이기는 하다. 가을비와 도토리에 대한 상념은 어쩌면 한낱 사치일 뿐, 밥은 먹어야 한다는 엄중한 현실이 나를 엄습해 왔다.

가을에 온 달그림자

 지난 주초던가 무심코 바깥을 내다보다가 이렇게 가까이 창턱 밑까지 가을이 가득 밀려와 있음을 알고는 새삼 계절의 조화에 감탄하면서 한편으로는 부쩍 매사에 무감각해진 자신이 슬퍼진 적이 있습니다. 어느 계절이나 생활인에게는 그 오고 감을 일일이 지각하고 향유할 만한 여유가 없다는 점에서, 그것은 때로 우리에게 낯선 손님을 보는 것과 같은 느낌을 줄 때도 있습니다만, 그것을 잊고 있었다는 깨달음과 그에 뒤따르는 삶에 대한 회의로 말미암아 우리는 괴로움을 겪을 때가 한두 번이 아닙니다. 더욱이나 가을은, 특히 만추는 긴 이별을 준비하는 연인들의 표정을 닮아 있어 덩달아 우리도 처연한 심사에 빠져들게 되는 계절이기도 하지요.
 오늘 내다본 창밖에는 가을이 손사래를 치며 어느새 저만큼 물러가고 있어 곁에 애인이라도 있다면 손이라도 꼭 잡고 서로를 위로하고 싶은 심정이었습니다. 그러나 나에게는 애인이 없으니 이제 꼼짝없이 나래 동무들의 따뜻한 손을 찾아 길을 떠날 수밖에 없군요. 그럼 나래 동무들이 꿩 대신 닭이냐고요? 아니지요, 나래 동무밖에는 없다는 간절한 심정을 완화시킨 표현이랍니다.

 그런데 이러한 상실감으로부터 우리를 구원하기라도 하듯이 달그림자님이 우리 친구들 카페에 나타나셨으니 이렇게 반가운 일이 또 어디 있겠습니까(이분의 정체가 불분명한 시점에서 실명의 아무개를 거론하면서 얘기를 진행하는 것은 난센스가 될 것 같아 대화명만을 화제로 삼을까 합니다). 제가 어렸을 때 우연히 읽은 장편소설 「가을에 온 여인」이 문득 생각나는군요. 박경리 선생의 그 소설은 그 자체가 하나의 신기한 체험이기도 했지만, 무엇보다 그 여주인공은 이제 막 사춘기 초입에 서 있었던 시골 소년의 가슴에 감당하기 어려운 정서적 격랑을 불러일으켰는데요, 아마도 그것은 그녀의 투명하게 비쳐 오는 우수 어린 이미지와 짙은 비극성을 머금고 있는 듯한 분위기 때문이 아니었나 하는 생각이 듭니다. 또 한편으로는 연민의 정에서 비롯된 사춘기 특유의 연정에 사로잡혀 있었기 때문이라 볼 수도 있겠지요. 그 소설은, 명작 여부를 떠나 나에게는 사춘기의 문을 활짝 열어 준 인상적이고 고마운 작품이 아닐 수 없습니다. 소설이 아니라 그 여인 말입니다.
 이런 얘기를 하는 까닭은 달그림자라는 이름이 지니고 있는 그 추억성이 아득한 내 기억 속의 체험 세계와 일맥상통하는 점이 있다는 느낌 때문입니다. 실명이나 영문 약자 등이 꾸밈이 없어 친근감이 드는 이름이라면, 이 달그림자는 무엇인가 더듬어 찾아내고자 하는 회귀성이 엿보여 미소를 머금게 하는 이름이라는 느낌이 들지 않나요? 왜 그 라틴 팝에 '희미한 옛사랑의 그림자'라고 있지요, 호수에 달그림자가 지면 옛사랑이 그리워진다는 그 노래로 미루어 보더라도 이 이름의 환기력(喚起力)은 예사롭지 않음을 알 수 있지 않습니까? 우리의 추상(追想)을 자극하여 공감대를 형성하는 힘을 이 이름은 지니고 있다는 것이지요.
　달그림자는 달빛을 받은 사물의 그림자일 수도 있고 어리듯 사물을 감싸고 흐르는 달빛 그 자체라 할 수도 있겠는데 이 경우는 두 가지를 아우르는 것이 아닐까 하는 생각이 듭니다.

　달빛이 어린 숲의 그늘, 그 옆으로는 달빛을 한껏 머금은 시냇물이 흐릅니다. 여기 한 사내와 여인이 있습니다. 나뭇잎 사이로 새어 들어온 달빛을 받으면서 달빛 어린 그 시냇물을 마시듯이 여인은 사내를 흥건히 받아들입니다.

　이 경우 달그림자는 생명을 길어 나르는 우주의 메신저이기도 하지요. '가을에 온 여인'이 나에게 새로운 세계를 선물했듯이 달그림자라는 이름의 그 친구는 우리에게 이 가을, 추상의 기쁨과 활력이라는 선물을 안겨 준 고맙고 정겨운 배달부가 아닐 수 없습니다.

　이제 창밖을 보니 늦가을의 저녁 어둠이 내리는군요. 오늘 우리 학교에서는 지역주민을 위한 교수 음악회를 연다는군요. 나는 우리 동네, 그러니까 내가 남가좌동 살 때 친했던 사람들-한복 만드는 아주머니 내외, 가구점 아저씨 내외, 조그만 카센터의 늙은 사장 내외를 여기에 초대했는데 이 아주머니들은 지금 이게 무슨 대단한 음악회라고 모두 미장원에서 머리들을 하고 있답니다. 이들의 소박함이 정겹지 않습니까? 또한 그 정중함, 진지함이 고맙지 않습니까!
　우리 동기 친구들은 이들보다 더 소박하고 진지한 사람들임을 나는 알고 있습니다. 우리는 그래서 행복한 사람들입니다.

눈, 그리고 장미와 시(詩)

밤새 눈이 내렸다.

많은 눈은 아니지만, 아침에 일어나 보는 눈 내린 마을의 풍경은 역시 마음을 깨끗하게 해 주고 겨울의 서정을 일깨워 준다. 어떤 이는 눈 덮인 고궁이나 성당의 고즈넉한 정경을 성자(聖者)의 영지(領地)라고 표현하기도 했지만, 굳이 고궁이나 성당이 아니더라도 눈 덮인 세상은, 그것이 비록 한 작은 마을이라 하더라도 순결한 자연의 성전이라 할 것이다. 잠자리에서 일어나 창을 여는 순간, 우리 마을 지붕들 위에 하늘에서 내린 순결이 고이 자리 잡고 있는 정경을 대한다는 것은 하나의 경이로움이요 감동 그 자체라 할 것이다.

설화가 만개한 동네 뒷산을 오르면서 밟는 눈이 신발에 와닿는 감촉과 뽀드득거리는 소리가 묘한 조화를 이루면서 설국의 운치를 더하고 있다. 자연은 그 모든 섭리를 다중감각으로 드러내고 우리는 그것을 공감각으로 체험하는 호사를 누린다. 봄은 꽃과 향기로, 여름은 짙은 녹음과 뜨거운 태양으로, 가을은 단풍과 낙엽 지는 소리로, 그 섭리를 아름답게 드러내고 우리는 그러한 자연의 은택에 감동으로 보답한다. 눈 내린 날 아침은 우리가 잊고 있었던 생명의 본향으로 돌아가 그 원시의 숨결을 느끼고 함께 호흡하는 신비를 체험케도 해 준다. 오늘 아침 뒷산을 오르는 길은 태고의 음향과 숨결로 가득하였고 나는 그 가운데서 원시의 대기를 호흡하는 한 작은, 그러나 축복받은 생명이었다.

 산에 오르니 막 아침 해가 떠오르고 있었다. 강설로 하여 원시의 순결을 회복한 산정을 눈부시게 비추는 햇빛은, 비록 나뭇잎이 다 져 공허해 보이는 나목의 숲이라 하더라도 거기에 또 다른 투명한 생명의 기운을 불어넣고 있었다. 이제 겨울을 맞아 한 해를 마무리하고 긴 인고의 시간으로 들어간 나목들이 봄이 되면 또다시 그 화사한 생명을 꽃피우는 것은 이런 겨울날의 기운의 흐름, 섭리의 정중동이 있기 때문임을 알게 된다. 낙목한천의 그 숨죽은 듯한 겨울 산속에도 여전히 생명의 기운과 피가 돌고 있음을 깨닫게 될 때 우리는 그 심오하고 다함이 없는 자연의 이법과 섭리에 전율하게 된다. 그리고 그 비밀의 세계를 들여다보는 듯한 설렘으로 가슴이 뛴다.
 나도 막 떠오르는 태양의 정기를 한껏 들이마시고 크게 기지개를 켜 산정의 기운을 품에 안았다. 몸에 활기가 살아나고 기분이 상승한다. 모든 것이 꽁꽁 얼어붙어 쓸쓸하게만 보이던 겨울 숲에 이렇게 생명의 기운이 충만할 줄이야. 나뭇잎이 다 져버려 텅 빈 것 같은 숲속에 태양의 정기와 강설이 데리고 온 원시의 숨결이 그 공간을 가득 채워 색다른 충만감과 활력을 만들어 내고 있었다.
 산 위 운동 기구의 눈을 털고 소로(小路)에 쌓인 눈을 빗자루로 쓸면서 눈 내린 날 아침의 상쾌함을 만끽한다. 산에 올라온 사람들 누구나 찬 기운에 발갛게 상기된 그들 얼굴에는 명랑한 표정이 가득하고, 서로 경쾌한 목소리로 인사를 나눈다. 여느 때 아침에도 주고받는 인사지만 강설과 막 떠오르는 눈부신 태양 빛의 세례를 받은 오늘 아침 나누는 인사에는 이 자연의 축복에 대한 경이로움과 감사의 정이 가득 담겨 있는 듯하다. 한 아주머니는 "좋은 아침이에요 올겨울은 일찍부터 눈이 자주 내리는 걸 보니 좋은 일이 많이 생기려나 봐요." 하면서 그 상쾌한 기분을 가감 없이 드러내고 있다. 우리 모두도 그녀의 기분에 동참하듯 그런 모양이라고 화답하였다. 겨울 초입에서 만난 눈은 서설임이 틀림없는 까닭이다.

오늘 보니 어느 지인 한 분이, 내리는 눈 속에 핀 한 송이 진홍 장미의 모습을 동영상으로 처리한 사진을 보내왔다. 설중 장미! 색다른 아름다움이 있었다. 평소 우리의 장미에 대한 인상에 일대 수정을 가해야 할 정도로 깊은 아름다움, 그리고 고아하면서도 농염하고 어딘가 열정의 아픔을 느끼게 하는 모습이다. 장미는 때로는 순교의 희생, 그 피 흘림을 뜻하기도 하는데 이 눈 속의 진홍 장미에서는 바로 그 처연함도 읽힌다. 때맞추어 다른 어떤 분이 유치환 선생의 〈낙화〉라는 시를 보내왔는데 어쩌면 이 시는 그 동영상의 장미를 위한 시가 아닐까 할 정도로 그 분위기가 서로 절묘하게 맞아떨어졌다.

〈낙화〉

유치환

뉘가 눈이 소리 없이 내린다더뇨

이렇게 쨍 쨍 쨍
무수한 종소리 울림하며 내리는
낙화

이 길이었다
손 하나 마주 잡지
못한 채
어짜지 못한 젊음의 안타까운 입김
같은
퍼얼펄 내리는
하이얀 속을
오직 말없이 나란히 걷기만 걷기만
하던
아아 진홍 장미던가

그리고 너는 가고
무수한 종소리 울림하는 육체 없는
낙화 속을
나만 남아 가노니

뉘가 눈이 소리 없이 내린다더뇨.

이 시의 '아아 진홍 장미던가'라는 시구에 담긴 감정과 분위기가 그 동영상 장미에 오롯이 배어 있음은 참으로 놀라운 일이다. 먼 옛날 어느 시인이 읊은 그 젊은 날의 낭만과 열정, 그리고 그 뒤를 따라오는 아쉬움과 아픔이 오늘 한 장의 진홍 장미 동영상에 고스란히 담겨 있다는 이 우연의 일치는 우리를 놀라운 발견의 세계로 인도하고, 어떤 은밀한 세계에 동참하는 기쁨을 누리게 한다. 그리고 이 우연은 인간 정서의 보편성을 보여 준다는 점에서는 필연일지도 모른다. 먼 옛날의 하나의 사연이, 많은 세대와 세월을 뛰어넘어 오늘 어떤 진실을 만남으로써 다시 환생하는 신비로움, 이것은 분명 시공을 초월한 인간 정서의 놀라운 비밀을 우리에게 보여 준다고 할 것이다. 우리의 감수성 속에서 이루어지는 옛날 시와 오늘의 동영상과의 만남은 색다른 감흥을 우리에게 선사하고 있다. 이런 발견을 가능케 해 준 두 분이 너무나 고맙다.

성결(聖潔)과 원시의 생명과 그 기운을 우리에게 가져다 주는 눈, 그러나 그 이면에는 이런 가슴 아린 사랑과 이별, 아픔과 아쉬움이 함께하고 있음도 우리는 눈여겨볼 일이다. 눈에서 얻는 생명의 기운, 눈 속에 묻힌 아픈 추억, 오늘 아침 만난 우주의 생령(生靈) 같은 눈과 분분히 내리는 눈을 맞고 있는 진홍 장미의 동영상은 눈 속에 숨어 있는 진실의 이중성, 그 아득한 아이러니 앞에 우리를 서게 한다. 자연의 섭리로서의 눈을 인정(人情)의 세계로 연결하는 데서 오는 혼돈이 우리를 고뇌에 빠뜨린다.

그러나 우리는 이러한 고뇌를 통하여 자연과 인간의 관계를 다시 생각하게 되고 나아가 우리가 이 위대한 자연의 일부로서 존재하고 있음을 감사하게 된다.

눈이 오면 우리 동네 도꾸, 워리, 이런 강아지들과 어울려 이리 뛰고 저리 뛰면서 즐거워했던 내 유년의 친구들, 유난히 눈을 좋아했던 저 아련한 기억 속의 다정했던 얼굴들, 도시의 골목길에서 눈에 미끄러져 넘어지면서도 환하게 웃던 이름 모를 청춘 남녀들, 이제 크리스마스가 다가오고 또 눈이라도 내리면 난 이 모든 기억들을 친구삼아 그들과 함께 눈 내리는 들판에서 환희의 노래를 부르리라.

볕이 좋은 날의 추억

오늘 기온은 영하 10도 부근으로 제법 추웠으나 햇볕은 좋았다. 우리 집은 남향이고 앞을 가로막는 건물도 없어 햇볕이 잘 들고 하여 그 밝고 따뜻한 느낌을 온몸으로 누리는 즐거움이 있다. 오늘처럼 날씨는 추우나 햇볕이 밝고 좋은 날 집에 있을 때는 정오가 좀 지나 베란다에 나가보곤 하는데, 그 시간 우리 집 베란다는 온실 속에 들어온 것처럼 훈훈하여 안온한 느낌을 주기 때문이다. 이 온실 효과 때문에 집사람이 가꾸는 여러 종류의 식물들, 혹은 화초류가 늘 윤기를 유지하고 있어 보기 좋을 뿐만 아니라 항상 무슨 꽃인가는 피어 있어 보는 사람의 마음을 평화롭게 해 주기도 한다.

우리 집은 아파트이기 때문이기도 하겠지만 한겨울에도 그리 춥다는 생각이 들지를 않아 가스비도 아낄 겸 어지간하면 보일러를 잘 돌리지 않다 보니 집 안이 대체로 약간은 한기가 도는 편이라 볕이 좋은 날이면 일광욕도 할 겸해서 베란다에 나가, 그 온실 같은 온기를 즐기곤 하는 것이다. 이런 행복한 시간을 보낼 수 있는 집에서 살고 있음을 감사하게 여기고 있다.

 옛날 내가 태어나서 자란 시골집은 거의 정서향(正西向) 집인 데다 왼쪽으로 야산과 앞집의 큰 소나무가 가리고 있어, 특히 겨울이면 아침 해가 늦게 비출 뿐만 아니라 거의 정오가 다 될 때까지도 볕이 제대로 들지 않아 항상 추위를 느껴야 했다. 옆집 구름댁(그 집 택호)은 우리 읍내에서 유수한 부잣집이기도 했지만, 남향집이라 우리 집과는 지척 간인데도 그 집은 아침부터 햇살을 받아 따뜻하게 보이곤 했는데, 나는 그 집이 부자여서가 아니라 그 따뜻한 햇살 때문에 그 집 아이들을 부러워했다. 물론 그 무렵 시골의 아이들은 겨울이면 햇볕을 따라 모이곤 하였으니 유독 나만 햇볕 좋은 집을 부러워한 것은 아니었을 테지만, 어린 나에게 그 집을 비추는 햇살은 그 집만이 누리는 특권인 것만 같아 마냥 부러워하였고 그렇지 못한 우리 집을 안타까워했다.

 일찍이 디오게네스와 같은 철인들을 비롯하여 박두진과 같은 시인 묵객들에 이르기까지 많은 선인들이 햇볕을 사랑하고 양지바른 곳을 그리워한 까닭은, 거기에는 생명을 고양하는 기운이 넘칠 뿐만 아니라, 우리의 마음을 따뜻하게 어루만져 주고 환하게 해 주는 위안의 힘이 있기 때문이었을 것이다. 가난한 한 소년이 햇살 좋은 집을 바라보면서 느꼈던 부러움과 안타까움도, 어쩌면 충일한 생명력과 따뜻한 위로와 희망이 있는 삶에 대한 어린아이다운 소망을 담은 정서의 일렁임이었을지도 모른다.

 우리 마을 구미리는 읍내를 조금 벗어난 곳에 자리 잡고 있었는데 대부분의 집들이 야트막한 야산을 등진 서향집이었고 남향집은 몇 집 되지 않았다. 그래서 겨울방학이 되면 아이들은 아침밥만 먹으면

양지쪽을 찾아 모여들곤 하였는데, 그 자주 모이는 곳이 바로 볕이 잘 드는 구름집 철 대문 앞이었다. 아이들은 겨울방학 내 그곳에서 딱지치기, 구슬치기 놀이를 하면서 오전 시간을 보내곤 하였다. 특히 무채색의 겨울 풍경을 배경으로 투명한 아침 햇살을 받아 영롱하게 빛나는 유리구슬 속의 빨강, 노랑 초록, 파랑, 보라, 등의 원색 무늬들은 지금도 우리의 기억 속에 하나의 경이로움으로 남아 있기도 하다. 이를테면 그곳은 어릴 적 우리들의 피한지, 혹은 아득한 우리들의 전설이 잉태되는 공간이었다.

  그 집은 시골에서는 보기 드문 커다란 일본식 이층집으로 유리창과 방문 사이에 긴 마루가 놓여 있는 구조였다. 어쩌다 심부름이라도 가서 그 마루에 앉아 있노라면 햇볕이 그렇게 밝고 따뜻할 수가 없어 우리도 나중에 이런 집에 살게 된다면 얼마나 좋을까 하는 생각과 함께 무슨 별세계에 온 듯한 착각에 빠지곤 하였다.

  이제 우리 옛 마을은 임해공단 부지로 편입되는 바람에 없어지고 그 이층집과 우리 집이 있던 곳에는 공장들이 들어서 있어 그 따뜻했던 담벼락과 환하고 안온했던 마루는 흔적을 찾을 수 없게 되었지만, 내 어릴 적 가난했던 날의 소망은 아직도 하나의 그리움으로 그곳에 남아 있다.

  그런 소망 덕분인지 오늘, 나는 여전히 부자는 아니지만, 그 이층집 못지않은 명랑한 햇살과 따뜻한 햇볕을 즐길 수 있는 집에 살고 있으니 이 얼마나 복된 일인가. 우리가 어렸을 때부터 꿈꾸어 온 일 가운데 어느 하나라도 번듯하게 이루어진 일이 어디 있는가를 생각해 보면 지금 내가 누리는 이 즐거움은 큰 꿈 하나를 이룬 것과 다름없는 커다란 행운이라 하지 않을 수 없다. 범사에 감사하라는 기독

교의 가르침이 아니더라도 이 어찌 감사하지 않을 수 있겠는가. 나는 오늘 맹위를 떨치는 동장군 속에서도 오히려 정겹게 느껴지는 햇살을 받으며 내 어렸을 적 소망을 추억하고 그 소망이 이루어졌음을 실감하는 데서 오는 행복을 지금 한껏 누리고 있다. 감사한 일이다.

폭설 유감

 겨울은 눈이 있어 그 삭막함이 감추어지고 자칫 움츠러들기 쉬운 우리의 마음이 오히려 안온함과 평화를 얻게 된다. 이럴 때의 눈은 자연이 내리는 은택이고 축복이라 할 수 있지만, 요 며칠째 강원도 영동(嶺東) 지방에 내리고 있는 눈처럼 그 도가 지나치게 되면 그것은 일순 재난으로 돌변하고 만다.
 입춘 전후하여 큰 눈이 오는 예는 얼마든지 있지만, 요즘 강릉을 중심으로 하여 영동 지방에 닷새가 넘게 내리고 있는 눈은 폭설이라는 말로도 표현이 부족한 가공할 강설량을 보이고 있다. 백두대간의 대관령, 진부령 등이 동해 바다와 서로 가까운 거리에서 마주 보고 있어 기류나 바람 등이 예측 불허로 발생하는 데서 오는 현상이라고는 하지만 내 어렸을 때의 기억으로부터 오늘에 이르기까지 이렇게 많은 강설은 그 유례를 좀처럼 찾아보기 어려운 일이다.
 내 어렸을 때의 기억으로도 영동 지역에는 눈이 자주 많이 내린 것은 분명하다. 집 마당에서 우물까지 가는 길에 쌓인 눈을 치우자면 약 30~40여 미터 정도밖에 되지 않는 거리인데도 어른들이 꽤 시간을 들여서야 길을 뚫곤 하였고, 어린 나이라 아직 키가 작아서였기 때문이기도 했겠지만 길을 낸 양 옆으로 쌓인 눈은 우리 꼬마들 키를 훌쩍 넘어 버려 무슨 굴속을 걸어가는 것 같은 느낌이 들곤 하였다. 어린 마음에는 그것이 아늑한 느낌도 들고 하여 친구들과 양쪽으로 다시 굴을 파고 들어가 장난을 치고는 하였는데, 제법 큰 굴을 만들 정도로 그렇게 눈이 쌓이곤 했던 것이다.

그러나 약 30년 전부터는 강설량이 줄어들더니 오히려 서해안의 충청도나 전라도 지역보다 눈이 적게 오는 기후 변화를 보여 겨울 가뭄까지 겪는 때도 있었다고 하는데, 가끔씩은 지금처럼 재난에 가까운 폭설이 찾아오곤 하여 그 지역 주민들이 큰 곤욕을 치르곤 한다는 것이다.

제발 좋은 일 하고 눈이 좀 그쳐 줬으면 하는 어제의 내 바람과는 달리 영동 지역의 폭설이 오늘까지 이어져 진부령이 최고 122cm의 적설량을 기록했다니 경악 그 자체다.

청천(聽川) 선생은 그의 〈백설부〉에서, 아침에 잠에서 깨어나 창문을 열었을 때 밤새 내린 눈으로 하여 백설애애(白雪皚皚)한 모습으로 바뀐 세상을 대할 때의 감상을 '경악(驚愕)'이라고 표현한 바 있지만, 그리고 선생의 그 표현은 신세계를 마주하는 데서 오는 놀라움을 나타내는 정도의 가벼운 의미로 쓰인 것이기는 하지만, 요 며칠 영동 지방에 내린 눈을 본다면 그 경우의 경악이란 말은 적절한 표현이라 하기 어려울지도 모른다. 관상용으로 바라보는 눈이 아니라 지구 종말이라도 온 것처럼 무차별로 쏟아 붓는 눈을 본다면 경악이란 말은 바로 이런 경우를 두고 쓰는 단어라는 점을 실감할 수 있기 때문이다. 경악은 단순한 놀라움을 넘어 두려움을 불러오기도 하는 정서인 까닭이기도 하다.

요 몇 년 전에도 영동 지방은 폭설로 인하여 비닐하우스 등 농작물 시설물이나, 공장, 축사의 지붕들, 심지어는 가옥의 지붕까지 무너져 내려 입은 피해액이 31억 원을 넘었다고 하는데, 이번에는 그것을 훨씬 상회할 것이란 예상 들을 하고 있다.

입춘 무렵에 내리는 눈은 이른바 습설(濕雪)이어서 눈 결정체 사이에 습기가 배어 있어 초겨울에 내리는 눈에 비해 2~3배 정도 무게가 더 나간다고 한다. 이런 눈은 지붕이나 나뭇가지에 내려앉으면 잘 날아가지도 않고 뭉쳐진 상태가 되어 그 눈 무게가 장시간 지속되기 때문에 농장 시설이나 집 지붕이 무너지고 소나무 가지가 찢어지는 피해를 발생시킨다는 것이다.

예전에 설날 고향을 다녀올 때 눈이 내려 쌓인 옛 대관령 길을 자동차로 자주 넘곤 하였는데, 그때 보면 소나무에 내려앉은 눈이 떨어지지를 않고 있어 소나무 가지들이 척척 늘어져 언제 찢어질지 모르는 위태로운 광경을 연출하고 있었고, 또 실제로 가지가 찢어진 소나무들도 한두 그루가 아닌 걸 볼 수도 있었다. 대관령 초입에서 경찰의 허가를 받고 출발하여 대관령 꼭대기까지 오르는 길에서 설해목(雪害木)을 목격하는 일은 흔한 일이고, 가끔씩은 어느 곳에선가 새로 가지가 쩍쩍 갈라지고 부러지는 소리를 듣거나 막 찢어지는 모습을 본 것도 한두 번이 아니다.

영동 지역은 지형적 특성으로 하여 초겨울보다는 한겨울이 조금 지난 때부터 설과 정월 대보름 전후한 시기, 그러니까 대체로 입춘 절기 전후에 눈이 많이 오는데, 계절적으로 봄에 가까이 다가간 때라 습한 동풍 때문에 눈이 물기를 머금게 된다는 것이다. 그래서 눈이 적당히 내리게 되면 이 눈들이 밤새 나무에 얼어붙어서, 이튿날 아침 대관령이라도 넘게 된다면 이때가 아니면 어디에서도 보기 힘든, 아침의 투명한 햇살을 받은 영롱한 수정궁전의 정원을 만날 수 있게 되는데, 이때의 정경이야말로 신비로움 그 자체, 경이로움의 극치로서 대자연이 빚어낸 위대한 예술에 찬탄을 금할 수 없게 된다.

나무에 빙화가 피어나는 이런 정경은, 3~4월 초봄에도 눈과 상관없이 표고에 따르는 기류의 기온 차이로 인하여 공기의 입자들이 우리가 상고대라고 부르는 결정체를 만들어 내기 때문에 아침이면 대관령 같은 고지대에서 가끔 볼 수 있기도 하지만, 역시 적절한 강설로 하여 나무에 핀 설화가 얼어붙어 겨울 동화에 나오는 유리의 숲과 같은 경관을 만들어 내는 정월 대보름 무렵에 볼 수 있는 얼음꽃이 그 압권이다.

이렇게 우리의 상상을 초월하는 아름다움과 신비로움을 빚어내는 강설은 설국의 신화로 기억되기도 하지만, 때로는 불가사의한 위력으로 인간의 교만을 꾸짖고 인간이 자연 앞에서는 한없이 작은 존재일 수밖에 없음을 깨닫게도 한다. 우리는 자연의 경이로움과 그 무궁한 신비를 목격할 수 있음에 깊이 감사하고 아울러 외경(畏敬)과 겸손을 배워야 할 것이다.

거의 매년 자연재해를 겪으면서도 시행착오를 되풀이하는 것은 아직도 우리가 자연을 존중할 줄 모르고 두려워할 줄 모르기 때문이 아닐까? 물론 인간의 대비(對備)가 아무리 완벽하다 할지라도 자연은 언제든 인간의 예측과 능력을 넘어서는 초월적 힘을 보일 수 있는 존재이기 때문에 자연을 상대로 하는 인간의 노력은 시행착오를 벗어나기 어려운 것이기는 하지만, 자연의 일부가 되어 자연에 순종하고 동화되려고 했던 고대인들의 지혜를 빌린다면 우리는 그 재난으로부터 한결 자유로워질지도 모를 일이다.

아직도 눈이 다 온 것은 아닌 모양이다. 아침 운동 삼아 다니는 산행길에서 본 우리 동네 뒷산은 어떤 문호(文豪)나 시인의 필설로도 형용이 불가능한 순결하고 고즈넉한 설국을 만들어 내고 있었다. 나목의 가지 위에 만개한 눈꽃의 숲이 우리의 눈[眼]과 마음을 정결케 해 주었다. 우리가 이렇게 아름다움에 경탄할 수 있을 만큼의 눈만 온다면 얼마나 좋을까. 그러나 영동을 비롯하여 지역에 따라서는 10~20cm의 눈이 더 온다고 하니 걱정스럽지 않을 수 없다. 내일 영동 지역 70여 개 학교가 휴교를 한다는데, 더 이상 이 눈으로 하여 고통받는 사람들이 없기를 바라는 마음뿐이다.

볼일을 마치고 집으로 돌아오기 위하여 독립문역에서 버스를 기다리고 있는데, 참 탐스럽게도 함박눈이 내리고 있었다. 눈 폭탄을 맞는 영동 내 고향 사람들을 생각하면 함박눈이 참 소담스럽게도 내린다든지 하는 호사가의 감상은 사치일 시 분명하여, 버스를 기다리면서 독립공원 나목들에게 눈꽃을 입히는 함박눈을 조금은 미안한 마음으로 바라보았다.

자동차가 많이 다니는 큰길이라 내리는 족족 눈이 녹기도 하지만, 인도에 제법 깔린 눈과 건물 지붕 위의 눈, 그리고 공원 나뭇가지의 설화와 인왕산, 안산의 희끄무레한 윤곽이 가로등 불빛과 어울려 제법 볼만한 설경을 연출하였다. 이곳에서 보면 이 눈은 분명 서설(瑞雪)이고 풍요를 예감케 하고 아름다운 정서를 불러일으키는 축복처럼 보이는데, 영동 내 고향의 눈도 이제 그만 그쳐 서설이 되고 축복이 되었으면 하는 간절한 바람을 가져 본다.

상강(霜降) 무렵에

아침 하늘은 새파랗게 개어 싸늘함이 느껴졌다. 기온도 많이 떨어져 안에 조끼를 하나 더 걸치고 뒷산에 올랐다. 산에 오르면서 몸이 더워지기는 했지만, 엊그제까지와는 완연히 다른 늦가을 날씨였다. 하기야 지난 토요일이 상강이었으니 기온이 이렇게 떨어지는 것이 이상한 일은 아니다. 산 위에 오르니 여자분 두 분만이 가벼운 운동을 하고 있었다. 이분들이 나를 보더니 너무 반갑게 인사를 해서 어리둥절했는데, 이유인즉 사람이 너무 없고 더욱이 남자분이 없어 휘휘하던 차에 남자가 오니 반가워서 그런다면서 웃었다. 나도 남자로서의 가치를 인정받았다고 생각하니 기분이 좋았다. 비록 우스갯소리라 하더라도 남들로부터 어떤 이유로든 인정받는다는 것은 기분 좋은 일임이 틀림없다.

오늘도 하루 종일 집에 있었다. 정말 집에만 있어 가지고는 무슨 일이든 성사되는 일이 없다는 것은 분명하지만 어떤 목적이 없이 막연하게 바깥으로 나돈다는 것도 마음 내키는 일이 아니라 거의 몇 년을 이렇게 집 안에서 허송세월하고 있다. 그렇다면 독서라도 해야 할 텐데 그것도 게을러 제대로 못하고 있으니 참으로 딱한 일이다.

뭔가 생활양식에 일대 수술을 가해야 할 때가 된 것 같다.

  오후 4시경 밭에 나갔다. 어제 걷어 놓은 고구마 줄기에서 먹을 만한 줄기를 따오기 위해서였다. 나가면서 보니 날이 갑자기 흐려지는 것 같아 내다 널었던 호박 채를 들여다 놓았다. 아마 오늘, 아니 요즘 들어 내가 한 일 중에 가장 잘한 일이 이 호박 채를 들여놓은 일이 아닌가 싶다. 밭에 나가 고구마 줄기를 따고 있는데 비가 내렸기 때문이다. 마침 방수 바람막이 후드를 입고 나간 덕에 모자 위에 후드를 쓰고 하던 작업을 마저 하고 고추까지 따서 가지고 들어올 수 있었다. 비를 좀 맞기는 했지만, 많이 올 비가 아닌 것 같아 버텼는데 얼추 내 생각이 맞아 작업을 대강이나마 마무리할 수 있었다. 이것도 내가 한 일 중에 잘한 일이라 할 수 있으니 오늘 나는 제법 판단력을 발휘한 셈이라 스스로 대견한 생각이 들었다. 워낙 뭘 맞추어 본 일이 없는 까닭이다.

  그러나 비 얘기인데, 비가 이렇게 와서는 곤란하다. 요즘 비가 가끔 내리기는 하지만 이렇게 와서는 해갈에 별 도움이 안 되기 때문이다. 제대로 비가 내려야 할 텐데 오늘도 찔끔하다가 말았다. 중부 지방은 42년 만의 가뭄이라고 하니 내가 살고 있는 이 동네가 지금 바로 42년 만의 가뭄의 한가운데 놓여 있는 셈이다. 지난 이삼 년 동안 봄부터 가을까지 계속 밭에다 물을 날라다 주어야 했던 것도 다 이런 연유에서였으니 하등 이상하게 생각할 일이 아니다.

  돈 내고 농사짓는 주말농장 같은 곳은 지하수를 바로 옆에서 공급받으니 물이 귀한 줄 모르겠지만, 우리 같이 남의 땅을 무료로 쓰고 있는 처지에서는 먼 곳에서부터 물을 길어 와야 하므로 봄에서 여름까지 내내, 심지어는 얼마 전 가을까지 이 물 때문에 허리가 아프지 않은 날이 없을 지경이었다.

　주말농장을 하는 채 교수는 내가 물 길어 오는 일로 힘들어 죽겠다고 했더니 무슨 말인지 못 알아듣는 듯 잠시 나를 쳐다보더니 한참 후에야 날이 가물다는 데 생각이 미쳤는지 거기는 수도가 없느냐고 태평스러운 질문을 했다. 우리는 스프링클러처럼 물을 사방으로 뿌려 줄 수 있어 물 걱정을 안 한다고 더 태평스러운 말을 덧붙였다. 그런 좋은 환경에서 농사를 지으니 가뭄에 물 긷느라 뼈 빠지는 사람들의 고초를 알 리 없는 일이다. 내 남 없이 자기 생활의 범위를 벗어난 곳에서 벌어지는 일들이나 남의 형편에는 별 관심이 없을 뿐만 아니라 또 굳이 알려고도 하지 않는 것이 세상사 우리들의 모습이라고는 하지만 인생 세간의 비정한 일면을 이런 데서도 확인하게 된다.

　그래도 올해는 상강이 지난 아직도 방울토마토며 가지며 애호박이며 고구마며 고추를 거두어 먹고 있으니 지난 고생에 대한 보상을 받는 것 같아, 힘들기는 했지만, 그 일들에 뿌듯한 보람을 느끼게 된다. 편하게 농사를 지었다면 맛보기 어려운 기쁨이라고나 할까, 이 고생과 보람 사이의 함수관계, 그 역설적인 진실이 새삼 진하게 느껴져 온다. 한 가지 신기한 점은 토마토나 가지 등은 뽑지 않고 놓아두었더니 이게 계속 열매를 맺고 익어서 지금도 따 먹고 있다는 것인데, 남들도 다 그런지는 몰라도 농사일을 잘 모르는 나로서는 여간 신기한 일이 아니다. 이것도 농사일에 과문(寡聞)인 나로서는 큰 행운으로밖에는 볼 수 없으니 감사한 마음이 들지 않을 수 없다.

　오늘 보니 배추 겉잎이 누렇게 색이 변하고 있어 무슨 병충해가 아닌가 하여 걱정이 되기도 한다. 무와 강화 순무는 될 것 같지 않더니 그래도 밑이 들어 그런대로 얻어먹을 수 있을 것 같다. 늙은 호박 두 개가 아직 밭에 있는데 오늘 따올 걸 그랬다 하는 생각이 든다. 내일 기온이 오늘보다 더 내려간다는데 혹시 밤새 얼지나 않을까 하는 걱정이 들어서이다. 이 호박은 너무 많이 열려서 게으른 나로서는 미처 수색하여 따올 수 없다 보니 여기저기 숨어서 혼자 늙은 호박이 여럿 되었다. 호박잎이 시들면서 몸체를 드러낸 호박이 열 개도 더 되는데 그중 큰놈은 다섯 살짜리 우리 손녀-사실인지는 모르나 제가 다니는 유치원에서 두 번째로 크다고 자랑하고 다니는 우리 지민이보다 더 큰 것 같아 주변 사람들을 놀라게 하기도 하였다. 이 또한 내 능력 밖 망외의 소득이니 감사할 뿐이다.

집사람이 이리 좀 와 보라고 또 부른다. 가을걷이로 일손이 달려 부지깽이도 덤빈다는 상강 무렵, 그래서인가 우리 집사람도 고구마 줄기를 다 다듬어 놓고 자야 하는데 너무 많아 혼자서 다 하기 어렵다고 같이 다듬자고 부지런을 피워 댄다. 고구마 줄기를 따다 줘, 다듬어 줘, 나에게는 언제면 이런 구속에서 벗어나 좀 편하게 살아 볼 날이 올까, 소파에 비스듬히 누워 티브이 채널을 이리저리 돌리다가 졸다가 하면서 게으름을 즐기는 평화스러운 날이 말이다. 그러나 뭐 나만 이렇게 사는 건 아닐 거야 하는 생각으로 "왜 그러는데?" 하면서 거실로 나간다.

동짓날 수상(隨想)

아침부터 날씨가 구물거리더니 오후 3시경부터 겨울비가 내리고 있다. 눈이 와야 할 한겨울에 비가 추적추적 내리니 때아닌 무슨 봄비가 내리는 것은 아닌가 하는 착각이 들 정도다. 아니 이 비는 영락없는 봄비 분위기를 느끼게 하고 있다. 오늘 아침 뒷산 산행길에서 집사람이 이 진달래 꽃망울 좀 보라면서 '이놈들이 날이 푹하니 봄인 줄 알고 꽃을 피우려나 봐요.'라고 하더니 그 말이 헛말이 아니라는 생각이 들 정도다. 밤이 깊어지고 기온이 내려가면 눈으로 바뀔 수도 있겠지만, 계절답지 않으니 이마저도 뒤숭숭한 시국과 무슨 관련이 있는 것은 아닌가 하는 헛생각이 들기도 한다.

오늘은 동짓날이다. 카톡 덕분에 이른 아침부터 동지팥죽을 여러 그릇 배달받고 보니 이제는 거의 잊혀진 동짓날의 세시풍속이 문득 그리워졌다. 우리 어린 시절에는, 비록 가난하고 어려웠던 전후(戰後) 시기였지만 그래도 세시풍속은 잘 지켜지고 있었고, 그중 동짓날은 친척들이 큰댁에 모여 같이 팥죽 제사를 올리고 대소가(大小家) 식구들이 둘러앉아 팥죽을 나누면서 오순도순 정을 나누고, 팥죽의 따뜻한 기운으로 못된 음기(陰氣)를 우리 몸과 집안에서 몰아내곤 했다.

　동짓날은 태양이 부활하기 시작하는 날이라고 하여 고대 중국 주(周)나라에서는 이날을 한 해의 시작으로 보고 설로 삼았다고 한다. 우리나라에서도 동지는 태양의 새로운 주기가 시작되는 날이라고 하여 '아세(亞歲)', '작은 설'이라고도 하였고 천지신명과 조상신에게 제사를 올렸다. 지금은 단지 밤이 가장 긴 날, 이제부터 낮이 조금씩 길어지는 날 정도로만 이해되고 있지만, 동지는 여러 가지 민속적인 의미를 지니고 있는 날이기도 하다.

　팥죽은 축사(逐邪), 축귀(逐鬼)의 의미를 갖는 음식이다. 이는, 우리가 잘 알고 있는 것처럼, 이스라엘 민족이 문설주에 피를 뿌려 액운을 막고 자손을 보존할 수 있었다는 구약 〈출애굽기〉에 나오는 양[속죄양(贖罪羊)]의 피와 유사한 의미를 지니는 음식이기도 하다. 문설주에 팥죽을 바른다든가 팥죽을 떠서 집안 이곳저곳에 올려놓는다든가 하는 것은 집안의 잡귀들을 쫓아내고 집안에 경사스러운 일을 불러들인다는 소박한 민속 신앙적인 의미를 지니는 행위인 까닭이다. 태양이 부활하는 첫날에 잡귀를 쫓아내고 경사스러운 일을 불러들인다는 이 벽사진경(辟邪進慶)의 세시풍속은 동지가 지니는 상징적인 의미가 아주 컸다는 것을 보여 주고 있다.

　이제는 동짓날에 팥죽을 떠 놓고 차례를 올리는 집은 특별한 경우를 제외하곤 거의 찾아볼 수 없다. 아니 그런 일이 있었는지 기억조차 못하는 사람들이 대부분이다. 나에게도, 아침 일찍 차례를 올리고 팥죽을 먹고 난 다음 아이들이 어른들에게 팥죽에 든 새알은 어디서 가져오는 거냐고 물으면 저 뒤 대나무밭에 있는 새집에서 주워 온다고 하여 대나무밭을 뒤지고 다녔던 옛일들이 희미한 기억으로만 남아 있을 뿐이다.

　어른들 말만 믿고 그 촘촘한 대나무 사이를 헤집고 다녀 보지만 결국 아무것도 발견 못하고 돌아온 아이들을 안아 주면서 큰 웃음으로 아이들을 위로해 주시던 어른들의 따뜻한 사랑과 인정도 그 기억과 함께 이제는 사라져 버리고 말았다. 우리 큰댁은 우리 집 아래쪽에 있었고 뒤로는 큰 대나무밭이 있어서 그 큰 대나무밭 어딘가에는 내가 미처 발견하지 못한 새알이 있을 거라 믿고 내년을 기약하곤 했던 어린 시절이 떠올라 미소를 머금게 된다. 그 새알이 찹쌀로 만든 단자(團子)로 새알심이라 불리는 것이라는 사실은 얼마 지나지 않아 알게 되었지만, 그 뒤로도 지금까지 나는 동짓날만 되면 새알이 대밭 어디엔가 있을 것만 같은 생각을 지울 수 없다. 아직도 동짓날 팥죽은 나에게 있어 하나의 신화의 세계로 남아 있는 셈이다.

　그런 동지에 대한 기억도 서울로 와 생활하게 되면서 자연히 바쁜 일상에 묻혀 희미해져 버렸고 동지팥죽을 얻어먹어 본 지도 꽤나 오래되었다. 다른 세시풍속도 다 잊은 것처럼 동지도 우리의 기억을 떠난 지 오래고 보면 따로 팥죽을 해 먹거나 하는 것과는 거리가 먼 생활을 해 온 것은 어쩌면 당연한 일인지도 모른다.

　그렇게 많은 세월을 무심히 보내왔지만, 문득 오늘은 예년과 달리 유난히 동지팥죽에 대한 기억이 생생하게 떠올라 팥죽 한 그릇이 먹고 싶어졌다. 두 사람만 살고 있는 집안에 뭐 누가 먹을 사람이 있다고 그 손이 많이 가는 팥죽을 일부러 쑬 필요가 있겠나 싶어 어디 동네 팥죽을 파는 집이 있으면 내가 사 먹기로 하고 집사람과 같이 저녁 무렵 수소문 끝에 한 집을 겨우 찾아 들어섰더니 방금 팥죽이 다 떨어졌다고 한다. 식당 아주머니 말씀이 동지팥죽을 찾는 사람이 이렇게 많을 줄은 모르고 남을까 걱정이 되어 적당히 쑤었는데 생각 밖으로 손님이 많아 일찌감치 물량이 다 떨어졌다는 것이다. 그러면서 올해 처음 쒀 본 것이라 잘 몰라 그랬는데 내년부터는 동짓날은 하루 세 번은 나누어서 죽을 쒀야 할 것 같다고 즐거운 감상을 피력하여 우리도 같이 웃으면서 동의하기는 했지만, 서운한 마음만은 누를 수 없었다. 비는 여전히 추적거리고 음식점을 나서는 마음은 무엇 한 자리를 잃어버린 것처럼 허전하였다.

 집사람은 우산을 펴들면서 우리도 이제 내년부터는 아이들을 오라고 하여 같이 팥죽이나 쑤어 먹자고 각오를 다지듯 혼잣말처럼 중얼거렸다. 글쎄 그러고 보니 우리 집사람이 팥죽을 쑬 줄이나 아는지 모르겠다. 그러나 뭐 알고 모르고는 그리 중요한 문제는 아닌 것이 배워서 하면 되니까. 그렇기는 하지만 우리가 지나온 날들은 참으로 무던히도 대강 살아온 날들이었구나 하는 새삼스러운 깨달음에 마음이 아려오는 것만은 어쩔 수 없었다.
 그러나 비록 팥죽은 못 먹었지만, 이 태양과 생명의 기운이 다시 살아나는 동짓날 우리 모두와 어지러운 나라가 어려움을 극복하고 화려한 부활의 날개를 펼 수 있게 되기를 기원해 본다.

수호천사의 재림

뭔가 할 말이 많을 것 같았지만 결국 아무 말도 건져 올리지 못한 채 가을은 이미 저만큼 멀어지고 있습니다. 창문 가득 밀려들던 가을의 서정이 뒷모습을 보이는 이맘때쯤이면 우리는 감당하기 어려운 상실감과 그로 인한 공허감에 마음 둘 바를 모르게 됩니다. 가까이 누군가가 있어야만 할 것 같은데 아무도 없어 허전하고, 문득 말을 건네고 싶다는 생각에 주변을 둘러보아도 적료(寂廖)하기만 하여 우리가 보헤미안에의 강한 유혹을 느끼게 되는 때가 요즈막이기도 하지요.

그러나 올가을은 우리가 이런 상심(傷心)에 빠지지 않아도 좋을 것 같습니다. 귀한 손님처럼 여자 동창 한 분이 우리 곁으로 와서 주인의 한 자리를 채웠기 때문입니다. 아무것에서도 위무를 얻지 못한 채 또 그렇게 가을을 보낼 뻔했던 우리에게 생각지도 않았던 복음을 한 아름 안고 K가 찾아온 것은, 그리하여 우리의 마음을 윤택하고 넉넉하게 해 준 것은 아무리 생각해도 그것은 기적처럼만 여겨집니다. 그녀 식으로 말한다면 그것은 하나님의 뜻이기도 하겠지만 말입니다. 우리가 K를 환영하고 그녀에게 감사하는 까닭이 여기에 있기도 합니다.

그녀는 학창 시절 우리에게는 수호천사와 같은 존재였습니다. 송산이 일차 언급한 바 있습니다만, 우리가 공부나 생활에서 정처(定處)를 찾지 못하고 두리번거리고만 있을 때 그녀는 무엇을 어떻게 해야 하는가를 면학(勉學)의 자세를 통해 보여 줌으로써 우리의 길잡이가 되었을 뿐만 아니라 충고와 조언도 아끼지 않은 고마운 친구였습니다. 그때만 해도 남녀가 유별했던 시절이라 우리가 좀 더 친밀한 교류를 갖지는 못했으나 그 정도만으로도 K는 우리에게 각별한 존재가 되기에 충분했던 것이지요.

그리고 오늘 그녀는 또 다른 모습의 수호천사가 되어 우리 앞에 나타났습니다. 진정한 깨달음과 인간답게 사는 길이 어떤 것인가를, 비록 그것이 특정 종교의 관점에 서 있다 할지라도 우리가 동의하지 않을 수 없는 진실을 우리에게 소나기처럼 퍼부으면서 카페에 등장했기 때문입니다. 그 사이 많은 세월이 흘렀고 우리는 모두 각자의 처지에 따라 각양으로 변화해 올 수밖에 없었지만, 이렇게 높은 인간적 성숙을 이룬 친구를 두었다는 것이 우리에게는 고마운 일이 아닐 수 없습니다. 그녀의 글이 보여 주는, 억지로 말을 고르려고 하지 않았지만 스스로 정제되어 나오는 명료하고 단아한 어법과 가감이 없어 순수하게 느껴지는 의미 구성이 우리에게 감동을 주고 있거니와 이것은 그녀의 인품과 그 위인(爲人)에서 비롯된 것임은 의문의 여지가 없습니다.

나는 일찍이 이렇게 잔잔하고 담백하며 솔직한 고백록을 본 적이 없습니다. 평자에 따라서는 그 논리성의 성립 여부와 동어 반복적 수사(修辭)에 대하여 이의를 제기할 수도 있겠으나, 평범한 일상적 차원의 이야기이면서도 '낯설게 하기'에 성공했을 뿐만 아니라 정감과 지성의 조화를 잃지 않고 내용을 구성해 나갔다는 점에서 이 글은 분명 좋은 점수를 얻을 수 있을 것입니다. K는 우리 동기 친구들을 위하여 앞으로도 종종 은혜로운 글을 올려 주기 바랍니다.

이 깊어 가는 가을 저녁, 멀리서나마 글로써 서로 위로하고 격려하는 마음을 주고받을 수 있다면 얼마나 좋겠습니까. 가을의 정취와 함께 우리의 우정도 더욱 깊어지기를 바랍니다.

설날의 변명

저는 지금 말 같잖은 정국(政局)에 속도 좀 상하고, 무도한 정치 현실을 눈으로 보면서도 침묵하고 있는 자신의 무기력함에 화가 나기도 하고 해서, 그걸 달랜다는 핑계로, 설의 힘을 빌려 한 통에 18,000원 하는 '해창(海倉)' 막걸리 12도짜리 두 통을 큰맘 먹고 주문하여 검은 비닐봉지로 싸서 바깥 베란다 김치냉장고에다 일단 숨겨 뒀는데요, 설날 아이들이 집에 왔을 때 꺼내면 집사람도 아이들 앞이니 그냥 넘어가지 않을까 하는 요량에서요. 집사람도 이 술이 비싸다는 걸 이미 알고 있거든요. 현실성이 별로 없는 생각입니다만, 하여튼 그렇게 설을 기다리고 있네요.

옛날 우리 조모님께서 설빔으로 사 주셨던, 비록 값싼 목양말이기는 하지만, 원색이 눈부셨던 그 양말을 신고 싶어 설날을 손꼽아 기다리던 그때가 문득 그리워지네요.

다들 설 잘 쇠세요!

설날 아침 세주(歲酒)¹⁶⁾ 한 잔씩 하셨나요?

다복(多福)한 시간 보내고 계시지요?

그래서, 그다음 얘긴데요.

어제 섣달그믐 저녁 아이들이 "아버지 막걸리 한 잔 드셔야죠." 하는 말에 힘입어 '해창'을 드디어 꺼내왔는데요, 일순 어색하기는 했으나 일단 평온하게 넘어갔는데, 집사람의 표정으로 보아 아마도 오늘(설날) 저녁 무렵이나 내일쯤 추궁이 들어올 게 분명해 좀 불안하기는 했지만, 기왕 벌어진 일, 내친김에 900ml 한 통을 다 마셔 버렸어요. 이게 와인과 비슷한 12도에다 용량도 900이라 와인 한 병보다 150을 더 마신 폭이니 좀 과하기는 했지만, 기분은 아주 그만이었어요. 후환도 잊었지요, 뭐. 술을 칭송하는 무리가 이래서 생겨나는가 봅니다.

그러나 이제 세배 끝나고 아이들 돌아가고 난 다음 치러야 할 대가(代價)를 생각하면 지금 속이 편하지만은 않아요. 호사다마(好事多魔)요 '월만빈치운(月滿頻値雲)'¹⁷⁾이라, 호사와 극성(極盛)에는 얄궂게도 어지러운 일들이 뒤따르는 법이니, 이 이치를 한낱 필부(匹夫)에 지나지 않는 제가 어찌 피해 가겠습니까.

근하신년(謹賀新年)!

즐거웠지만 번잡스러웠던 시간 들을 이제 정리하고 평상을 회복해

---

16) 세주(歲酒): 설날에 '벽사(辟邪)'의 뜻으로 마시는 술. 주로 아침에 세찬(歲饌)에 곁들여 마신다. 원래는 람미(藍尾), 혹은 도소주(屠蘇酒)를 만들어 마셨는데, 이 술을 마시면 액운(厄運)을 물리칠 수 있다고 함.

17) 월만빈치운(月滿頻値雲): 정약용의 시 〈독소(獨笑)〉 중 일절-月滿頻値雲 花開風誤之(달이 차면 구름이 자주 가리고, 꽃이 피면 바람이 불어 흩어 버리네)

야 할 때지만, 우리 집은 아직 불안한 기운이 조금은 남아 있는데요, 다 이게 그 '해창' 때문이지요. 문제는 그 18,000원이 술값이었다는 데 있고, 더 큰 문제는 그것이 막걸리 한 통 값이었다는 겁니다. 엊그제, 그러니까 제석(除夕) 저녁 식사 시간에 집사람이 아이들에게 "얘, 소주 한 병에 얼마니?" 하고 묻더라고요. 아이들은 소주를 마시고 있었거든요. 큰놈이, "소주요? 마트에서는 보통 1,600~1,700원 하고요, 편의점에서는 1,800원 정도 해요." 하고 대답하고는 나를 슬쩍 쳐다보는 겁니다. 묻는 뜻을 안다는 거지요.

그리고 아이들이 다 가고 난 뒤 예상했던 대로 설날 저녁때 드디어 일이 터졌는데, 집사람이 내가 검정 비닐봉지에 싸서 바깥 냉장고 한구석에 감춰둔 또 한 통의 '해창'을 발견하면서부터였어요. 아마 한 통뿐이었으면 설날이고 하니 그냥 넘어갔을지도 모르는데, 두 통이나 샀다는 사실이 용서가 안 되는 모양이더라고요.

막걸리 한 통에 18,000원, 그게 소주 10병도 더 되는 값이요, 장수 막걸리로 치면 12통 값인데, 거기에다 곱하기 2라니, 한 통이면 됐지 두 통씩이나 욕심을 부리는 낭비가 어디 있느냐면서 닦아세우는데, 하기야 연금 받아 먹고사는 형편에 그 계산은 저도 마음에 걸리는 부분이라 그저 유구무언, "아, 그런가!"밖에는 달리 말이 더 안 나오더라고요. 말하기로 한다면야 사실 저도 집사람의 불합리한 소비에 대하여 할 말이 없지 않지만, 아니 많지만, 사내가 돼 가지고 자기 허물 벗겠다고 남의 약점을 꼬집어 역공(逆攻)하는 것도 보기 좋은 모양새가 아닌지라 그저 감수했는데요, 그걸 감내하는 데 소모된 심적 에너지가 이만저만 큰 게 아니었어요.

다음 날, 그러니까 오늘 온 집 안 대청소에 설 뒷설거지, 그 많은 쓰레기 분리수거에 빨래까지, 하루해가 어떻게 갔는지 몰라요. 저는 이 양심에 약한 것이 큰 흠이에요.

 순간적 쾌락에 탐닉하는 자, 반드시 그 대가로 시련을 맞게 되리니, 하여 홍자(洪子)가 자신에게 이르는 말,
 "참음[인내(忍耐)]으로 입과 몸의 요구(욕구)를 잘 다스리면, 가는 곳이 그 어디든, 만나는 사람이 그 누구든, 하는 일이 그 무엇이든 간에 각진 모서리에 부딪는 일은 없을지니라."
 이 나이가 되도록 아직도 이런 해묵은 잠언을 되뇌고 있어야 한다니. 그러나 자기를 가다듬는 일에 나이가 어디 있으리오. 수양의 길은 멀고도 험한 것을!

 여러분 모두 설날 아침[원조(元朝)]의 신성한 기운을 잘 운용하셔서 을사년 내내 건강하시고, 복된 나날 이어 가시기를 바랍니다.

이제 우리는 차이를 넘어서서 나라를 원래의 자리로 되돌려 놓기 위해,
다시 말해서 기울어진 국가의 복원력을 회복하고
본래의 목표 지점으로 반듯하게 나아갈 수 있도록
중지와 힘을 모아야 할 때다.

5

차이를 넘어서

'혼밥' 단상(斷想)

오늘 아침 뒷산에 가려고 집을 나섰더니 새벽 내 비가 왔는지 길도 질고 아직 빗발이 그치지 않아 도로 집으로 들어왔다. 어젯밤 둘째 놈이 자정이 넘어 들어와 자고 있었다. 오늘 저녁 식사를 같이하자더니 미리 집에 들어온 것 같았다. 집사람은 교회에 봉사하러 간다고 나가고 나는 비 온 뒤 밭을 돌아보기 위해 밭으로 나갔다. 모종들이 모두 오랜만에 내린 비를 맞아 싱싱하게 고개들을 들고 있었다. 우리 고구마도 소생의 기미를 보이고 있다. 아주 가망이 없어 보이는 두세 군데 고구마 모종 옆에 예비 모종으로 자리를 채워 넣고 잔풀들을 눈에 띄는 대로 뽑아 주고 들어왔다.

집사람도 나가고 없고, 모처럼 집에 들른 아들 녀석도 피곤하다면서 좀 더 쉬어야겠다고 자리에서 일어나지 않아 혼자서 점심을 먹었다. 나에게는 일상의 한 부분이라 전연 화젯거리가 될 수 없는 일이지만, 이 혼자 밥 먹는 것이 심심찮게 얘깃거리가 되고 있어 아주 모르는 척할 수만은 없게 되었다.

얼마 전부터 '혼밥'이 유행처럼 번진다고 식자(識者) 연(然)하는 사람들까지 나서서 탄식조로 세태를 염려하고 있지만 나에게는 그런 유행이나 그걸 얘깃거리로 삼는 사람들이나 다 그저 싱겁게 보이기만 할 뿐이다. 나는 어렸을 때도 그랬고, 집사람이 어딜 가거나 하면 늘 '혼밥'이었으니까 말이다. 내 개인적인 경우를 기준으로 하여 일반화시키는 것은 삼가야 할 일이지만, 왜들 이렇게 호들갑들을 떠는지 모르겠다.

살다 보면 혼자 밥 먹을 때도 있고, 아니 혼자 밥 먹고 사는 사람도 있고, 또 일에 치이다 보면 어쩔 수 없이 자주 혼자 밥을 먹어야 할 사람도 있고, 늘 혼자 지내는 사람도 있을 수 있는 것이지 그게 무슨 혼자만 겪는 불행인 것처럼, 또는 이 사회의 부조리 혹은 병폐나 되는 것처럼 심각하게 과장하고 있는 사람들을 보면 언짢은 마음에 고소를 금치 못하게 된다.

우리는 모두 어차피 혼자가 아니던가. 이 세상에 오고 감이 그렇고, 살아가는 과정에서도 늘 우리는 혼자라는 숙명을 떨쳐 버리지 못하는 자신을 목도(目睹)하고 있지 않은가. 처자식들과 같이 있을 때도, 친구들과 어울리고 있을 때도 문득문득 우리는 자신이 그들로부터 떨어져 나온 외톨이 같다는 느닷없는 깨달음에 마음이 울컥해질 때도 또한 있지 않던가 말이다. 이러한 고독을 피할 수 없는 것이 우리의 숙명이라면 오히려 우리는 이 혼자임을, 자신을 다스리고 성숙시켜 가는 기틀로 삼아야 할 일이 아니겠는가. 일찍이 최재서가 그의 〈교양의 정신〉에서 교양은 고독의 정신이라고 하면서 그것은 내적 성숙의 바탕이라고 설파한 바 있음을 상기할 일이다.

나도 이제 이 나이가 되었으면 그러려니 하고 세상사에 좀 초연해져야 하겠지만, 그러나 인간사의 본질과 이치를 망각한 이런 경망스러운 세태들을 보고 있으면 나도 모르게 마음이 언짢아지곤 한다. 내가 수양이 부족한 탓임은 분명하지만, 세상 사람들이 갈수록 경박하고 인내심이 부족해져 간다는 것도 어김없는 사실이다.

　그리고 내 개인적 느낌이기는 하지만 '혼밥' 그러면 혼령이 먹는 밥이라는 뜻으로 읽혀 사잣밥을 떠올리게 되기도 하니, 분명 이 '혼'이라는 말을 관형 접두사처럼 쓰고 있는 신조어들, 예컨대 혼술, 혼영(映), 혼행(行) 등도 무슨 사후 세계와 관련된 듯하여 서늘하고 꺼림칙하기까지 하다. 이제 이 '혼'을 머리에 붙이는 조어법이 대세처럼 되었음을 부정할 수도 없고, 이런 식의 약어(略語)가 유행하는 세태를 거스르기도 어렵기는 하지만, 그런 말을 만들어 유행시키는 데서 오는 만족감 같은 것에 현혹되어 언어를 혼란스럽게 하고 의사소통에 장애를 가져오는 일은 없어야 할 것이다.

　인터넷 시대의 편리한 익명성과 범람하는 정보 덕분에 너도나도 입 가진 자들은 누구나 식자의 흉내를 내어 한마디씩 거드는 이 오도된 오피니언 리더(여론 주도) 증후군-이런 말이 있는지는 모르지만, 분명 오늘 우리 시대는 서로 오피니언 리더인 양 하는 병적 자존감 때문에 또 다른 형태의 사회적 갈등이 만들어지고 있는 것만은 사실이다. 그 미망에서 빠져나오는 일이 무엇보다 필요한 때다.

　저녁때 집사람과 아들놈, 나 이렇게 셋이서 동네 횟집으로 가서 저녁 식사를 하였다. 아들놈이 오랜만이라고 나에게 소주를 권했지만, 총선(總選) 전후한 요즘 무슨 큰 정치꾼이라고 공연한 헛심을 쓰느라 연일 술을 마시고 행동거지를 삼가지 못한 탓으로 속이 아파 한 잔만 받아 입만 대고 내려놓았다. 별 의미가 없는 자리임에도 남이 권한다고 잠시를 참지 못하고 그런 것은 넙죽넙죽 잘도 받아 마시면서, 정작 오늘처럼 모처럼 아들이 권하는 귀한 술잔은 사양할 수밖에 없는 이 오래된 모순과 우매함을 언제면 면할 수 있을까? 천성이 경박한 데다 게으르기까지 하니 개선은 난망(難望)이지만 그래도 늘 수신(修身)을 생각하면서 살아가야 할 터이다.

집으로 돌아오는 길, 집사람은 동네 꼬끼요에 볼일이 있다고 먼저 가고 아들놈은 담배를 피우려는지 잠깐 어디 들렀다 온다고 또 헤어지고, 결국 혼자서 특별히 새로울 것도 없는, 아니 따분하기 짝이 없는 동네 풍경을 두리번거리면서, 역시 혼자일 수밖에 없는 우리네 삶의 진실을 확인하면서 비어 오는 가슴을 달랬다.

그러나 현실의 끈을 놓아서는 안 되는 법, 비록 총선 바람에 속은 버리고 마음은 아프지만, 그리고 보고 들은 것이 별로 없고 읽은 것이 적어 식견은 달리지만 이 나라 자유대한민국과 우리 자여손들의 위대한 미래를 위해 이제 우리가 해야 할 일은 무엇인지 진지하고 치열하게 탐색하고, 그 일에 작더라도 도움이 되는 길을 모색해 보자고 스스로 다짐해 본다.

가뭄과 책임감

 오늘도 비는 내리지 않았다. 오늘 볼일이 있어 밖에 나갔다 오느라 고구마 모종에 물을 주지 못했는데, 아직 물어보지는 못했으나 집사람이 물을 주지 못했을 것이 분명하여 내 마음이 편치 못하다. 가까운 다른 곳은 어제도 많은 비가 내린 모양인데, 이곳 서울 이북 경기 서북부 지역은 봄부터 지금까지 내내 가뭄이 이어지고 있다. 여름비란 소 잔등이를 사이에 두고도 다르다고 하지만, 올해 이 지역에서는 그 어느 해보다 이 옛말이 더욱 실감 나게 다가온다. 뒤늦게 심은 고구마라 거기서 뭘 얻어먹을 것 같지는 않지만 일단 심어 놓았으면 그 생명에 책임을 져야 한다는 생각이 하나의 강박관념으로 다가와 마음이 편치 못하다는 것이다.
 밭에다 이 물 주는 일을 하면서 요즘 나는 생각지도 않은 책임감이라는 무거운 짐을 짊어진 것 같은 느낌을 받는다. 책임감이라는 것은 인간 사회를 살아가는 사람들이 누구나 기본적으로 의식하고 늘 염두에 둬야 할 문제지만, 살다가 보면 그것으로부터 다소 멀어지기도 하는 것이 범인(凡人)들이라 너무 따지기도 그렇고, 그렇다고 그럴 수도 있지 뭐 하고 넘어가자니 어딘가 미진한 구석이 있는 것 같기도 하여 항상 갈등에 휩싸이게 된다. 그러나 한 가지 분명한 것은 적어도 우리가 이 사회의 인간관계 속에서 살아가려면 늘 이 책임감의 문제를 어떤 경우에라도 잊어서는 안 된다는 점이다. 이것에 소홀할 때 개인적으로는 신용을 잃어 일상생활에서 낭패를 겪게 되고, 사회적 국가적으로는 세월호 사건과 같은 참혹한 일을 당하게 되는 것이다. 그리고 이것은 바로 그 사람의 인격의 척도가 된다는 점에 무엇보다 중요한 의미가 있기도 하다.

 이 디지털 시대의 큰 병폐 중 하나는 익명성의 뒤에 숨을 수 있다는 교활한 계산으로 무책임하게 입에서 개구리와 뱀을 뱉어 내는 인터넷상의 악성 누리꾼들이 활개 치고 있다는 점이다. 입 달리고 하늘로 머리 둔 놈이면 중구난방으로 뱀과 개구리, 아니 전갈을 뱉어 내고 있으니 이 언어폭력과 윤리의 타락을 어떻게 감당해 나가야 할지 몰라 망지소조(罔知所措)하는 사람들이 한둘이 아니다. 아무리 선의를 가지고 좋은 말을 해도 참으로 얼토당토않은 악플 궤변으로 그 사람을 난도질하고 얼굴에 오물을 뒤집어씌우는 만행을 서슴지 않는 무리들이 누리꾼이라는 이름으로 횡행하고 있으니, 이것이 진정 이 나라의 의식의 수준인가 하여 안타까운 마음을 금할 수 없다. 그리고 누리꾼이라는 명칭 자체가 그런 자들에게는 어울리지 않는 것인데, 이런 이름을 지어낸 사람들이 얼마나 가슴을 치고 있을까, 그들의 낭만성이 배신의 늪에서 통곡하고 있을 것이다.

 조금은 다른 얘기지만, 그래서 우리는 SNS를 무슨 소통이나 시류의 척도인 것처럼 생각하는 막연한 생각을 교정할 필요가 있다. 어찌 가상의 공간에서 이루어지는 말장난에 우리의 인격과 진실을 걸

수 있겠으며, 그런 말장난이 무슨 큰 진실이나 되는 것처럼 우쭐대는 천박하고 비열한 무리들과 말을 섞을 수 있겠는가. 책임감을 비켜 갈 수 있다는 이 병적 발상이 바야흐로 우리 시대를 인격 부재의 혼돈으로 몰아가고 있음은 통탄할 일이 아닐 수 없다.

이제 나이가 좀 들어 주변을 돌아보니, 나도 예외일 수는 없지만, 적지 않은 인간들이 이 자기의 말장난에 함몰되어 자신이 무슨 말을 하고 있는지도 모르면서 대단한 진리의 말씀이라도 전하는 것처럼 고상한 표정을 짓고 있는 모습이 너무도 많이 눈에 띄어 참으로 불편하고 민망하기 짝이 없다. 정말 그 사람들은 자기가 하고 있는 말이 무슨 뜻인지나 알고서 말하고 있는 걸까? 그들은 자기의 말을 충분히 검증하고 그런 말을 퍼뜨리고 있는 것일까? 그들은 자기가 한 말을 정말 믿고 있을까? 그 말들의 불명확성, 막연한 추상성으로 볼 때 그럴 것 같지는 않다는 생각이 든다. 혹세무민은 예나 지금이나 무책임한 말장난에서 시작되고, 그래서 허망하고 비참한 결과를 초래하곤 했다.

자기의 뜻이나 생각과 다르면 일단 무차별적으로 공격하고 폄훼하는 인격 장애의 시대를 살아간다는 것은 참으로 많은 수양과 인내를 필요로 한다. 주변의 지인 가운데 그런 사람이 섞여 있으면 그 곤혹스러움은 배가(倍加)된다. 그와 살아온 세월, 그가 나의 삶에서 차지하고 있는 결코 무시할 수 없는 의미, 그로부터 받은 유형무형의 은택, 이런 것들이 있음에도 불구하고 그가 보여 주는 상도(常道)를 벗어난 언행을 그에게서 발견하게 되는 경우 우리들이 느끼는 당혹감은 그 어떤 짐보다 더 큰 무게로 우리의 가슴을 눌러 온다.

더욱이 그의 그런 언행이 이제는 교정이 불가능하다는 암시를 받았을 때의 절망감은 더욱 감당하기 어려운 것이 된다. 그래서 우리는 비록 오랜 숙고를 거친 언명(言明)이라 하더라도, 나와 생각이 다른 사람들의 인격과 존엄성을 생각하여 그 표현에 신중을 기해야 할 것이며 논평이나 반론을 펼 때는 더욱 그 어휘의 선택과 수사(修辭)에 고심에 고심을 거듭해야 할 것이다. 이것이 더불어 살아가는 사람들이 지녀야 할 예의염치이며, 자기의 말과 행동에 책임을 지는 태도일 것이다.

　이 세상의 그 어떤 명분으로도 우리의 고유한 자유를 제한할 수는 없다. 그러나 그 자유가, 특히 이른바 표현의 자유가 다른 사람의 자유를 침해하거나, 타인의 존엄성을 훼손할 때는 더 이상 그것은 자유가 아니다. 그것은 자유라는 이름의 폭력이며 만행일 뿐이다. 그것은 대안 없는 비난에 지나지 않기 때문이다. 그러므로 이른바 민주사회에서 이 자유의 문제는 철저히 책임의 문제와 동행해야 한다. 무슨 말을 하든 그것은 그 사람의 자유지만 그것이 다른 사람의 인격을 훼손하거나, 건전한 표현의 자유를 부당하게 비난하는 것이라면 그 자유는 마땅히 철회되어야 한다. 거기에서는 책임은커녕 그 그림자도 찾아볼 수 없는 까닭이다. 내가 고구마밭에 물을 주느냐 않느냐 하는 것은 나의 자유지만 생명의 고귀함을 생각한다면 그 자유는 물을 줘야 하는 쪽에서 비로소 자유의 의미를 획득하며, 그럴 경우, 그 자유는 책임과 동의어가 되는 것이다.

　요즘 책임은 없고 권리만 주장하는 무리가 우리 사회 곳곳에서 민주라는 이름으로 목소리를 높이고 있다. 개도 소도 인권만 소리 높여 부르짖으면 무엇이든 관철할 수 있을 것이라는 망상, 즉 잘못된 믿음이 이 사회를 어둡게 지배하고 있다. 책임이라는 알맹이가 빠져

나간 이 거짓 민주의 시대를 하루빨리 교정하여 자유와 책임이 조화를 이루는 진정한 선진 민주사회를 만들어 나가야 할 것이다.

 오늘 밤에라도 비가 좀 와야 할 텐데, 이젠 물을 길어 나르는 노역에서 해방되고 싶다. 그러나 요즘 날이 하는 행세를 보니 나는 내일도 책임의 문제로부터 자유로울 것 같지 않다. 허허, 참.

이양역우(以羊易牛)¹⁸⁾의 실현을 바라며
- 을미년(乙未年) 원단(元旦)에

    을미년 새해가 밝았다.
    푸른 말[청마(靑馬)] 띠의 해라고 하여 가슴 벅차게 맞이했던 지난 갑오년 한 해가 세월호와 함께 속절없이 침몰해 버리는 모습에서 받은 상처가 아직 아물지 않은 상태에서 맞이하는 새해라서 그런지 푸른 양띠 새해에 거는 희망과 기대는 자못 비장하기까지 하다.
    어느 해든 지나 놓고 보면 다 아쉽고 안타깝게 여겨지기 마련이지만 지난해만큼 어이없고 답답한 해도 없었을 것이다. 세월호의 침몰과 그 뒤를 이어 나타난 아수라의 혼란 때문임은 물론이다. 사고 자체가 규모가 컸을 뿐만 아니라 그 희생자들의 대부분이 어린 고등학교 학생들이었다는 점이 우선 우리의 마음을 너무나 아프게 하였고, 그들을 얼마든지 살릴 수 있음에도 불구하고 어른들, 구체적으로는 선장 이하 승무원들의 무책임하고 비겁한 행동으로 말미암아 수많은 희생자를 내었다는 사실이 우리를 참담하게 만들었다.

---

18) 이양역우(以羊易牛): '양으로 소를 대신한다.'는 말로 본디는 '작은 것으로 큰 것을 대신한다.'는 뜻(孟子 梁惠王편)이지만, 여기서는 희생과 헌신의 의미로 읽었다.

그것은 당시 선장 이하 선원들로 대표되는 우리 국민의 추한 의식 수준과 열등한 사회적 책임 의식을 드러내는 것이라는 생각 때문에 우리는 절망으로 내몰리기도 했다. 그리고 무능한 정부는 우리를 분노케 하였다.

더욱 가관인 것은 언론과 정치 모리배들의 행태였다. 신문은 확인도 안 된 사고 상황을 특종의 허영에 사로잡혀 허위 기사를 남발하였고, 누구보다 냉정하고 침착해야 할 방송 매체들이 흥분과 격앙으로 일관함으로써 사태를 명확하게 바라볼 수 있는 눈을 흐리게 하고 사회적 갈등을 증폭시키는 선동 기구로 전락해 버렸는가 하면, 정치 모리배들은 희생자들의 원통한 죽음과 유족들의 큰 슬픔을 위로하기보다는 그 사고를 정치적 이익을 취하기 위한 좋은 기회로 이용하려는 파렴치한 모습을 보였다. 입으로는 위로와 사건의 조속한 수습을 말하면서도 실제로는 그것을 위한 어떤 현실적인 해결책도 강구하지 않았을 뿐만 아니라 고민하는 모습조차도 보이지 않았다. 정치 모리배들은 사건의 수습과 정리에 아무런 도움도 되지 않는, 사고 원인에 대한 뜬구름 잡는 식의 의혹만 양산하여 갈등만 부추길 뿐 사태의 본질을 벗어난 곳에서 그들만의 이해관계에 골몰할 뿐이었다.

그리고 사실 그들은 이런 사건 앞에서는 무능하기만 한 졸개들에 지나지 않았다. 이런 자들이 그 큰 사건을 겪으면서도 아직 뻔뻔스럽게 우리 정치 무대의 주역으로 얼굴을 들고 있고 방송이 정의의 나발을 불고 있는 것을 보면 이런 참사를 겪으면서도 우리가 아직 무언가 배운 게 아무것도 없는 게 아닌가 하는 안타까운 마음을 갖게 된다.

우리가 감당하기에는 그 충격이 너무 컸던 탓일까, 우리가 아직 정신을 차리지 못하고 있는 게 분명한 것 같다. 그 어린 수중고혼들이 저렇게 구천을 떠돌고 있는데 어른들은 아무것도 한 일이 없이 싸움질이나 하고 반성이나 성찰은 눈곱만큼도 없다니, 이러고도 이 나라의 정의가 바로 서기를 기대할 수 있겠는지 암담하기만 했던 한 해, 더욱이나 갈팡질팡하기만 할 뿐 어떤 대처 능력도 보여 주지 못한 정부와 자녀들의 희생을 흥정의 대상물로 삼으려는 일부 몰지각한 유족들로 하여 우리가 수치심에 떨어야 했던 한 해가 갑오년이었다.

그러기에 이제 우리들이 새해를 어떻게 만들어 가야 할 것인가 하는 문제는 비교적 쉽게 정리할 수 있을 것이다. 무엇보다 먼저 언론의 '아니면 말고' 식의 무소불위와 정치꾼들의 기만적인 행태와 일부 사회 불안 조장 세력들의 발호를 우리 국민이 제대로 견제 비판하지 못하고 제어하지 못한 결과가 갑오년의 침몰을 가져온 것이라는 인식을 분명히 해야 한다. 다시 말해서 갑오년이 허망하게 무너져 버린 데에는 우리 국민 각자들의 책임이 무엇보다 크다는 깨달음이 선행되어야 한다는 것이다.

그런 토대 위에서 우리는 이제부터라도 언론이 특권의식을 가지고 국민 위에 군림하려는 교만을 철저히 분쇄하고, 정치 모리배의 철면피한 전횡을 척결하고, 사회적 갈등을 조장하는 일부 좌경화된 세력을 축출하는 일에 모든 힘을 결집해야 할 것이다. 우리가 숱한 희생과 피땀으로 이루어 온 이 자유민주주의의 고귀한 가치를 지켜 나가고, 그 바탕 위에서 우리 모두의 인간적 가치를 증진시키고 사회문화적 발전과 정치 경제적 성숙을 이룩하기 위해 우리가 해야 할 일은 바로 책임감 있는 비판의식과 예리한 비평 정신으로 현실을 감시하고 행동하는 양식을 보여 주는 일이다.

　우리는 지난 십수 년을 구호만 요란하게 외쳤을 뿐이지 사회문화적으로나 정치 경제적으로 어떤 뚜렷한 성과를 얻어 내지는 못했다. 오히려 소득과 분배의 불균형에서 빚어진 갈등의 골만 깊어진 양상을 보여 왔다. 그 결과로 송파 삼 모녀 사건으로 대표되는 빈곤의 문제와 청년 실업 문제가 이제는 계층 간의 갈등과 대결로 확산해 나가는 모습을 보이고, 이것은 다시 언론과 정치 모리배들과 좌경 세력들에게 좋은 먹잇감이 되는 불길한 상황을 만들어 내고 있다. 여전히 정부는 어떤 해결책도 내놓지 못하고 있다. 이러한 상황을 극복하지 못한다면 우리의 을미년은 다시 갑오년의 그 암울했던 신세를 면치 못하게 될 것이다. 어쩌면 백이십 년 전 갑오 농민 혁명의 부활이 필요하게 될지도 모른다.

　이제 을미년 새해는 우리 국민이 주체가 되어 이런 환부들을 도려냄으로써 잃어버린 갑오년을 찾아오고 손상된 국민 의식을 치유하여 그 격을 높이고, 나아가 선진국을 향하여, 통일 한국을 위하여 힘찬 진군이 이루어질 수 있도록 우리 모두 있는 힘을 다 쏟아부어야 할 것이다. 그러기에 을미년에 거는 기대와 희망은 비장하기까지 하다고 말한 것이다. 그것을 성취할 수 있으려면 우리 모두가 자신을 헌신할 각오가 되어 있어야 하기 때문이다. 헌신에는 열정이 필요하고, 열정에는 희생과 아픔이 따르는 까닭이다.

　푸른 양띠의 해 을미년, 양은 이양역우(以羊易牛)의 미덕을 지니고 있다. 양이 원해서 된 것은 아니지만 인간의 이기적 계산이 오히려 양을 숭고하게 만든 까닭이다. 이른바 속죄양이라는 거룩한 이름이다. 그래서 양은 인내와 희생의 제의적(祭儀的) 상징성을 갖는다. 을미년

올 한 해는 양의 온순함과 순수함, 그 인내와 희생을 배우는 한 해가 되었으면 좋겠다. 대통령도, 언론인도, 정치인도, 그리고 우리 갑남을녀들까지 모두 양의 미덕을 배워 우리 대한민국의 병폐를 치유하고 이 나라를 만 년 반석 위에 세울 수 있었으면 좋겠다.

설날 후기(後記)
-명절증후군을 생각하다

 설날이다. 이제는 설날이 예전 같은 정서적 감흥을 불러일으키지는 않지만 그래도 옛 추억은 여전히 아름답게 살아나곤 한다. 요즘 아이들은 설날을 세뱃돈 받는 날 정도로 알고 있을 뿐 이날의 민속적인 의미와 이날이 예전에는 얼마나 큰 축제의 의미를 지니고 있었는지는 알지도 못하고 알려 주는 사람도 없다.
 모든 것이 풍족하여 늘 설빔 같은 옷을 입고 있으니, 명절에 새 옷을 얻어 입는 기쁨을 알 리 없고, 평소에 명절 음식보다 좋은 음식을 먹으면서 살고 있으니 소위 명절 음식이라는 것이 오히려 부담스럽고 촌스러워 보일지도 모른다. 이제는 퇴색해 버린 설 명절, 그래도 관성에 따라 가족들이 모이고, 그래서 모처럼 집안이 왁자지껄 사람 사는 분위기가 살아나는 것은 이 구식 명절이 우리에게 가져다 주는 마지막 기념품, 설 선물이라 해도 좋을 것이다. 이렇게 설이 아직 제 기능을 어느 정도 발휘하고 있음을 본다는 것은 그래도 다행스러운 일이다.
 어제는 주일이어서 교회를 다녀왔다. 섣달그믐날, 설 바로 전날이기는 해도 특별히 많은 준비를 해야 하는 것은 아닌 까닭에 예배를 다녀오는 것은 당연한 일이다. 집에 들어오는 길에 오늘 아침 차례상에 올릴 제수용 떡과 떡국떡을 사 가지고 들어왔다. 아이들은 먼저 집에 와 있었다. 집에 들어와 음식 준비를 시작한 시각은 세 시경이었고 대강 끝낸 시각은 밤 열 시가 지나서였다. 거의 일곱 시간을 계속 뭔가 작업을 하면서 시간을 보냈으니 일하는 사람이나 옆에 있는 사람이나 다들 힘들고 지루한 시간이었지만, 그래도 가족이 오랜만에 만나 함께 무언가 일을 하고 완성해 내었다는 생각이 가족 간의 친밀감과 유대감을 이끌어 올려 준 것만은 사실이다.

명절증후군이라는 신조어가 매스컴에 오르내린 지는 오래되었지만, 이는 말 지어 내기 좋아하고 뭔가 영향력을 행사하고 싶어 하는 언론의 한건주의가 만들어 낸 불필요한 말이었고, 이로 말미암아 지금까지 명절에 겪는 일들을 그저 당연히 살아가는 한 과정으로 알고 있었던 사람들이 갑자기 무슨 큰 인권이나 유린당한 것처럼 떠들어 대기 시작한 것은 참으로 유감스러운 일이다.

시대가 많이 달라져서 이제는 남녀의 역할에도 그 경계가 모호해지고, 시댁과 친정에 대한 개념에도 많은 변화가 온 터라 어쩌면 명절증후군이니 하는 말이 없다 하더라도 명절에 대한 인식이 바뀔 수밖에는 없겠지만, 요즘 방송이나 신문 지상에서 명절을 무슨 저 악명 높은 로마 시대의 유황 탄광이나 되는 것처럼 이 사람 저 사람들을 내세워 떠들어 댐으로써 괜한 집안에 갈등의 불쏘시개를 던져 넣는 것 같아 그것을 바라보는 심사가 불편하기 짝이 없다.

이것은 분명 매스컴의 역기능적인 일면이 가져온 부정적인 현상임이 틀림없지만, 그러나 다른 한편으로 보면 매스컴에만 그 책임을 물을 수 없는 일이라는 생각도 든다. 이런 명절 매도(罵倒) 현상의 이면에는 현대사회가 안고 있는 병폐의 하나인 개인의 파편화가 작용하고 있을 것이라는 생각이 들기 때문이다. 개인의 파편화는 현대사회의 구조적 모순이 초래한 개인의 불행한 모습으로서, 개인이 진정한 자유에서 멀어지고 고립되어 있는 모습을 나타내는 말이지만, 결과적으로는 바람직하지 못한 개인주의를 불러오게 된다.

 우리의 경우 서구의 개인주의를 잘못 이해한 데서 초래된 병적 개인주의, 혹은 자기 편의주의적으로 해석한 왜곡된 개인주의 등은 모두 이 개인의 파편화와 깊은 관계가 있다고 볼 수 있고, 이것이 전통적인 가족 관계에 단절을 불러오고 가족 구성원 간의 사랑을 허물어뜨리는 데서부터 명절증후군과 같은 논란이 비롯되었을 것으로 본다는 것이다. 오도(誤導)된 개인주의는 곧 이기주의의 다른 이름일 뿐이다. 적당히 이기적이지 않은 사람이 어디 있겠는가마는, 요즘 우리가 보는 우리 이웃들의 모습은 그 이기심이 너무 깊어져 이미 병적인 상태에 이르렀다고 해도 과언이 아닐 정도가 되어 버렸고, 이것은 그대로 가족 간의 관계에서도 여과 없이 드러나곤 하여 불행한 사태를 자아내곤 한다.

 자본을 향한 욕망에 지배되는 현대인이 운명적으로 안게 되는 인간의 파편화, 그것은 자기 안위와 이익을 최우선 순위에 두도록 현대인을 길들이고 그 결과 우리들은 나도 모르게 이기주의의 늪에 빠지게 되는 것이다. 참으로 불행한 것은 이러한 이기주의가 자기애(自己愛)로 둔갑해 나타남으로써 결과적으로는 자기를 기만할 뿐만 아니라 나아가 자기를 상실하게 하고, 궁극적으로는 모든 인간관계에 균

열을 초래한다는 것이다. 이것은 형제자매는 물론, 부모와 자식 간의 천륜도 자칫 그 빛을 잃게 만들 수도 있다는 점에서 우리를 더욱 긴장케 하고 있다. 아니, 이미 우리는 이러한 천륜의 파괴 앞에 무방비 상태로 노출된 우리 사회의 일그러진 자화상을 보고 있기도 하다.

일찍이 산업사회의 시작과 함께 대두되었던 인간성의 상실과 인간의 기계화에 대한 우려가 오늘 너무도 분명한 개인의 파편화로 나타나고 있고, 그 명백한 하나의 예가 바로 이 명절시비론(名節是非論)이라는 생각이 들어 우리 모두를 위하여 안타까운 마음을 갖지 않을 수 없다. 명절증후군이 비록 어느 사회에서나 그 변화의 한 양상으로 나타나는 문화 증후군의 하나라 하더라도 그 발생 동기를 명확하게 들여다봄으로써 그 부정적 기능을 최소화하는 지혜가 필요하다 할 것이다.

불필요한 관습, 혹은 옛것을 무작정 고수하고자 하는 인습에 가까운 태도는 분명 불식되어야 하지만, 그렇다고 해서 그 안에 담겨 있는 따뜻한 인정과 감성의 세계마저 도외시해서는 안 될 것이다. 우리가 늘 안타까워하고 있는 것이 바로 이 따뜻한 마음, 인정 어린 마음, 인간적 감수성이 서린 마음을 잃어가고 있다는 점이 아니던가.

명절에 음식 장만하고 뭔가 가족 중에 부담스러운 사람들과 만난다는 것은 분명 우리를 힘들게 하지만, 나에게 사랑과 관용이 부족한 것은 아닌지를 돌아본다면 의외로 이 문제는 쉽게 해결될 수도 있을 것이다. 가족에 대한 사랑을 회복하고 확인하는 일, 그들을 역지사지의 눈으로 바라보는 마음이야말로 이른바 명절증후군을 물리칠 수 있는 가장 확실한 무기가 아닐까. 사랑과 관용은 본질적으로 희생과 헌신, 그리고 그 결과로 얻어지는 기쁨을 속성으로 하고 있기 때문이다. 언론은 명절을 인권유린의, 특히 여성을 피해자로 만드는 원흉처럼 침소봉대하는 오도와 왜곡을 삼가고 가족의 사랑을 중심으로 명절의 의미를 되짚어 나가는 발상의 전환을 보여 줘야 할 것이다.

 올해도 우리 집은 혼란의 도가니였다. 그동안 손자 손녀들이 꽤나 자라서 이놈들 장난과 소란이 이제는 내가 감당하기 어려울 정도가 되었다. 생률을 치고 있는 내 손을 건드려 손에 칼 자리가 나기도 하지만 그보다는 이놈들이 다칠까 겁나고, 집사람과 며느리들 원조 요청도 힘겹다. 아들놈들은 어디 담배 피우러들 가는지 수시로 자리를 비우니 이 나이에 아직도 내가 명절 노동의 중심에 서 있는 셈이다. 그래도 집사람이나 며느리들이 하는 일에 비할 수야 있겠는가. 얼마 안 되는 차례 제수지만 수고하는 사람들에 대한 미안한 마음, 그리고 당사자들은 내가 사랑하는 가족들이 맛있게 먹을 음식을 장만한다는 보람과 기쁨으로 무장한다면 이런 일들이 무슨 노동 축에 들겠으며 스트레스가 되겠는가.
 오늘 점심 식사 후 아이들이 모두 떠나가고 다시 집안이 절간처럼 조용해져 좀 쓸쓸하기는 하지만 그들이 남기고 간 따뜻한 체온이 나를 부드럽게 감싼다. 그 여운이 나를 기쁘게 하고 행복하게 한다. 이 명절이, 우리 가족 간에 다소 소원한 점이 있었다면 그 거리를 다시 회복하고 결속을 다지는 좋은 계기가 되었음에 틀림없다. 감사한 일이다.

대통령 탄핵 정국 즈음, 아들들에게

요즘 우리나라의 정국이 너무나 걱정스러운 방향으로 흘러가고 있다. 이 아비는 정치에 문외한이지만, 한 가지 분명한 것은 지금은 역사의 그 어느 때보다 우리 모두의 이성적인 사고와 판단이 필요한 시국이라는 점만은 힘주어 말하고 싶다.

대통령도 잘못한 일이 있으면 법의 심판을 받아야 하고 그것이 탄핵의 대상이라면 탄핵도 해야 되고, 나아가서 하야의 분명한 사유가 된다면 하야를 촉구해야 할 것이다. 그러나 이 모든 일에는 절차와 순서가 있어야 한다. 우리나라는 자유민주주의 국가이고 민주주의는 절차를 그 원리로 하여 운영되는 정치철학이기 때문이다. 이것은 헌법에 명시되어 있는 국가 운영의 철칙이기도 하다.

작금의 언론과 이른바 민투가 보여 주고 있는 행태는 이 민주주의의 절차를 깡그리 무시하고 떼법, 좋게 말해서 민중이라는 이름을 등에 업고 그 함성으로 국가를 전복하려는 지극히 비이성적이며 반국가적, 반민주적인 모습이라고 하지 않을 수 없다.

사람은 누구나 자기의 생각이 있고 그것은 마땅히 존중되어야 하지만 그 생각의 객관성과 현실적인 시비와 타당성 여부는 늘 점검되어야 한다. 오늘 우리가 당면한 현실은 누구(대통령)의 잘못을 들춰내고 그것을 끊임없이 과장, 확대 재생산해 내는 낭비적인 언행으로 시간을 보내기에는 너무나 엄중한 국면에 놓여 있다. 이런 현실 앞에서 별다른 대안도 없이 내 주관에 갇힌 생각만 가지고 시위로 목청이나 높이는 행위는 자칫 적대 세력들에게 어부지리를 제공하여 자유민주주의의 존립을 위태롭게 할지도 모른다. 아니 사실이 그렇게 돌아가고 있다.

생각의 다름이 나쁜 것이 아니라 다른 생각들을 조합하고 융합하여 바람직한 방안을 찾아내고자 하는 건전한 사고를 부정하는 것이 문제다. 생각의 다름은 시비 판단의 문제가 아니라 오히려 다름을 변증법적으로 극복하고 보다 나은 차원으로 나아가기 위한 출발점이 되어야 하고 그 계기가 되어야 한다는 것이다. 오늘 최 아무개 사건으로 촉발된 이 국정의 난맥상도 오히려 세대 간 인식의 차이와 좌우의 가치관의 간극을 좁힐 수 있는 대화의 호기로 삼는 지혜를 찾아 나서야 할, 지금은 그런 때임을 우리는 알아야 한다. 위기가 바로 기회라는 진부한 금언이 오늘처럼 생생하게 살아나는 때도 없을 것이다.

이제 우리는 차이를 넘어서서 나라를 원래의 자리로 되돌려 놓기 위해, 다시 말해서 기울어진 국가의 복원력을 회복하고 본래의 목표 지점으로 반듯하게 나아갈 수 있도록 중지와 힘을 모아야 할 때다. 그러기 위해서는 언론이 그 본래의 역할을 충실히 수행하는 일이 무엇보다 중요하다. 일부 언론의 드문 예이기는 하지만, 이제 언론은 과장 왜곡 편향으로 얼룩진, 그야말로 국정을 농단하다시피 하는 사디즘적인 보도를 자제하고, 팩트에 충실하고 대중의 지혜를 모을 수 있는 공론의 장, 목탁의 모습으로 돌아가야 할 것이다. 그리고 국민은 오늘의 사태를 정치적인 반전의 호기로 알고 대중을 선동하는 일부 불순한 정치 세력들에게 그 우국충정을 이용당하는 우(愚)를 범하는 일은 없어야 할 것이다.

사랑하는 아들들아, 많은 인생 처세훈이 있지만, 그 기본은 균형감각이 살아 있는 세계관과 가치관을 정립하고 그 바탕 위에서 생각하고 행동하는 것이다. 그것이 우리가 말하는 윤리와 도덕의 기본이기도 한 것이다. 이 아비나 너희들이나 숙고(熟考)되지 않은 생각, 편향된 사고, 고민을 거치지 않은 판단을 마치 무슨 신념이나 되는 것처럼 받들고 거기에 함몰되어 부화뇌동하는 어리석음을 범하지 않도록 하자.

이 어지러운 시대를 살아가는 너희들이 안쓰럽구나. 그 책임의 상당 부분이, 생각이 다르다는 이유로 허구한 날 이전투구(泥田鬪狗)를 일삼아 온 이 아비와 같은 우매한 구세대에게 있음을 생각하면 너무나 마음이 아프고 미안한 마음을 금할 수 없구나.

그러나 우리가 자괴감에 빠져 있을 수만은 없는 일이지 않느냐. 이 난국을 타개하는 일에 미력이나마 보탬이 되도록 우리 부자간에 머리를 맞대고 진정 국익에 도움이 되는 길은 어디에 있는지 함께 고민하고 찾아보도록 하자.

늘 건강하고 가족이 화목하고 가정이 평안하기를 이 아비가 축원한다.

차이를 넘어서
–정유년(丁酉年) 소한(小寒) 무렵 시국을 돌아보며

요즘 날씨가 너무 푹하여 오늘이 소한인데도 봄날 같다. 대한(大寒)이 소한(小寒) 집에 놀러 왔다가 얼어 죽었다는 옛 우스갯소리가 있는 것처럼 소한은 겨울의 한가운데 있는 절기로서 동장군이 맹위를 떨치는 때임에도 불구하고 날이 이렇게 푹하니 아무래도 태극기와 촛불로 갈라진 어지러운 정국과 연결되어 뭔가 심상찮은 불길함도 느끼게 된다.

우선은 겨울 경기가 사라지니 전체적인 나라의 경제가 타격을 입게 되고, 사람들 감각과 의식에 혼선이 빚어졌는지 입에서 나오는 소리라고는 개구리요, 두꺼비요, 전갈이요, 뱀과 같은 것들뿐이라 사회 전체에 저열하고 속악(俗惡)한 와글거림만 가득하고 나라가 난장판이 되고 말았으니 어찌 불길하다 하지 않을 수 있겠는가.

언어가 고귀한 말씀으로서의 본래의 기능을 상실한 지는 이미 오래된 일이니 새삼 따질 일은 아닐지 모르나, 오늘 우리 사회의 말이 이렇게 비난, 조롱, 모함, 음해, 날조, 폭언, 참언(讒言), 심지어는 증오와 저주의 수단으로 전락해 버리고 말았다는 것은 참으로 불행한 일이 아닐 수 없다. 언어가 이렇게 타락하면 그와 순환적인 인과관계에 있는 인간 정신과 심성이 피폐 황량해질 수밖에 없고 그 결과로 예의와 염치가 없어져 인심이 오염되고 정국이 불안해지고 사회 기강과 풍기가 문란해지는 것은 필연인 바, 여기에 천기까지 불순해지니 지금 이 나라의 온 천상천하가 카오스의 격랑에 휩쓸리고 있는 것은 어쩌면 당연한 일인지도 모른다.

어떤 이는 오늘 우리가 겪고 있는 카오스의 상태야말로 우리나라가 역사의 한 획을 긋고 있음을 보여 주는 것으로서 나락의 바닥에까지 이르렀음을 뜻하는 것이니, 이는 곧 새롭게 태어나고자 하는 자가 겪게 되는 진통이고, 다시 치고 올라가게 되는 시발점이자 또 다른 차원의 코스모스를 이끌어 낼 오히려 좋은 기회라고 말하고 있어 위안이 되기는 하지만, 그 말처럼 오늘 우리가 당면한 이 현실이 정말 신기원(新紀元)으로 가는 도약대가 되기 위해서는 우리 국민 한 사람 한 사람의 명확한 현실 인식과 헌신의 비상한 각오와 동참의 결의가 있지 않으면 안 될 것이다.

이 일을 위해서는 무엇보다 비열하고 무능한 정치 장사꾼들을 이 땅에서 몰아내야 하고, 일부 하수구에 빠진 언론을 건져 내어 그 악취를 제거하고 정화하는 일과, 법리와 진실보다는 시류의 눈치를 살피며 보신에만 혈안이 되어 있는 검찰과 정치에 오염된 사법부를 징치(懲治)하는 일이 선행되어야 한다. 바로 이 일부터 바로잡지 않으면 모처럼 맞이한 환골탈태(換骨奪胎)의 기회를 놓치고 우리는 영영 나라을 벗어나지 못하게 될 것이다.

그리고 이 일을 해야 할 사람들이 바로 우리 국민 한 사람 한 사람임은 두말할 나위가 없다. 불순한 세력과 모리배의 선동, 사주에 속아 이용당하고 있는 분들이 있다면 이런 분들도 이제는 이 부조리한 현실과 국가적 위기를 극복하기 위한 애국 대열로 돌아와야 한다. 긴 갈등의 골짜기를 지나 이제 우리는 한 곳을 바라보고 보조를 같이 해야 할 엄중한 시대적 요청 앞에 서 있는 까닭이고, 그것은 우리의 운명이고 우리는 미우나 고우나 역사 앞에서 공동운명체이기 때문이다. 이런 통합된 국민의 힘은 이 위기를 도약의 기회로 만들어 줄 것이며, 우리나라가 이 어둠을 뚫고 아름다운 코스모스의 상태를 회복할 수 있게 해 줄 것이다. 위기는 또 다른 기회라는 금언이 오늘처럼 생생하게 빛을 발하는 때도 없을 것이다. 부언하거니와 이제껏 위기에 놓인 국가를 구해 온 것은, 몇몇 위대한 영웅의 노력이 없었던 것은 아니지만, 바로 우리 평범한 국민 한 사람 한 사람, 이른바 민초(民草)의 힘이었다는 역사의 진실을 잊어서는 안 될 것이다.

오늘 우리가 목도하고 있는 이 참담한 현실은 이 시대가 중대한 역사의 전환기임을 말해 주고 있음은 물론이다. 그냥 이대로 나락에 주저앉고 마느냐 부활을 위한 비상의 날개를 힘차게 펼치느냐의 갈림길에 우리가 서 있음을 보여 주고 있다는 것이다. 이러한 때일수록 사회의 지도적 위치에 있는 사람들, 혹은 식자층들을 비롯하여 사회 구성원 모두가 그 태도를 분명히 해야 할 필요가 있다. 양비론이나 양시론은 황희 정승 시대에나 통하던 미덕일 뿐, 이 시대는 더 이상 그런 기만적인 낭만을 허락하지 않는다. 그것은 중용이 아니라 회색적 태도에 가까워 보이기 때문이다. '지옥의 가장 가혹한 고통의 자리는 결정의 순간에 선택을 포기하고 중간적 위치에 선 사람들을 위해 준비되어 있다.'라고 한 「신곡(神曲)」의 일 절을 기억할 일이다.

그러나 우리의 진정한 소망은, 이제 우리들이 태극기나 촛불과 같은 대립적 표상, 혹은 이념과 세대를 뛰어넘어 한자리에 모여 머리를 맞대고 한 곳을 바라보면서 진정 대한민국의 국익을 위한 길은 어디에 있는지 함께 고민하고 모색해 보는 그 화합의 장이 조속한 시일 안에 만들어지는 일이고, 그것을 통하여 나라를 이전보다 굳건한 자유민주주의의 토대 위에 다시 올려놓는 일이다. 이것이 바로 우리 역사가 우리에게 끼친 교훈을 바르게 새기는 길이며, 역사가 우리에게 묻고 있는 통일 조국의 소명에 충실히 답하는 태도일 것이기 때문이다.

극중(克中)의 길
-험난하지만 우리가 가야만 할 길

　근래 일기예보에는 전에 볼 수 없었던 미세먼지의 농도를 알리는 내용이 들어 있어 이제는 이 미세먼지가 우리의 주요 관심사로 자리 잡게 되었다. 미세먼지가 언론에 이슈로 등장하게 된 것은 중국의 급격한 경제성장에 따르는 공해 배출과 시기적으로 연동되어 있다는 점에서 이 문제는 중국이 우리나라에 미치는 좋지 않은 영향의 대표적인 예가 된다고 할 것이다.
　전에 북경에 공무로 두어 번 다녀온 일이 있는데, 그때 북경의 대기가 뿌연 것이 꼭 짙은 안개가 낀 것 같아 바로 앞엣것도 잘 보이지 않았는데 그것이 말하자면 미세먼지 때문에 나타난 현상이었다. 공해 배출 산업시설들을 무분별하게 도입하기만 하고 그 공해를 처리할 방안을 강구하지 않아 발생하는 공기 오염으로, 급격한 산업화를 환경정책이 미처 뒤따르지 못하는 데서 초래된 재앙임은 물론이다. 그곳이 중국이라, 남의 나라 일로만 여길 일이 아닐 텐데, 이제 곧 우리나라에도 불똥이 튈 텐데 걱정하였더니, 아니나 다를까 우리나라에도 큰 영향을 미쳐 우리 국민의 건강을 위협하고 있다.

봄에는 황사현상으로, 겨울에는 미세먼지로 우리나라에 나쁜 영향을 미치고 있음을 생각하면, 비록 그것이 중국이 의도한 바는 아니라 할지라도, 그리고 작은 예에 불과하다고 할 수도 있지만 중국은 여러모로 우리를 어렵게 만드는 이웃이 아닐 수 없다. 지정학적인 위치의 문제로 하여 우리가 중국으로부터 받아 온 작고 큰, 유형 무형의 부정적 영향은 멀리 거슬러 올라갈 것도 없이 6.25 한국전쟁이나 북한 핵 문제에 대처하는 태도만 보아도 알 수 있는 일이다. 며칠 전 우리 친구 한 명이 등산모임에 나오지 못하게 된 것도 그의 목감기 증세에 미세먼지가 악영향을 미칠 수 있기 때문이었던 것으로, 이것은 작지만 우리가 중국 때문에 겪고 있는, 현실적이고 실제적인 생활 속의 피해 사례라 할 것이다.

일본도 나쁜 이웃이지만, 중국도 그 못지않게, 아니 어쩌면 더 좋지 않은 이웃인지도 모른다. 과거 일본 제국주의에 빌붙어 일신의 영달을 추구했던 친일파는 어찌 보면 약소국가의 역사가 만들어 낼 수밖에 없었던 비극적인 현상으로, 그리고 그 이전 봉건시대의 모화사상(慕華思想)은 국력은 물론 그 문화적인 열등성과 후진성에서 빚어진 불가피한 일로 치부할 수도 있겠지만, 그러나 이들 모두 수치스러운 역사, 다시 기억하고 싶지 않은 모습임에는 틀림없다. 나라에 힘이 없고 문화적 역량이 부족하여 빚어진 일이라 누구를 탓할 일은 아니지만, 이들 특히 중국이 이런 약세를 이용하여 우리에게 가한 해악과 능멸은 그 도를 가늠하기가 어려울 정도다.

중국은 이번에는 사드 배치와 관련하여 자기네 말을 듣지 않는다고 우리나라에 대하여 경제를 중심으로 전방위에 걸쳐 압력을 가하고 있다. 중국 내 롯데 매장을 문 닫게 하고 한국 물건 불매운동을 부추기는가 하면, 한국 기업들의 활동과 한류(韓流)를 제한하고 유객(遊客)의 한국행을 노골적으로 방해하거나 거의 공식적으로 금지하더니, 이제는 알리바바까지 나서서 한국행 물류를 차단하는 등 서슴없이 폭력이나 다름없는 비이성적인 작태를 연출하고 있다.

상호호혜와 협력으로 국제사회의 질서를 바로잡아 가고자 하는, 더불어 살아가는 지구촌 시대의 리더를 자임하는 G2 중국이 사실은 그 속내에 추한 제국주의적 패권 의식을 감추고 있음이 이 일로 하여 명백하게 드러난 것이다. 과거 조선에 군림하고 핍박하던 때와 조금도 다름이 없는 야만적 행태, 그 비열한 갑질은 오늘 그들이 막대한 국부를 이루었다고는 하지만, 그 본질에서는 후진성을 아직 벗어나지 못하고 있음을 스스로 노정(露呈)하고 있다.

그런데 사정이 이러함에도 불구하고, 지금 일본에 대한 우리 국민의 정서는 비판적이고 부정적이라는 점에서는 큰 공감대가 형성되어 있지만, 오히려 중국에 대해서는 지난 역사에서나 볼 수 있었던 종속적 태도가 부활하고 있는 것이 아닌가 하여 우려되는 바가 크다. 이런 현상은 좌파적인 경향을 보이는 인사들 사이에서 종종 나타나고 있는데, 그들은 중국이 우리에 대하여 분명 적대적인 태도를 보이고 있음에도 불구하고 거기에 대해서는 함구하고 오히려 우리 정부의 대중국 정책을 비판, 공격하는가 하면 중국을 미화하고, 심지어 일부 야당 정치인들은 친선 교류라는 미명(美名)하에 정치적 훈수(訓手)를 구하기 위해 다투어 중국행 행렬을 이루고 있으니 이러고도 어찌 나라가 온전하기를 바랄 수 있겠는가.

　이는 공산주의나 모택동 사상에 막연한 동경심을 가지고 있는 사람들에게서 심심찮게 보이는 현상으로 중국에 대한 신판 사대주의라 일러 무방할 것이다. 이들은 조선 시대 존명(尊明) 모화사상에 함몰된 기형적 사대주의자들을 닮아 가고 있어 가히 현대판 '당벽(唐癖)'이라 불러도 좋을 것이다. 말하자면 이들은 과거 소련을 대신하여 중국을 사상적, 이념적 조국쯤으로 생각하고 숭배하는 것으로 보인다는 것이다.

　사드 문제와 관련하여 우리에게 이래라저래라하는 것은 명백하고도 중대한 내정 간섭이요 주권 침해임에도 불구하고 이를 비판하는 좌익인사들이 눈에 띄지 않는다는 것이 이를 웅변적으로 증명하고 있다. 참으로 한심하고 안타까운 일이 아닐 수 없다.

　우리의 통일을 방해하는 가장 확실한 두 세력, 즉 일본과 중국에 대한 우리의 의식은 칼날처럼 날카로워야 하며 경계심은 밤낮이 없어야 할 것인데, 일부 편향성을 보이는 인사들은 중국에 대해서는 오히려 굴종적 태도나 동경하는 마음을 보이고 있으니 어찌 걱정스러운 일이 아니겠는가. 민족과 자주(自主)를 입에 달고 사는 이 사람들의 모순과 자가당착(自家撞着)이 우리를 안타깝게 하고 있다. 중국인들 자신도 이미 내심으로는 폐기해 버렸을 공산주의, 그 공산주의 혹은 사회주의의 환상에 사로잡혀 있는 이런 유(類)의 인사들의 각성이 요구되며 특히 일부 반국가 세력들에 대한 징치(懲治)가 그 어느 때보다 필요한 시점이다.

　이들 두 나라는, 즉 중국은 유엔의 제재에도 불구하고 북한에 각종 지원을 아끼지 않는 후견 국가로서 그들의 존립을 가능케 하고,

일본은 은밀한 지원 정책으로 그들을 떠받쳐 경제적 붕괴를 막아 남한과 대치가 가능하토록 함으로써 우리를 영원한 분단국으로 남겨 두려 한다는 이 현실을 우리는 한시도 잊어서는 안 된다.

우리는 지금 극일(克日)에 이어 극중(克中)이라는 새로운 시대적 소명 앞에 서 있다. 이 길은 엄중한 형극의 길이 될 것이 분명하지만 비장한 각오로 그 길을 가야만 하는 것이 오늘 우리에게 주어진 역사적 책무다. 우리의 국가적 정체성과 주권, 국민의 생명과 재산을 수호하기 위한 길에 여야(與野)나 좌우(左右), 호불호(好不好)가 따로 있을 수 없으며 남녀와 노소가 구별될 수 없다. 국민적 대단합을 이루는 것만이 이 위기의 시대를 극복해 나갈 수 있는 유일한 길임을 우리는 명심해야 한다. 사드와 관련된 중국의 무도한 횡포가 중국으로 말미암아 우리가 겪어야 했던 역사적 피해 위에 오버랩 되어 더욱 선명하게 부각 되는 이 고난의 국면을 타개해 나가기 위해서는 우리 모두의 대동단결밖에는 달리 길이 없다는 이 사실을 다시 한 번 확인해야 할 것이다.

오늘도 일기예보는 미세먼지 나쁨이라 전하고 있다. 봄에는 황사와 미세먼지에 대처하는 방법과 그 피해를 줄이는 생활 수칙이 세간의 주요 관심사가 되어 있는 현실을 보면서 새삼 우리의 지정학적 여건과 그 어떻게 해 볼 수 없음에 대하여 안타까운 마음을 금할 수 없다. 여기에다 일본 원전 사고의 여파로 수년이 지난 지금까지도 그 생계를 걱정해야 하는 상당수의 수산업 종사자를 생각하면 참으로 잠을 이룰 수 없을 지경이다.

대통령 탄핵이라는 미증유의 사태까지 겹친 이 위난의 시기를 이겨 나가고자 하는 이 나라, 극중(克中)과 극일(克日)의 험로(險路)를 앞에 두고 있는 우리 국민의 분투와 정성에 감천(感天)이 따르기를 간절히 빌어 본다.

소설과 디지털 시대

이 세상에 소설이 없으면 안 되기 때문에 소설이 쓰여지는 것일까? 소설 한 줄 제대로 읽은 적이 없으면서도 세속에서 말하는 성공을 거둔 사람들이 즐비한 것을 보면, 그리고 소설이라는 것이, 뭐 그런 게 있는지조차 잘 모르면서도 인생을 재미있게 살아가는 사람들이 또 얼마든지 있는 것을 보면 소설이 인생살이에 꼭 필요한 것도, 뭐 그리 대단한 것도 아니라는 생각이 들기도 한다.

세속적이든 고답적(高踏的)이든 뭐가 되었든 간에 그가 성공하는 데 소설로부터 아무 도움도 얻은 바 없고, 소설을 몰라도 그는 지금 이렇게 재미있게 살고 있는데 소설이 도대체 무슨 소용이냐고 생각하는 사람들에게는 소설은 그저 어제 읽은 신문처럼 따분한 그 무엇일 뿐이다. 그들은 비록 소설을 읽은 적이 거의 없지만 소설을 많이 읽은 사람 못지않게 인생에 대하여 많은 것을 조리 있게 말할 수 있고, 또 나름대로 현명한 판단과 명쾌한 결론에 이르고 있음을 보면 적어도 이들에게는 소설이 큰 의미를 지닐 수 없음을 알게 된다.

그래서 소설은 누구에게나 의미 있는 어떤 대단한 존재가 아니라 그것이 필요하다고 생각하는 사람들에게만, 정말 그것이 인생살이를 깨우쳐 나가는 데 도움이 된다고 믿고 있는 사람들에게만 유의미한 선택적 존재로 그 의미의 항을 제한해 볼 필요가 있는지도 모른다. 어차피 소설은 그 말이 옳다고 믿는 사람에게만 진실이 되는 미토스(mythos)적인 말하기, 신화적인 말하기가 아니던가.

 위의 이야기가 장난처럼 들릴지 모르지만, 소설을 모르고 산다는 것이 얼마나 불행한 일인가를 당연한 것처럼 말해 온 것이 과연 옳은가를, 나아가 문학이 빠진 삶은 참된 삶이 아니라는 진술은 어느 선까지 타당한 것인지 이제는 한 번쯤 점검해 보아야 할 때가 되었다는 것이다. 톨스토이 시대에는 인간을 바라보는(파악하는) 방식으로 소설만한 것이 없었지만 주지하다시피 오늘 이 시대는 너무나 다양한 방식, 예컨대 디지털 영상 기기 등을 통하여 인간을 다각적으로 들여다볼 수 있어 굳이 소설이나 철학과 같은 고행(苦行)이나 다름없는 아날로그적인 방법으로 인간을 탐구하지 않아도 인간에 대한 해명이 어느 정도 가능하게 되었다는 점에 주목할 필요가 있다는 것이다.
 인간과 인간의 삶이 지니는 진정한 의미를 찾아 험난한 지적 미로(知的迷路)를 헤매야 했던 소설적 탐구 방식은 그 진지함과 엄숙성으로 하여 오늘 이 디지털 시대에도 그 가치는 여전히 유효하긴 하지만, 이제 더 이상 유일한 방법이나 가치가 아니라는 점도 우리는 인정해야 할 것이다.
 지금은 지나간 이야기가 되었지만, 한때 이인성이나 윤대녕, 혹은 박민규, 배수아 등이, 그보다 오래전 김승옥이 우리 눈에 낯설게 보였던 것은 그들이 시대의 변화를 감지한 나머지 전통소설의 한계를 극복하지 않고서는 소설의 존속이 어려울 것이라는 깨달음에서, 인간을 들여다보는 이 시대의 기존의 방법들과의 차별화를 시도하여 작품화했기 때문이다.

그것이 실험정신으로 평가되든 개성의 극대화로 이해되든 간에 과거 소설이 누렸던 권위를 탈피함으로써 새로운 활로를 열어 보려 한 노력이었다는 것만은 분명하다. "시대는 옮겨 가고 있는데 법은 옮기지 않고 옛날 법대로 다스리고 있으니 어찌 어려운 일이 생기지 않겠는가?"(「여씨춘추, 呂氏春秋」)[19]라는 말은 소설 장르가, 그리고 소설가들이 늘 명심해야 할 경계의 말씀이다.

그러나 소설을 읽지 않고도 얼마든지 의미 있는 삶을 살 수는 있지만, 그 '의미'라는 것의 내용이 상대적으로 빈곤해질 수 있다는 점에서 소설을 모르고 문학을 모르는 것은 아무래도 바람직하지 않은 일면이 있음을 부정하기는 어렵다. 그런 점에서 위의 논의는 일정 부분 수정되어야 할 것이다.

앞서 말한 것처럼 과거 소설이 담당했던 인간 해석의 역할이 영상예술 쪽으로 많이 옮겨 간 오늘 굳이 소설의 중요성을 강조하는 것이 아직도 유효한지는 의문이나, 소설은 어느 시대에나 그 시대가 요구하거나 필요로 하는 인간의 모습을 그려 내려고 했다는 점에서 그것은 여전히 읽힐 만한 가치가 있고, 또 그렇게 함으로써 우리의 의식을 새롭게 하는 힘을 지니고 있다는 점에서 존재의 당위성을 획득하게 된다. 오늘의 소설은 이러한 소설 본래의 기능, 혹은 사명을 시대의 변화에 따라 정확하게 수행함으로써 그 존재의 의미를 강화

---

19) 時已徙矣(시이사의) 而法不徙(이법불사) 以此爲治(이차위치) 豈不難哉(기불난재)

해 나가야 할 것이다.

소설이 전형적(典型的)인 인간을 만들어 낸다고 할 때의 전형성은 두 가지 유형의 인간을 의미한다. 하나는 삶의 양태를 드러내 보여 주는 다양한 인간 군상(群像)의 모습이고 다른 하나는 그 시대나 사회가 추구하는 인간의 모습이다. 이들은 모두 진실의 범주에 드는 것들이고 그중 일부는 우리가 되고 싶어 하는 어떤 전형이다.

소설에서 삶의 진실은 있는 그대로의 모습으로, 혹은 우리가 추구하는 어떤 모습으로 나타난다. 전자는 사실이면서 진실이고 후자는 추상적 개념이면서도 우리의 이상(理想)이기 때문에 진실이 된다. 소설의 한 목표가 새로운 인간형의 발견과 창조에 있다고 할 경우 '새로운 인간형'은 한 시대와 사회가 추구하는(요구하는) 인간의 모습을 의미하지만, 다른 한편으로는 숨어 있던 우리의 어떤 모습을 발견했다는 의미로 해석될 수도 있다.

소설의 진정한 가치는 바로 우리가 이러한 소설 속의 인물을 통하여 우리의 모습을 확인할 수 있게 해 주고 우리가 진심으로 바라는 바가 무엇인지를 스스로 깨닫게 해 준다는 데 있다. 나의 실상, 즉 실존의 의미와 내가 되고 싶은 것이 무엇인지를 깨닫고 확인하는 것, 즉 동일성(identity)의 회복, 혹은 자기실현(self-realization)을 가능케 한다는 데 소설의 가장 큰 미덕이 있다는 것이다.

온갖 영상기기들과 사회관계 연락망 서비스들이 모든 정보를 지배하고 있는 이 디지털 시대에도 소설이 여전히 빛을 발하고 있는 것은 바로 이러한 이유 때문이며, 우리가 소설을 주목하고 읽을 수밖에 없는 까닭도 바로 여기에 있는 것이다.

불감증 사회
-부도덕 부조리 공화국

    동해안의 폭설로 인한 인명 피해 소식에 이어 어제오늘 국내외적으로 가슴 아픈 사건 사고 소식들이 줄을 잇고 있다. 이집트 시나이 반도에서는 구약성서 루트를 답사하는 한국 성지 순례단이 아랍 테러 단체의 자살폭탄테러 공격을 받아 세 명이 숨지는 사고가 있었고, 나라 안에서는 부산외대 신입생 OT 행사장의 건물 천장이 지붕에 쌓인 눈 무게를 이기지 못하여 무너지는 바람에 아홉 명의 꽃다운 젊은이와 행사 요원 한 명이 숨지는 참사가 있었다. 이 두 사고는 성격이 전연 다르지만 조금만 더 신중하게 행사 계획을 검토했더라면 피할 수도 있었던 일이라는 점이 우리의 마음을 더욱 아프게 하고 있다.

    일부 중동 지역에서 이미 우리 선교사들이나 관광객들이 비극적인 사고를 당한 일들이 있었기 때문에 늘 그곳 여행이나 그 지역에서의 활동을 최대한 삼가야 하고 가능하면 가지 말았어야 했다. 나도 10수년 전에 이번 테러가 일어난 코스를 다녀온 적이 있지만, 그때는 아직 관광객을 상대로 하는 테러는 거의 없었음에도 이미 우리 정부는 이 루트를 여행 경계 지역으로 분류해 놓고 있었던 곳이고, 근래 들어서는 거의 여행 적색 지역으로 격상시켜 놓은 곳이기도 하다. 그런 줄 알면서도 별일 없이 지나갔기 때문에 타성적으로 성지순례를 시행해 온 것인데, 결국은 그 잠재적인 위험이 이번에 현실로 나타나게 된 것이다. 하기야 위험하다고는 하지만 아직까지 큰 사고는 없었으니까 설마 무슨 일이야 있겠는가 하는 마음이 드는 것은 인지상정이라 할 수도 있을 것이다. 그러나 적어도 그 위험성을 알았다면, 그리고 성지순례를 꼭 해야 한다면 그 방법이나 코스를 바꾸거나 새롭게 개발했어야 했다. 성지순례는 종교적인 열망이나 신앙인으로서의 의무감과 직결되는 행사이기 때문에 적어도 신앙인에게는 생략할 수 없는 일임이 분명하다면, 이제는 그 대상 지역이나 통행 방법을 바꾸어야 한다는 것이다. 그리고 교회나 여행사도 무분별한 성지순례 계획이나 장사를 자제해야 할 것이다.

부산외대 신입생 오리엔테이션 참사는 더욱 우리의 안전 의식이 최악의 상태에 이르고 있음을 단적으로 보여 주는 예가 될 것이다. 부조리한 하도급 관행으로 하여 공사비를 최대한 낮출 수밖에 없는 건설 현장의 비리가 불러온 수많은 사건 사고를 목격해 온 우리 눈에는 이번 사건도 결국 중간에 돈 빼먹는 공사 관계자들 때문에 사고 건물에 부실 공사가 이루어졌고 언젠가는 인재가 덮쳐 올 수밖에 없는 곳에 운 없게도 때맞춰 폭설이 내려 그 잠재적인 위험성을 보다 일찍 현실화시킨 것으로 보일 뿐이다. 이런 나쁜 인간들이 어디 있는가. 건축물은 사람의 안전을 최우선으로 고려하여 만들어져야

함에도 불구하고 갑의 횡포와 하도급 비리로 하여 날림 공사가 관행처럼 되어 버린 결과 무수한 인명 피해를 불러오고 있음에도 여전히 그 타성을 반성하지 않고 있는 건설업계의 부도덕성을 규탄하지 않을 수 없다.

그리고 연수시설이나 리조트를 만들어 놓았으면 행사에 앞서 별 이상이 없더라도 만일을 대비해 그 업주들은 무엇보다 안전 점검을 우선시해야 할 텐데, 점검은커녕 그렇게 많은 눈이 지붕에 쌓여 있음에도 불구하고 사고의 가능성은 염두에도 없고 손님 받기에만 급급했으니 그 부도덕성을 또한 질타하지 않을 수 없다. 한국 사회의 비리와 부조리, 책임자들의 부패와 직무 유기, 혹은 태만이 초래한 전형적인 사건이 이번 부산외대 신입생 OT 참사라 할 것이다. 선진국 문턱에서 10년 넘게 용만 쓰고 있지 그 한계를 돌파하지 못하는 원인도 바로 이 사건 속에서 찾아볼 수 있을 것이다. 성과주의와 눈가림, 이기주의와 부패, 한탕주의와 부조리가 이제는 당연한 일처럼 여겨지는 이 부도덕 공화국, 반인륜 공화국에 어찌 하늘이 선진국이라는 영광을 허락하겠는가 말이다.

말쑥한 금테 안경을 쓰고 뒤로는 자기가 관리하는 정보를 이용해 축재를 일삼는 일부 타락한 고위 공직자들을 필두로 하여 인명(人命)을 담보로 이윤을 챙기고 하도급 업자들로부터 리베이트를 착취하는 갑(甲)질 기업과 그 하수인들을 몰아내는 일대 혁신이 어느 때보다 필요한 시점이다, 우리의 미래, 저 꽃다운 청춘들이 피를 흘리고 생때같은 목숨을 잃고 있지 않는가 말이다. 저 원혼을 어찌 달랠 것이며, 그 가족들의 비할 데 없는 절통함과 참담한 심경은 또 어찌할 것인가. 우리 모두의 대오각성이 없이는 이런 비극을 벗어날 수 없음은 물론 선진국으로의 전진도 기대할 수 없다는 이 자명한 이치를 깊이 인식할 일이다.

집사람이 소치에서 우리 쇼트트랙 여자 선수들이 3,000m 단체계주에서 금메달을 땄다고 좋아서 박수를 치고 있지만, 나도 그 장면을 왜 보고 싶지 않겠는가마는, 그리고 함께 기뻐해야 할 일이지만, 나는 그 환호에 동참하지 못하고 있다. 짧은 시간의 두서없는 생각이라 조리 있는 말은 하기 어렵다 하더라도, 뭔가 이 딱한 우리의 부조리한 현실에 대하여 한마디 하지 않을 수 없기 때문이다.

이집트에서 희생된 분들과 경주 마우나오션 리조트에서 불의의 사고로 꽃다운 청춘을 접은 학생들의 명복을 빌고, 그 가족들에게 심심한 조의와 위로의 뜻을 전한다.

우크라이나 2제

트럼프가 미국 대통령에 당선되면서 우크라이나/러시아 전쟁은 새로운 국면을 맞이하게 되었지만, 이 전쟁은 국제사회의 역학 관계뿐만 아니라 우리에게 인간의 존엄성과 자유를 다시 돌아보게 하고 있다.

1. 총을 든 의족 시민

나는 오늘 아침, 참으로 오랜만에 콧날이 시큰해지며 눈물이 핑 돌아 손수건으로 눈물을 찍어 내는 일을 겪었다.

그것은 아침 신문 기사에 실린 사진을 본 순간에 일어난 일이었는데, 그 사진에 붙은 카피는 '총을 든 의족 시민'이었다. 우크라이나 사태 관련 보도 기사 중에 삽입된 사진인데, 그 사진은 우크라이나가 당면한 운명의 절박성을 잘 드러내고는 있지만, 눈물을 찍어 낼 만큼 감동적이라고 하기에는 뭔가 좀 모자라는 점이 있음에도 내가 왜 그 사진을 보고 눈물을 찔끔거렸는지는 나도 잘 모르겠다. 이제 나이가 들어 조그마한 일에도 마음이 약해지는 정서적 허약 증세 때문일까, 아니면 터무니없는 얘기일 수도 있으나, 삶에 대한 시적(詩的) 성찰이 순간적으로 명멸한, 일종의 의식의 섬광등이 켜진 탓이었을까?

도대체 우리에게 가치 있게 산다는 것은 어떤 삶의 모습을 의미하는 것일까? 오늘 이런 질문으로부터 멀리 떨어진 곳에서 삶을 낭비하고 있는 나의 모습, 가치관이라는 말은 저기 기억의 뒤편으로 유폐시키고 가치 진공 속에 살면서도 그 사실을 깨닫지 못하고 그냥 살아가기만 하는 나의 어두운 그림자를 그 사진의 이면에서 보았기 때문일지도 모르겠다.

사진 속 총을 든 의족 시민의 모습은 그저 애국심의 발로라고만 하기에는 뭔가 우리에게 깊은 그 무엇을 생각게 한다. 실체가 불분명한 신념이란 아집에 사로잡혀 그 바깥으로 한 발자국도 나가지 못하는 우리의 어리석음, 그래서 고귀한 본질적인 가치를 잊어버리고도 태연한 우리의 불감증, 그리고 숙명적인 비극성으로부터 자유로울 수 없는 너와 나에 대한 연민의 정을 여기서 느꼈다면 지나친 비약일까.

비록 의족의 성치 못한 몸이지만 총을 들고 저항의 대열에 참여한 그 사내, 직접 총을 들고 침략자들 앞에 나선 젤렌스키 대통령, 결혼식을 올리지 못할지도 몰라 미리 결혼식을 올리고 자원입대한 신혼부부, 이들의 모습은 그들의 깊은 애국심과 근원적인 가치를 수호코자 하는 의식, 그 강렬한 의지와 욕구의 외면화임이 분명하다. 내가 감동의 눈물을 찍어 낸 것은 사실이고 그 이유는 여전히 콕 집어 설명하기는 어렵지만, 부당한 운명의 횡포에 맞서 자기를 지키려는 그 비장한 모습들에서 인간의 자유와 존엄, 그리고 행복의 문제, 그 가치를 다시 돌아보게 된다.

'총을 든 의족 시민', 이 사진은 최선의 가치를 찾기 위해 자기희생의 고통을 감내해야만 하는 인간의 숙명, 그 처절함의 기호(記號)가 되어 내 뇌리를 떠나지 않는다.

2. 자유의 냄새

"열한 살 때인 1988년 아버지와 공산권인 독일 베를린(동베를린)으로 여행을 갔다. 그때 아버지가 서베를린 쪽을 바라보면서 '깊게 숨을 쉬어 보아라. 이것이 자유의 냄새란다.'라고 한 말이 잊히지 않는다."

에스토니아의 카야 칼라스 총리의 추억담이다. 그녀가 서베를린 쪽을 바라보면서 실제 어떤 냄새를 맡았는지는 알 수 없지만, 그녀의 아버지(에스토니아의 전 총리 시임 칼라스)가 말한 자유의 냄새는 감각을 통하여 맡아지는 냄새라기보다는 마음으로 느끼는 냄새, 심안(心眼)이라는 말이 가능하다면 심비(心鼻), 즉 마음의 코로 맡는 냄새일 터이다.

인간의 자유에 대한 갈망, 그 간절한 희구를 이보다 더 잘 말해 주는 이야기도 없을 것이다.

그러므로 우리는 어떤 미명으로도 남을 얽매거나 구속해서는 안 된다. 사랑이라는 이름으로도 그것은 용인될 수 없다. 사랑이라는 절대 권력 아래 우리는 얼마나 많은 구속을 자행하고, 또 당하고 살아왔는가! 어떤 이념에 복무하기 위해, 어떤 다른 목표를 이유로 저

질러 온 자유의 훼손을 우리가 어찌 감내할 수 있겠는가. 이 체험은 그 훼손을 더 이상 용납할 수 없는 자유에 대한 신념을 그녀의 마음 속에 심어 준 동인이었음이 분명하다. 그래서 다음과 같은 언명이 가능했을 것이다.

"가스는 비쌀 수 있지만, 자유는 값을 매길 수 없다. 우크라이나가 패한다면, 이는 우크라이나의 패배가 아니라 우리의 패배다."

러시아의 우크라이나 침공에 대하여, 가스 공급 문제로 미온적인 태도를 보이는 서유럽 국가들의 각성을 촉구하는 성명서 같은 발언이다. 자유의 소중함을 이보다 절실하게 말해 주는 수사(修辭)를 여러분들은 만나 본 적이 있는가? 영국의 한 언론은 그녀를 "칼라스 총리는 유럽에 나타난 새로운 '철의 여인(Iron lady, 마거릿 대처 총리의 별명)' 이라고 불렀다. 세계는 그녀를 지금 '발트 철의 여인'으로 명명하고 있다.

에스토니아는 소국들인 발트해 3국 중에서도 인구 약 122만의 가장 작은 나라다. 러시아로서는 한주먹 거리도 안 되는 미니 국가의 총리가 러시아의 우크라이나 침략을 강력히 규탄하고 그 응징의 깃발을 들어 올리면서 우크라이나에 전비(戰費)를 제공하는 모습에 적이 당황했을 것이다. 러시아는 여기에 대한 대응책으로 자기네들의 법 조항에 의거 '역사적 기억 모욕(구소련 참전군인 기념물 파괴)' 혐의로 칼라스 총리를 지명수배했다고 한다.

다소 위태로워 보이기도 하는 칼라스 총리의 대러시아 강경책은 그녀의 '자유의 냄새'에 대한 체험과 무관해 보이지 않는다. 그 체험에서 비롯된 자유 수호의 의지와 신념이 그녀를 세계적인 여론 선도자로 자리매김하게 되었다고 볼 수 있기 때문이다.

  자유의 냄새가 충만한 공간 속에 살고 있는 사람들은 그 냄새를 지각하지 못한다. 따라서 그 소중함을 잊어버리고 허비하게 된다. 그리고 그것이 그들이 그 흔했던 자유를 상실하게 되는 원인으로 작용할 수도 있음을 우리는 역사의 군데군데에서 확인할 수 있다. 칼라스는 자유, 그 숭고한 가치에 대한 새삼스러운 깨달음을 우리에게 선사하였을 뿐만 아니라, 그것을 지키기 위해서는 어떤 용기가 필요한지를 우리에게 보여 준 그야말로 '철의 여인'이다.
  이제 우리 모두 안일과 자기합리화의 늪에서 빠져나와 칼라스 총리를 길잡이 삼아 망각의 피안으로 숨어 버린 나의 용기를 찾아 문 밖을 나서 보자.

작품 평설

존재 사태, 그 사유(思惟)의 악보(樂譜)
-홍태식의 수필집 「장미를 위하여」에 구현된

한상렬(문학평론가)

서곡(序曲)-사유의 악보

하이데거와 비트겐슈타인은 문장과 그것이 이끄는 '존재 사태(Ereignis)' 사이에는 심적 표상과 같은 매개물을 설정할 필요가 없다고 말한다. 하이데거는 한 걸음 더 나아가 진리의 경우 우리가 마주하는 존재 사태가 의식에 의해 해석된 지향적 대상이 아니라, 바로 그 자체가 진리, 혹은 진실이라 언명하고 있다. 요컨대 우리는 존재라는 점에서 늘 진실(진리)과 마주하고 있는 셈이다. '진실'이란 진리와 동치(同値)이거나 호환(互換)이 가능한 개념이다. 하지만 진리는 이치에, 진실은 사실 혹은 사태에 참[진(眞)]이 귀속되어 있다. 그런데 진실로서의 진리가 머무는 장소는 언어가 아니라 존재 사태가 된다. 언어는 진실을 담을 수는 있지만, 그렇다고 하여 항상 언어가 진리의 장소가 된다는 것은 아니다. 이것이 언어-진리의 기본명제의 또 다른 국면일 것이다.

　지금 우리는 우울한 시대에 살고 있다. 그런데 우리 시대가 앓고 있는 이 우울증이 지난 세기의 우울증과 다르다는 데에 문제가 있다. 자신이 우울증을 앓는지도 알 수 없을 만치 심각한 무감각함에 젖어 있다는 사실이 바로 그 문제점이다. 그 무감각은 일종의 '삶'의 한 방식이 되어 가고 있다. 그래서 이 시대는 어떤 새로운 사유의 목록이 필요하게 된다. 글쓰기는 이런 사유의 도전이요, 도발일 수 있다. 홍태식의 수필은 이런 자각, 즉 그가 의식했든 의식하지 못했든 하이데거 유(類)의 존재 사태에 관한 인식에서 출발한 것으로 보인다.
　홍태식은 그의 수필집 「장미를 위하여」 프롤로그 〈변명-수필에 대한 관견(管見)을 겸하여〉에서 "나는 내가 쓴 글이 과연 수필의 개념에 부합되는 것인지 알 수 없다는 점이 늘 마음에 걸린다."는 언사를 통해 수필에 대한 자신의 겸허한 심정을 토로하고 있다. 이는 수필 창작에 임하는 작가정신의 진정성이라 보고 싶다.

　수필의 이런 성격이 독자 중심의 객관적 시점에서 파악한 수필의 중요 본질이라고 할 수 있다면, 이것을 뒤집어 글쓴이의 입장으로 보면 수필은 진정한 자기 자신(a genuine ego)을 다시 만나기 위해 나를 들여다보고 성찰하는 데에 또 하나의 뿌리를 둔 글쓰기가 된다. 그것은 언제인지 알 수 없는 그 어느 때부터 나를 떠나 망각의 피안(彼岸)으로 숨어 버린 진정한 자아를 찾아내어 지금 여기 차안(此岸)으로 데려오기 위한, 달리 말하면 자기 동일성

(identity)의 확인과 회복을 위한 고된 자기 탐색의 작업이라는 점도 잊어서는 안 된다.

-작가의 〈프롤로그〉에서

그의 수필집 「장미를 위하여」에는 '그리고 나를 찾아서'라는 부제가 붙어 있는 게 눈길을 끈다. 그저 '장미'라는 구체적 대상에 대한 상상과 사유가 이 수필집의 본류라기보다는 소재의 통찰을 통해 존재 사태의 본질을 확인하고자 하는 작가정신이 주류적 개념임을 인식하게 한다. 이 수필집은 작가 자신의 수필에 대한 관견(管見)을 필두로 복선을 깔고, 제1부 '꽃이 준 선물', 제2부 '제부도의 일지', 제3부 '생활 속의 아포리즘', 제4부 '장미의 계절에', 제5부 '차이를 넘어서' 등 59편의 작품을 선보이고 있다.

이 작품들은 그가 창조해 낸 사유의 조각들이다. 퍼즐처럼 그가 수놓은 사유의 지층은 어느 한 곳에 국한되어 있지 않다. 화자의 정서적 편린(片鱗)들이 상상력의 도움을 받아 다양한 사유의 광맥을 찾아 나서고 있다. 또한 그의 수필은 도덕적 당위의 무조건적인 믿음과 헛된 약속에 길든 끔찍한 상투어가 남발되는 오답과 오문(誤聞)에서 일정한 거리를 두고 있다. 그런 점에서 그의 수필의 행로는 현실이라는 틀 위에서 진행되는 여러 현상에 주목하면서 존재 사태가 내포하고 있는 진리를 들여다보기 위해 떠난 순례라 해도 좋을 것이다. 또한 그의 수필들은 한 마디로 드러남과 물러남의 이중 구조를 마치 몇 개의 악보들처럼 수필이란 이름으로 기보(記譜)하고 있다. 그러나 이 악보들은 다른 악보들이 그러하듯이 그 자체로 절대음악이 아니다. 언제나 또 다른 연주와 해석을 기다리는 하나의 유기체, 문자로 기록된 살아 있는 음표일 뿐이다. 직접적이고 단순한 파편적 접합이나 봉합이 아닌, 지각과 언어를 통한 존재 사태로서의 진리가 밀고 당김을 통해 그의 수필에서 구현되고 있음을 볼 수 있다.

하나의 악보를 통해 몇 개의 변주가 탄생할 수만 있다면 작곡가에게는 그 이상의 기쁨이 없을 것이다. 홍태식의 수필은 바로 이런 변주에서 마력과도 같은 감상의 기쁨을 준다. 존재 사태의 해석, 그 진실과 진리에 대한 사유가 악보처럼 그의 수필을 수놓고 있다.

제1악장-존재, 유형지(流刑地)에서의 사색

사유란 사전적 의미로 보면 사태를 두루 생각함을 뜻한다. 낯선 표현이지만 사유하는 사람을 사유가(思惟家)라 한다. 이종승은 「크로스오버 하이데거」(생각의 나무, 10-11쪽)에서, "사유가는 두 가지 그에게 주어진 과제와 운명으로 요약된다."라고 하였다. 그 하나는 그의 앞에 펼쳐지는 사태의 근원을 소급하여 그 시원으로부터 사유하는 것이요, 둘째는 이를 바탕으로 하여 앞으로 펼쳐질 사태를 맞이할 채비를 그 사유로부터 길어내는 것이다. 전자가 과거로 소급한다는 점에서 역사적 사유라면, 후자는 현재로부터 미래를 투시한다는 점에서 계시적 사유일 것이다.

장자(莊子)의 「제물론(齊物論)」에 의하면, 사유는 잘 닦여진 채로 우리 앞에 놓여 있는 고속도로나 국도라기보다는 걸음으로써 생겨나고 발길 따라 이리저리 바뀌기도 하다가 오랫동안 인적이 끊기면 없어지고 마는 숲길에 더 가깝다고 하였다. 그렇기에 고속도로나 국도는 사유보다는 능률과 편의를 목적으로 한 알고리즘에 견주어야 할 것이다. 한 번 떠오른 악상(樂想)을 기록하면 더 이상의 수정이 필요하지 않았던, 완벽했던 모차르트의 천재성은 그 위대성에도 불구하고 숲길을 닮은 사유와는 어울리지 않는다. 사유는 오히려 자신의 작품에 수정과 개작을 거듭해 무수한 판본의 문제를 야기한 부르크너의 음악에 더 가까울 것이다. 이런 예들을 통해서 보면 홍태식의 수필은 하이데거의 사유의 길, 혹은 부르크너의 작업을 닮고 있다고 하겠다. 이제 그가 퍼즐처럼 바둑판에 펼쳐 놓은 수필의 세계를 세목(細目)을 따라 밟아 가고자 한다.

하이데거는 「존재와 시간」에서 〈사유란 무엇인가〉에 대한 깊은 성찰을 보여 주고 있다.
홍태식의 수필집 「장미를 위하여」의 표제 수필은 이와 같은 존재에 대한 깊은 성찰로부터 시작된다. "오늘 문득 돌아보니 나에게는 이미 열정이 사라진 지 오래되었고, 더욱이 동기 부여의 근원인 순결함은 그보다 훨씬 전에 오염되어 자취를 찾아보기 어렵게 되어 버렸군요. 순결과 열정에서 멀어진 이 노마(老馬)는 그래도 혹시 아직 남아 있는 지혜는 없을까 하여, 그리고 잊었던 나(순수한 자아)를 만나 볼 수 있을까 하여 장미꽃밭을 서성이고 머릿속 기억의 페이지를 쓸쓸하게 뒤적이고 있네요."라는 독백에서, 우리는 그가 보여 주는 사유는 '나이 듦'에 대한 성찰에서 비롯됨을 발견하게 된다. 이 글에서 이런 성찰을 가능케 한 매개체는 당연히 꽃과 계절이다. 또한 장미가 보여 주는 미의 극치가 역설적으로 비극적 정감을 불러일으킨다는 존재 사태의 인식은 존재 유형지에서의 사색을 자연스럽게 가능케 한다.

  새로운 질서를 창조하기 위해서는 파괴와 혼돈의 과정을 거칠 수밖에 없다는 이 평범하고 진부해 보이기까지 하는 진술이 유달리 사유의 제목으로 떠오르는 요즘이다. 집으로 돌아오는 길에 지나게 되는 불광천의 벚꽃들이 그야말로 볼만한 광경을 연출하고 있다. 한껏 만발한 벚꽃들이 밤 조명을 받아 꽃구경을 나온 사람들 머리 위에서 만들어 내는 환상적이고 신비스럽기까지 한 분위기는 자못 감동적이라 해도 과언이 아니다. 벚꽃 명승지마다 그 축제를 일주일 이상 앞당겼다고 할 만큼 일찍 피어 만발한 이 시절의 백화들이 벚꽃을 중심으로 이제 그 절정을 향해 달려가고 있다

-〈꽃이 준 선물〉에서

  화자에게 있어 '꽃'은 존재 인식을 위한 화제의 집중적 인자(因子)로 작용하고 있다. 화자의 사유는 〈사월의 노래〉에서 다시 〈5월의 찬미〉, 〈청추한담(淸秋閑談)〉으로 이어진다. 그 중심에 '꽃'이 있다. 꽃 중에서도 단연 장미에 취(醉)하고 있다. 〈서툰 농부의 어느 아침나절〉이 이를 잘 보여 준다. 꽃으로부터 열린 상상과 사유가 점차 외연을 확대하여 인간의 길, 자아 성찰의 길로 자연스럽게 전이되는 이러한 양상은 필연적으로 그의 수필이 소재로부터 낯설게 하기, 미로찾기를 시도하지 않을 수 없게 만들고, 홍태식은 이를 성공적으로 수행

해 내고 있기도 하다. 이런 경향성은 〈장미를 위하여〉에 구체적으로 나타나 있다.

> 어떠한 폭군이라도 스스로 그 앞에 무릎을 꿇지 않을 수 없는 경국(傾國)의 미(美), 절세가인의 포스를 은연중 내뿜고 있어 역설적이게도 어떤 두려움에 가까운 정감을 환기하기도 합니다. 그뿐만 아니라 이 미의 극치감은 때로 우리를 비극적 정감으로 인도하기도 하는데요, 가닿을 수 없음에 대한 안타까움과 통하는 감정일 것입니다. 물극필반(物極必反)의 이치, "즐거운 마음이 지극하지만, 슬픈 마음 또한 많네"라고 한 옛사람의 노래가 조금은 위안이 됩니다. 결이 약간 다르기는 하지만, "장미여, 오 순수한 모순이여"라는 릴케의 이 은유(metaphor)도 우리의 원군(援軍)이 될 수 있겠군요. 그렇다고 해서 우리는 이런 정감의 기복에 너무 마음을 빼앗길 필요는 없습니다. 현실로 눈을 돌리면 장미는 장미일 뿐이니까요.
> ― 〈장미를 위하여―그리고 나를 찾아서〉에서

시각을 조금 확장해서 보면, 여기 사유의 근저에는 삶과 죽음이란 거대한 담론이 들앉아 있음도 발견하게 된다. 화자의 그러한 관심이 "장미여, 오 순수한 모순이여"라는 릴케의 은유적 독백을 불러오게 했을 것이다. 이것은 화자가 '장미'에 집중하게 된 한 단초가 되기도 한다. 따라서 이 작가에게 '장미'는 그냥 보통명사가 아니다. 장미는 은유로 치환된 작가 자신일 수도 있으며, 내포 독자의 은유적 인식은 어쩌면 유형지에서의 사색일지도 모른다. 〈장미를 위하여〉는 이러한 사정을 증언하는 작품이다.

〈어느 비 오는 가을밤에〉에 나타난 이별과 소멸의 이미지는 존재 인식과 각성의 계기를 제공하고 있다. 문학은 철학이나 과학과는 다른 그들 독자의 시적 논리와 언어적 구조를 지니고 있어, 때로는 모순적이고 비약적인 언어로 가득 차 있기도 한데, 이는 오히려 우리들의 파괴된 내면을 조심스럽게 기우고 피 흘리는 상처를 닦아 내는 데 더 효과적인지도 모른다. '나이 듦'은 자연스레 죽음을 상정하게 한다. 죽음은 불가사의한 사건이지만, 이를 어떻게 수용하느냐 하는 것은 존재 인식의 방법에 달려 있다.

이별과 소멸의 시간은 우리를 슬프게 하지만 그것이 또 새로운 생명의 잔치를 약속하는 희망의 시간으로 이어진다는 것을 알고 있기에 이 가을 우리는 슬프기만 한 것은 아니다. 높푸른 하늘과 노란 국화 꽃잎과 은행잎, 그리고 단풍의 향연은 긴 인내의 시간으로 들어가는 우리에게 자연이 건네는 희망과 부활의 메시지임을 새삼 확인하게 된다.

-〈어느 비 오는 가을밤에〉에서

작가 홍태식의 작품에 드러나는 사유의 지평에는 이렇게 건강한 메시지가 빛을 발하고 있다. 현상을 바라보는 작가의 시선에 따라 작품의 소재는 얼마든 변용되고 굴절될 수 있다. 문제는 작가가 언어를 어떻게 구사하느냐에 관건이 있을 뿐이다. 그래 숙련된 요리사가 재료를 다루듯 작가 홍태식의 언어, 문장은 '사실의 그림'을 보여 준다. 다시 말해서, 그의 언어(문장)는 세계를 그림처럼 그대로 반영하면서 참과 거짓을 계산할 수 있는 '완벽하고 명료한 이상 언어'를 고

안해 낸 것이라 하겠다. "언어가 말하다."라고 선포했던 하이데거의 언명처럼, 홍태식의 수필은 '언어는 진리의 집' 로고스(logos)가 된다.

'혼자 있음'은 존재의 유형지(流刑地)를 은유한다. 화자는 그 '혼자 있음'과 '신독(愼獨)'에 대한 사유를 전개하고 있다. '신독'은 남이 알지 못하는 자신의 마음속에서 인욕(人慾), 물욕(物慾)에 빠지지 않고 삼간다는 유교의 실천 덕목이다. 이런 사유의 깊이, 곧 코기토(cogito)가 그의 수필의 주류를 이루고 있다. 결국 삶과 죽음, 존재의 깊이를 깨닫게 한다. '현존재'에 대한 각성일 것이다.

①우리는 어차피 혼자인 존재들이 아니던가. 태어날 때도 혼자였고 이 세상을 떠날 때도 혼자이니 이 숙명을 관조한다면 혼자 있는 시간이 딱히 불편하거나 억울할 것도 없는 일이다. 군중 속에 섞여 있으면서도 고독함을 느낄 수밖에 없는 것이 인간 존재의 숙명임을, 그리고 그것이 인간이 일면 비극적 존재일 수밖에 없는 이유임을 우리들 모두는 어렴풋이나마 알고 있기 때문이다. 심지어 우리는 사랑하는 가족들과 함께 있으면서도 문득 내가 그들로부터 단절되고 소외되어 있는 듯하고, 마치 멀리 떨어진 곳에서 그들을 낯선 사람들 보듯이 바라보고 있는 자신을 발견하는 때도 있지 않던가.
②그리고 역설적이게도 그런 고독이 우리를 내면적으로 성숙하게 하고 교양인으로 성장할 수 있게 해 준다는 것도 알고 있기에 우리는 이 고독이라는 아픔을 오히려 소중하게 여기기도 하는 것이다. 고독은 평생의 동반자요, 말 없는 나의 조력자요 그림자라고 생각하면 한결 큰 위로가 되지 않을까? 현대인의 운명을 '고독한 군중(Lonely Crowd)'으로 설파한 데이비드 리스

만의 언명, 그리고 고독 속에서 인간적, 정신적 성숙이 이루어진다는 괴테의 말씀을 상기할 일이다.

-〈혼자 있음에 대하여〉에서

①에서 보듯, '혼자 있음'에 대한 화자의 사유는 마치 유형지에서의 삶을 방불케 한다. '인간 존재의 숙명', '비극적 존재'라는 언술이 지닌 의미적 개념은 현존재로서의 자각이다. 하지만 이런 자각에 ②와 같은 긍정적 존재 인식이 직조되어 이 수필의 건강성을 유지하고 있다. 이런 화자의 인식 저변에는 칼릴 지브란(Kahlil Gibran)과 같은 인식론이 자리 잡고 있지 않나 싶다. 지브란은 이름 그대로 '영혼의 위로자'요, '영혼의 치유자'였다. 그의 아름다운 영혼의 언어는 불확실한 이 시대를 살아가는 우리에게 긍정적 사고와 행동으로 세상을 바라보라고 속삭인다.

이 수필에 나타난 언술(言述)의 배면에는 이런 작가정신이 내재하고 있다. 이는 작가와 현실이 정서적 등가를 이루고 있음을 보여 주며, 나아가 작가의 격(格)으로 연결되고 있다. 그렇기에 자기 관조와 투영이라는 수필의 지향은 다난한 현실 위에 구축한 정서적, 사변적 깃발이 된다. '살되, 어떻게 살 것인가?' 하는 인간 삶의 궁극적 향방을 찾아 떠나는 여행이 곧 수필의 세계이기도 하다. 이런 화두는 작가적 삶의 역정에서 자연스럽게 흘러나오는 자기 고백이 된다. 홍태식의 수필은 이런 독백과도 같은 자기 관조의 정서로써 독자의 심경에 울림을 주는 메시지를 전하고 있다.

제2악장-삶의 여백의 구체화

　수필은 사유와 상상력으로 이루어지는 문학이다. 여기서 사유를 전개할 때 가장 기본적인 것은 실마리의 문제다. 실마리를 무엇으로 잡느냐에 따라 사유의 전개는 달라진다. 이런 사유는 현실에서부터 출발한다. 문학이 상상의 세계라지만 수필의 경우 현실과 전혀 동떨어진 세계를 그린다면 애초 수필이 요구하는 존재 파악과 멀어지게 된다. 여기서 현실은 '드러남[現]'과 '숨음[實]'의 이중적인 방식으로 주어지게 된다. 우리는 한편으로 드러남의 저편에 숨어 있는 실재를 탐구하지만, 모든 탐구는 궁극적으로 드러남 자체에서 그 근거를 구할 수밖에 없다. 이를 구체화한 작품이 기행수필(紀行隨筆) 유(類)일 것이다.

　홍태식의 수필집 「장미를 위하여」의 제2부 '제부도 일지'는 이런 기행수필들로 구성되어 있다. 제부도, 서울대공원, 문경-예천, 부안-예산-당진 등 담론의 공간이 국내 여행지를 비롯하여, 구약(舊約)의 길을 따라나선 〈성지순례기〉, 호주와 뉴질랜드 여행기인 〈자유와 평등, 그리고 복지〉 등 해외여행을 포함하고 있다. 화자는 이런 여행의 체험을 통해 삶의 여백을 무한대의 사유의 공간으로 만들어 자기화하고 있다.

　여행이란 시간의 본질 찾기다. 인간의 삶에 있어서 과거란 단순히 '지나가 버린 것', '의미 없는 것'이 아니다. 오히려 매 순간 현존하고 영향을 미치며 현재를 구성하는 요소이다. 여행지는 그야말로 낯선 체험의 공간이다. 여행은 일상에서 벗어나 자유로운 상상의 나래를 펴는 행위요, 자기 관조의 체험이다.

　화자가 찾은 제부도, 그의 일지에는 "제부도는 그날 하나의 커다란 유혹이자 어이없게도 하나의 절망이기도 했습니다."라고 감회의 일단을 서술하고 있다. 유혹과 절망, 이 둘은 상반된 정서적 표출이다. 서해상의 일몰과 낙조에 대한 이런 중의적 표현은 낯선 장면이다.

　운이 좋아서 보게 된 서해상의 일몰, 그 낙조(落照)의 형언하기 어려운 진홍의 빛깔은 우리의 무디어진 감각을 하나하나 놀라 깨어나게 하였으며 탄력을 잃어버린 우리의 마음을 다시 팽팽하게 잡아당겨 주었습니다. 우리의 마음을 휘몰아 동경과 열정의 세계로 인도하는 그 신비로운 색감은 그 자체가 하나의 화려한 유혹이 아닐 수 없었습니다. 신비로운 경지로 빨려 들어가는 듯한 불가항력적인 쏠림과 모호한 일탈에의 강한 충동을 아우르는 그 묘한 유혹 말입니다. 집사람의 엄한 금주령을 잊어버리고 술을 찾게 된 하나의 이유가 여기에 있었던 것입니다. 시심에 사로잡힌다는 것은 어느 정도 현실 부정의 의지와 관련되는 까닭이기도 합니다.
　그러나 한편 그것은 어쩌면 하나의 슬픔이자 절망이기도 했습니다. 아득한 우주적 섭리와 질서, 그 설명과 표현의 한계를 넘어서 버린 장려(壯麗)한 일몰(日沒) 앞에서 인간의 초라함과 보잘것없음을 새삼 확인하지 않을 수 없었는데, 이럴 때 느끼는 둘 곳 없는 마음을 절망이라고 일러 무방할 것입니다.

-〈제부도 일지〉에서

낙조의 진홍색에서 화려한 유혹을 느껴야만 했던 화자의 낯선 감정의 편린(片鱗)과 동행하고 있는 행간의 의미가 대상의 본질을 추적하고자 하는 화자의 작가정신으로 읽힌다. 뒤에 이어지는 기억 속에 묻혀 있는 작은 사건과 어울려 현상을 바라보는 작가의 예민한 촉수까지 감지하게 한다. 묘사와 설명을 아우른 감각적 표현과 함께 사유의 깊이를 느끼게 하는 작품이다. 문제는 감정의 추이에 있을 것이다. "이제 나이 고희를 앞두고 있는 우리에게도 유혹과 감상(感傷), 그 풋풋하고 애틋한 정감의 세계를 거닐 수 있는 이런 심적 체험의 기회가 찾아와 준다는 사실이 너무나 행복했다는 것이지요."라는 언술에 담긴 의미소가 빛난다.

이렇게 홍태식의 수필은 '보이는 그대로'를 비추는 평면적 거울이기보다는 '있는 그대로'를 갈라내는 프리즘과 같다. 작가의 체험을 소재로 하고 있지만 체험 그대로가 아니다. 이를 승화시키고 형상화하는 작업을 그는 〈제부도 일지〉에서처럼 진행해 나가고 있다. 이런 작업을 가능케 하는 것이 바로 관조(觀照)일 것이다. 이 관조는 사유를 통하여 삶의 여백을 채워 나가는 이 작가만의 악보를 만들어 내는 원천일 터이다.

〈자유와 평등, 그리고 복지(福祉)〉는 해외 기행수필이다. 여타의 기행수필 유(類)와 같이 서사적 진행으로 구성된 이 수필은 호주, 뉴질랜드 여행기다. 그 머리말 '떠나면서'에서

"동산(東山)에 올라 노(魯)나라의 작음을 알았고, 태산에 올라 천하의 좁음

을 알았다."라고 한 공자의 말씀이나 "바다를 흘러 보지 못한 강물은 물이라 할 수 없고, 무산(巫山)을 휘감아 보지 못한 구름은 구름이라 할 수 없다."라고 한 속언을 상기하면서 견문을 넓히는 일의 소중함을 새삼 되새겨 보았다. 보고 듣는 일은 체험의 영역을 확대해 주고, 체험은 우리의 인식에 깊이와 넓음을 더해 준다.

일찍이 연암 박지원이 연행 길에서 만주 벌판을 바라보면서 그 광활함에 놀라고 그것이 우리의 잃어버린 고토(故土)임을 생각해 내고는 이곳이야말로 '호곡장(好哭場), 울기 좋은 곳'이 아닐 수 없다고 했는데, 이 말은 새로운 세계를 발견하고, 그것과 우리의 안타까운 역사를 연결하는 순간 한 번 목놓아 울고 싶어졌다는 뜻인 바, 이것은 견문을 넓히는 데서 오는 통렬한 깨달음의 현저한 예라 하겠다.

— 〈자유와 평등, 그리고 복지(福祉)〉에서

라고 하여, 여행을 통하여 자신의 체험과 인식의 폭을 넓히고자 하는 화자의 각오를 피력하고 있다. 하지만 이런 생각이 그저 여행 그 자체에 머문다면 그 의미는 반절(半切)될 일이다. 새로운 발견, 미래지향적 사고, 본질 찾기가 이루어질 때 비로소 의미 있는 일이 될 것이다.

인간 사회의 어느 곳이든 경쟁의 법칙으로부터 자유로운 곳은 어디에도 없는 법이다. 호주가 경쟁 사회의 국가가 아니라는 것은 분배의 원칙이 분명하게 서 있다는 것을 뜻하는 말이지 적당히 일해도 된다는 것을 의미하는 것은 아니다. 복지에도 차등이 있음은 그곳 호주도 경쟁이 엄연히 존재하는 사회임을 말해 주는 것이다.

―〈자유와 평등, 그리고 복지(福祉)〉에서

이는 작가의 여행이 그저 '여행 자체'에 머물지 아니하고, 인문학적 성찰을 통해 그 여행을 의미화하려 하고 있음을 보여 준다.

이런 인문학적 성찰은 어떻게 이루어지는가? 이에 대한 명쾌한 답변을 제시하기는 쉽지 않다. 데카르트가 그의 「방법서설」에서 갈파한, 저 유명한 "나는 생각한다. 고로 나는 존재한다(cogito, ergo sum)."와 같은 존재론적 사고는 소통의 담론과 직결된다. 결국 화자에게 있어 여행기는 삶의 여백을 또 하나의 악보로 기록한 것으로서 이를 수필을 통해 구체화한 것이라 하겠다.

이렇게 좋은 수필은, 아무리 세계가 주목하지 않고 바라보지 않는다 해도, 작품에 담긴 내용 요소들이 유기적 조화를 이루어 울림을 일으키고 큰 반향을 불러오기 마련이다. 외부 세계는 우리의 행동에 반응을 보이지 않을지도 모르지만, 예술 작품에서는 오로지 반응만이 있을 뿐이다. 이 수필에 대한 반응이 놀라움의 결과라면 그것은 그 솔직성 때문일 것이다. 이런 삶의 여백에는 이 작가 홍태식의 내밀한 혼의 울림이 담겨 있다.

제3악장-아포리즘, 그 의식의 내면 풍경

문학은 철학과는 달리 모순적이고 비약적인 언어로 가득 차 있다고 해도 과언이 아니다. 그런데 이런 언어 구조가 철학이 하기 힘든,

인간의 파괴된 내면을 조심스럽게 기우고 피 흘리는 상처를 닦아 내는 데 큰 효과를 보여 주고 있다. 때로는 갇혀 있던 슬픔의 물꼬를 조금씩 틀 수 있는 게 문학인지도 모른다.

작가 홍태식의 사유는 일상의 한 단어, 그 기표가 갖는 기의에 천착한다. 소소한 일상에 초점을 맞춘 그의 짧은 수필에 관류하는 건 화자 자신의 내면 풍경이다. 제3부 '생활 속의 아포리즘'에 실린 수필 얘기다. 그의 몇몇 수필에서 보여 주는 특징 중 하나는 표제에 부제 붙이기다. 제3부의 작품들은 대체로 공통된 주제 아래 옴니버스식으로 엽편(葉片)을 안고 있는 이른바, 아포리즘(aporism) 수필이 주류를 이루고 있다. 짧은 글이 유행하는 시의에 걸맞다. 요즘 젊은이들은 단문 소통에 익숙하다. 이른바 '스압(스크롤 압박)'을 느끼는 만큼 짧은 글로 소통하는 데 익숙하다.

짧은 수필은 최근에 와 '아포리즘 수필'이란 수필을 탄생시켜 실험의 길에 나서고 있다. 아포리즘이란 삶의 교훈 등을 간결하게 표현한 글로, 대개 문장이 단정적이며 내용이 체험적이며, 표현은 개성적이고 독창적이다. 이 용어가 처음 쓰인 것은 히포크라테스의 '아포리즘'이었는데, 이 책에서는 질병의 증세·진단 치료법과 약품에 관한 서술이 길게 나열되어 있다. 한편 광고에서도 아포리즘 유(類)의 표현이 응용되는 것을 볼 수 있다. 사회의 가치나 규범 혹은 인간의 덕목 등을 개성 있게 제시하면서 상품을 우회적으로 선전하는 것 등이다.

〈생활 속의 아포리즘〉은 형태상 '자기를 장식(裝飾)하는 일', '너무 이기려고 하지 마라', '글로 된 모든 정보', '종교와 진실', '원단(元旦)

의 아포리즘', '청년들과 고뇌의 시대', '이성(理性)과 평등' 등 일곱 편의 조각 작품을 담고 있다. 아포리즘의 전형적 형태다. 이 중, '이성과 평등'을 보자.

데카르트는 모든 사람이 이성(理性)을 지녔다는 이유로 모두가 평등(平等)하다고 주장했다.
사람들이 모두 이성을 지녔다는 것은 사실일지 모르나 이성을 지녔다고 해서 모두가 평등하다고 할 수는 없다. 이성은 생득적(生得的)인 것이 아니라 출생 후 어떤 소정의 필요한 과정을 거쳐 얻게 되는 하나의 정신적 능력이라고 볼 수 있기 때문이다.
그런 이유로 개인이 지니고 있는 이성에도 우열(優劣)이 존재하게 되고, 그 이성이 제대로 형성되어 있지 않거나 작동되지 않는 사람들도 많이 생겨나게 된다. 이런 사람들도 이성적 인간일 수 있다는 전제나 가정(假定)만으로 평등의 개념 안에 포함하려는 것은 큰 오류를 낳을 수 있다. 그러므로 다만 이성이 있다는 이유만으로 모든 사람이 평등하다고 하는 주장은 선뜻 받아들이기 어렵다.
오히려 자유와 개성의 존중에서 평등의 가능성을 찾아보는 것이 현명한 일인지도 모른다.

-〈생활 속의 아포리즘〉에서

이성(理性)에 대한 촌철(寸鐵)한 사유가 빛난다. 삶을 통해 결실된 의미와 해석이 본질에 닿아 있어 독자에게 주는 메시지가 확연하다. 축약된 언어적 기의가 수다한 언술을 뛰어넘어 경쾌하고 명징한 의미 전달에 기여하고 있다. 인문학적 언어의 성찰이 돋보인다. 난해한 철학적 언술을 존재적 삶에 녹여 내려면 이처럼 깊이 있는 사유가 전제되어야 하지 싶다. 이는 작가 홍태식이 삶에서 얻은 인식의 성(城) 쌓기일 것이다. 화자의 또 다르게 기보된 그만의 독특한 창조적 악보일 것이다. 이 글에서 사유의 편린(片鱗)들이 하나로 통합되는 과정은 우리에게 의미화의 기본체를 보여 주는 것이라 할 수 있는데, 이는 홍태식의 아포리즘의 진수(眞髓)라 할 것이다.

이런 화자의 사유의 조각들이 하나로 통합되어 나타난 걸작이 〈동행기(同行記)〉이다. 아포리즘의 맥을 잘 짚어 낸 작품이다. 소제목은 '취선일기(醉仙日記)', '그리움의 힘', '대야산 등반기'로 직조되어 있다.

그날은 이열치열(以熱治熱)의 진리를 온몸으로 증언한 날이었다. 중복(中伏) 더위에 오히려 산에 올라 더위와 정면으로 맞섬으로써 더위를 일차 진압하였으며, 곧이어 40도짜리 양주를 주재료로 하는 폭탄주를 도대체 순배(巡杯)도 잘 기억하지 못할 정도로 돌려 몸을 더위보다 더 뜨겁게 함으로써 더위를 드디어는 굴복시켰으니 말이다.(중간 생략)
점입가경(漸入佳境), 이제 더위 자체를 의식하지 못하는 상태에까지 이르게 되었으니 이로써 우리는 그 도달하기 어렵다는 망아(忘我)와 신선의 경지까지 맛보게 되었던 것이다. 물론 이렇게 되기까지는 지상의 넥타르를 이삼 차로 연장하는 과정이 또 있었고, 그 결과 귀가에 상당한 어려움을 겪어야 했는데, 이것은 모두 신선이 되어 있어 인간이 다니는 길이 갑자기 낯설어졌기 때문임은 두말할 나위가 없다. 속인들은 이런 우리의 모습을 보고 저

취한은 어찌 집에 가려나 걱정했겠지만 모두 우리의 경지를 이해하지 못하는 어리석은 생각일 뿐이다.

우리는 그날 두 가지 교훈을 얻었다. 그 하나는 더위를 쫓는 데는 친구만 한 약이 없다는 것이고, 나머지 하나는 모든 일은 정도껏 하는 것이 좋다는 상식의 확인이다. '속대발광욕대규(束帶發狂欲大叫)'의 단계에서 머물 줄 아는 것도 미덕은 미덕이기 때문이다.(이하 결미 생략)

– 〈동행기(同行記)〉 중 '취선일기(醉仙日記)'에서

'취선일기'라. 표제가 주는 문자의 신선미가 독자를 압도한다. 여기 문자는 실존의 총화이다. 수필에서의 기호는 에코(Umbert Eco)의 언명과 같이 언제나 '무엇을 대신하는 것'이며, 문자는 순수 기호가 된다. '동행기'라는 언표장에서 보여 주듯, 우리네 삶은 '더불어' 갈 때 의미가 깊어진다. 그 가운데 '취선일기'라는 표제의 신선함도 그러려니와, 전개되는 내용 또한 취(醉)하게 한다. 하지만 여기서는 취기에 따른 몽롱한 정신보다 '술'이라는 매체가 되레 각성제의 역할을 하고 있다. '이열치열', '점입가경', '속대발광욕대규'가 말맛과 함께 인문학적 성찰에 기여하고 있다.

세네카(seneca)는 인간의 삶을 연회(宴會)에 비유하였다. 다분히 스토아적이다. 그에 의하면 연회에 초대된 사람은 너무 일찍 자리를 떠나 주인을 섭섭하게 해서도 안 되지만, 그렇다고 너무 늦게 떠나 주인에게 폐가 되어서도 안 된다고 했다. 때를 맞추어 연회를 떠나는 이의 단아하고도 강건한 모습은 아름답다. 죽음이란 누구에게나 불가사의하고 불안을 떨치지 못하게 한다. 수필 〈동기(同期)의 빈소(殯所)에서〉나 〈노령(老齡) 오강(五綱)〉은 이런 죽음과 연관된 담론이다.

수필은 압축된 공간예술이다. 시간 속에 존재하는 작가의 색채, 그 삶의 빛을 세련되게 투시해 나가는 현장의 미학이다. 그러므로 구성과 언어 설계의 탄력, 주제와 이미지 표출에 적합한 문체 선정이 작가적 역량일 것이다. 최근 '아포리즘 수필'이라 하여 '짧은 글'에만 초점을 모은, 의미해체의 무의미한 언어 나열로 이루어진 글들이 횡행하기도 하지만, 문장의 길이보다는 그 글이 갖는 의미에 더 큰 비중을 두는 창작적 노력이 필요하다. 어쨌든 짧은 수필, 그러나 그 안에 담긴 아포리즘적 사유가 또 다른 작가 홍태식의 작가정신이라 하겠다. 그의 아포리즘은 그가 짓는 또 다른 인식의 성채(城砦), 존재 사태에 대한 사유의 악보다.

제4악장-미적 체험의 확대

작가는 현실을 보다 폭 넓고 깊게 반영한 형상의 창조를 위해서 자기 앞에 펼쳐지는 다양한 현상에 천착하지 않으면 안 된다. 작가가 바라보는 현실이란 고착(固着)해 있는 정태적인 것이 아니라, 유동하고 변화하고 발전하는 것이다. 그 속에서 끊임없이 낡은 것은 소멸하고 새로운 것이 생성된다. 이 같은 작가의 현실 탐구가 바르게 이루어지려면 작품의 내용이 되는 작가의 현실 인식이 새롭고 독창적이며 풍부한 것이 되어야 함은 말할 것도 없다. 따라서 작가는 그 새로운 것 속에서 보편적인 것, 또는 본질적인 것, 그리고 합법칙적인 것을 발견하여 이를 작품에 반영하되, 형상으로 재현하게 된다. 이런 미적 체험은 작가의 미적 감수성과 연관성을 갖는 것은 두말할 필요가 없다.

홍태식의 수필집 「장미를 위하여」의 제4부 '장미의 계절에'는 작가의 미적 감수성이 잘 발효된 작품들이 배열되어 있다. 표제작인 〈장미를 위하여〉에서 보듯, 화자의 시선은 '장미'라는 대체재(對替財)에 포커스를 맞추고 있다. '장미'가 그렇듯, 그의 수필에는 '꽃'과 '계절'이라는 키워드가 자주 등장한다. 〈꽃과 바람〉을 필두로 〈장미의 계절에〉, 〈눈, 그리고 장미와 시〉가 있고, 계절감으론 〈단오의 추억〉, 〈혹서수상(酷暑隨想)〉, 〈중추가절, 친구들에게〉, 〈가을비와 도토리〉, 〈가을에 온 달그림자〉, 〈볕이 좋은 날의 추억〉, 〈폭설 유감〉, 〈상강(霜降) 무렵에〉, 〈동짓날 수상〉, 〈설날의 변명〉 등 소재의 공통점이 발견된다.

이들 중, 〈장미의 계절에〉의 서두는 이렇게 열린다. "바야흐로 장미의 계절이다. 뇌쇄적인 자태와 고혹적인 향기로 우리를 깊은 열락의 세계로 인도하는 장미의 계절이 지금 막 만개하고 있다. 무르익은 여인의 매력에 이끌리는 기쁨, 그 아름다움 앞에 스스로 항복하고 싶어지는 이 역설적인 행복감, 이 꽃의 저항할 수 없는 견인력에 사로잡혀 나른한 관능에 빠져들게 되는 장미의 계절이다."라는 화자의 언술에서 보듯, 그는 장미의 '뇌쇄적인 자태와 고혹적인 향기'에 취하고 있다. 장미를 싫어하는 이가 있을까만, 화자의 경우는 장

작품 평설 325

미를 대하는 심적 상태가 아주 개성적이고 독특하다. 대상에 대한 이만한 미적 감각이 있는 작가라면, 미적 대체재의 외연을 확대하여 개안의 희열을 감득할 것은 자명한 일이겠다.

 아직 아카시아꽃의 잔향이 남아 있고 찔레꽃의 향수(鄕愁) 어린 은근한 향기가 숲속을 서성이고 있는데, 동네 장미들까지 함성을 지르듯이 일제히 기지개를 켜고 툭툭 여기저기서 피어나 늦봄에서 초하로 이어지는 양(陽)의 기운과 그 정취를 고조시키고 있다. 아카시아 향, 찔레꽃 향과 장미의 붉은 색감이 어울려 만들어 내는 절묘한 공감각적 정서와 감흥이 우리를 영웅으로, 대모로, 시골 처녀로 돌아가라고 유혹하고 있는 듯하다. 모내기를 위해 논에 물을 대는 콸콸거리는 역동적인 소리, 또 다른 논에서 모내기를 하고 있는 이앙기의 부지런한 모습, 논 가장자리 숲까지 내려온 꾀꼬리의 노래와 드디어 나타난 뻐꾸기의 울음소리 등이 우리에게 원시의 활력을 회복하게 하고 있다. 일 년 중 양의 기운이 가장 왕성하다는 단오가 내일모레이니 어찌 우리가 태고의 쌍둥이로, 대모로 돌아가고 싶은 마음이 들지 않을 수 있겠는가.
 -〈장미의 계절에-역동적인 생명의 기운을 만나다〉에서

 묘사와 설명이 어울려서 만들어 내는 공감각적 이미지가 마치 한 폭의 생동감 넘치는 화폭을 구성하듯 기보되고 있다. 그는 장미를 선호하는 작가답게 장미의 계절이 벌이는 성찬에 환호작약하는 생명들의 숨소리를 우리에게 잘 들려주고 있다. 그뿐만 아니라, 섬세하고 현란한 수식은 역동적인 생명의 기운을 실감 나게 드러내는 데 크게 공헌하고 있다. 그가 가지고 있는 미적 감각의 효과다. 바야흐로 장미의 계절이다. 양의 기운이 온 천지를 가득 채운다. 이런 미적 체험은 수필을 짓는 이의 가장 안락한 성채 만들기가 아닐까? 서정과 서사의 혼재. 아니 서사적이면서도 서정 위주의 작품이지만, 그 안에 내재한 작가의 심혼(心魂) 그 언저리에는 감칠맛 나는 지성이 들앉아 있다. 작가 홍태식의 미적 체험은 이렇게 독자에게 다가가 미적(美的), 혹은 지적(知的) 체험의 공감대를 만들어 내고 감흥을 불러일으킨다. 상투적이고 관습적인 수필에서 벗어나 새로움을 찾고자 하는 작가정신의 산물로 보아도 좋을 것이다.

그렇다. 상투적인 소재나 반응에 의존하는 작품은 워렌(Warren)의 비유처럼 썰매를 타고 미끄러지는 것이나, 공중 낙하와 비슷한 것이다. 이는 언어의 무임승차일 것이다. 시인을 대입해 보면, 황금을 찾아내는 시적 열정이 아니라, 도금(鍍金)을 통해 시인이라는 명망을 겨우겨우 유지하고 있는 언어의 세공사에 머무르고 있는 경우라 할 것이다. 그러므로 작가는 타자와 화응(和應)하는 천의무봉(天衣無縫)의 솜씨를 통해 일상성이라는 폭력을 넘어서 문학적 예지로써 삶의 리듬을 찾아내야 할 것이다. 그런 점에서, 여기서도 그의 수필은 언어로 짓는 기보된 존재 사태의 길에서 벗어나지 않는 사유를 보여 준다.

다음 수필 〈눈, 그리고 장미와 시(詩)〉 역시 이와 맥락을 같이하는 작품이다. "설화가 만개한 동네 뒷산을 오르면서 밟는 눈이 신발에 와닿는 감촉과 뽀드득거리는 소리가 묘한 조화를 이루면서 설국의 운치를 더하고 있다. 자연은 그 모든 섭리를 다중감각으로 드러내고 우리는 그것을 공감각으로 체험하는 호사를 누린다."라는 언술을 서두에 배치한 이 수필 역시 자연과의 혼일을 공감각적으로 묘파하고 있다. 전통적 수필의 서정성을 담보한 이 수필 역시 화자의 내적 감각이 충일(充溢)한 작품이다. 이런 미적 세계의 인식이 이로써 마감된다면 그 의미가 반절될 것이 자명하므로, 이 작가는 대상과의 적당한 거리를 유지하면서 그 본질 찾기에 나서고 있다.

산에 오르니 막 아침 해가 떠오르고 있었다. 강설로 하여 원시의 순결을 회복한 산정을 눈부시게 비추는 햇빛은, 비록 나뭇잎이 다 져 공허해 보이는 나목의 숲이라 하더라도 거기에 또 다른 투명한 생명의 기운을 불어넣고 있었다. 이제 겨울을 맞아 한 해를 마무리하고 긴 인고의 시간으로 들어간 나목들이 봄이 되면 또다시 그 화사한 생명을 꽃피우는 것은 이런 겨울날의 기운의 흐름, 섭리의 정중동이 있기 때문임을 알게 된다. 낙목한천의 그 숨죽은 듯한 겨울 산속에도 여전히 생명의 기운과 피가 돌고 있음을 깨닫게 될 때 우리는 그 심오하고 다함이 없는 자연의 이법과 섭리에 전율하게 된다. 그리고 그 비밀의 세계를 들여다보는 듯한 설렘으로 가슴이 뛴다.
― 〈눈, 그리고 장미와 시(詩)〉에서

이렇게 화자의 시선은 자연, 생명에 대한 공경(恭敬)에 시선이 머물고 있다. 자연을 예찬하고 동화된 화자의 마음 안에는 존재 인식이란 사유가 충만하다. 화자는 그 자연에 그저 취함이 아니라, "성결(聖潔)과 원시의 생명과 그 기운을 우리에게 가져다주는 눈, 그러나 그 이면에는 이런 가슴 아린 사랑과 이별, 아픔과 아쉬움이 함께하고 있음도 우리는 눈여겨볼 일이다.'라는 언술로써 반전의 효과를 극대화하는 한편, 무의미에서 유의미를 찾는 작가정신을 구체적으로 드러내고 있다. 이는 대상에 대한 고정관념에서의 일탈이며 그가 짓는, 미적 체험의 세계를 확대하기 위한 사유의 악보라 해도 좋겠다.

제5악장-현실 비정(批正)의 목소리, 의미의 그물망

"문학은 사회를 반영한다."라는 언명은 문학이 사회를 토양으로 생산됨을 의미한다. 그러므로 문학과 사회는 등거리에 있으며, 작가는 그가 살고(존재하고) 있는 사회라는 토양이 만들어 내고 키운 생산물이 된다. 유사 이래 역사적 사건의 이면(裏面)에는 인간적 삶과 존재 의미를 규명하고자 하는 고통스러운 노고가 있었다. 모름지기 작가는 그 사회의 책임 있는 일원으로서 명징한 목소리로 사회 현상을 지켜보면서 정의를 위해 고난과 마주 설 용기를 가져야 한다.

 잊을 수 없는 일은 역사는 반복한다는 가르침이었다. 과거 우리의 굴절된 역사를 잠시 되돌아보자. 얼마나 많은 피 흘림이 있었는지는 불문가지의 사실이다. 민족과 역사보다는 오직 개인적 영화를 앞세워 무도한 행위를 자행했던 어두운 역사의 한 페이지가 다시 반복되어 국가를 영락의 위기에 몰아넣곤 하였다. 복기(復記)해서는 안 될 일이 다시 고개를 디밀었다. 무수한 언어의 폭증에도 불구하고 이 대명천지에 아직 밝혀지지 않은 사건과 사고가 국가의 격과 위신을 내동댕이쳤다. 홍태식의 수필집 제5부에 배열된 작품들은 바로 이런 역사의 어두운 측면을 시의적(時宜的) 관점에서 바라본 것으로, 그런 세상의 모습 위에 어리는 사물의 교훈, 그 의미의 그물망 'E(사건)+P(태도)=O(결과)'를 보여 준다.

제5부의 '차이를 넘어서'의 작품들-〈이양역우(以羊易牛)〉, 〈대통령 탄핵 정국 즈음, 아들들에게〉, 〈차이를 넘어서〉, 〈극중(克中)의 길〉, 〈우크라이나 2제〉 등이 이런 계열에 속한다. 이들 작품은 논리적이고 사색적, 철학적 경향이 짙다. 또한 현실 비정의 칼날을 보이지 않게 행간에 묻어둠으로써 독자로 하여금 지성의 갑옷을 감지하게 하는 측면도 없지 않다. 그러나 그의 수필은 현학적이지 않다. 그저 보통 사람 삶의 이야기이듯, 그의 목소리에는 진솔한 삶의 현장이 묻어 나오고, 가까운 벗에게 속삭이듯 은근하여 감칠맛마저 느끼게 한다. 바꾸어 말하면 그의 붓끝은 강경함, 논리정연한 문사의 지적 토로에서 공간적 거리를 느끼게 한다. 그의 수필이 읽히는 이유는 아마도 여기에 있지 않나 싶다.

이들 수필 중, 제5부의 표제작인 〈차이를 넘어서〉를 음미한다. 표제에서 우선 질 들뢰즈(Gilles Deleuze)의 「차이와 반복」(민음사)을 떠올리게 한다. 이는 2017년 정유년 박근혜 대통령 탄핵 당시 쓴 글이지만, 최근에 있었던 계엄 정국과 거의 일치하는 담론을 보여 주는 작품이다. "요즘 날씨가 너무 푹하여 오늘이 소한인데도 봄날 같다. 대한(大寒)이 소한(小寒) 집에 놀러 왔다가 얼어 죽었다는 옛 우스갯소리가 있는 것처럼 소한은 겨울의 한가운데 있는 절기로서 동장군이 맹위를 떨치는 때임에도 불구하고 날이 이렇게 푹하니 아무래도 태극기와 촛불로 갈라진 어지러운 정국과 연결되어 뭔가 심상찮은 불길함도 느끼게 된다."라는 서두를 시작으로 오늘 우리가 맞닥뜨린 정치, 사회현실에 대하여 비정의 목소리를 보여 준다.

오늘 우리가 목도하고 있는 이 참담한 현실은 이 시대가 중대한 역사의 전환기임을 말해 주고 있음은 물론이다. 그냥 이대로 나락에 주저앉고 마느냐 부활을 위한 비상의 날개를 힘차게 펼치느냐의 갈림길에 우리가 서 있음을 보여 주고 있다는 것이다. 이러한 때일수록 사회의 지도적 위치에 있는 사람들, 혹은 식자층들을 비롯하여 사회구성원 모두가 그 태도를 분명히 해야 할 필요가 있다. 양비론이나 양시론은 황희 정승 시대에나 통하던 미덕일 뿐, 이 시대는 더 이상 그런 기만적인 낭만을 허락하지 않는다. 그것은 중용이 아니라 회색적 태도에 가까워 보이기 때문이다. '지옥의 가장 가혹한 고통의 자리는 결정의 순간에 선택을 포기하고 중간적 위치에 선 사람들을 위해 준비되어 있다.'라고 한 「신곡(神曲)」의 일 절을 기억할 일이다.
　　　　－〈차이를 넘어서－정유년(丁酉年) 소한(小寒) 무렵 시국을 돌아보며〉에서

불행한 역사의 반복이다. 하지만 곧장 반전은 이루어졌다. 2025년 신년 초에 발표된 『전북일보』 김수현의 신춘문예 당선작 〈겨울에도 꽃은 핀다〉에는 "겨울에도 꽃은 핀다. 그리고 몇 되지 않는 꽃에도 새들이 지저귀며 모일 것이다."라고 하여 이 사건을 소환한 바 있었다. 표제의 의미심장한 무게감이 실려 있고, '겨울'과 '꽃'이 의미하는 내포된 이미지가 을씨년스런 한겨울의 날씨처럼 몸을 움츠리게

하였다. 위 수필에서 보듯 "어떤 혼란에도 해는 매일 뜬다."라는 반전의 역사가 존재 사태의 인식을 통해 건강한 존재의 자각으로 승화되고 있다. 건전한 문학의 전언(傳言)이다. 작가 홍태식의 또 다른 수필적 지형이자 존재 사태에 대한 사유의 악보다.

 이와 같은 계열의 작품이 수필 〈이양역우(以羊易牛)〉의 실현을 바라며-을미년(乙未年) 원단(元旦)에〉이다. 이를 소환해 보자. 표제의 '이양역우(以羊易牛)'는 맹자(孟子) 양혜왕편(梁惠王篇)에 나오는 '양으로 소를 대신한다.'라는 말로, 본디는 '작은 것으로써 큰 것을 대신한다.'라는 뜻이지만, 결국은 희생된다는 의미로 읽히는 성어다. 그러므로 이 제목은 희생과 헌신이 필요하다는 뜻으로 이해되어야 한다. 우리는 일상적으로 통용되는 의미체계를 가지고 어떤 것을 설명하려 한다. 이는 한 사회에 통용되는 해석의 틀이다. 푸코(Michel Foucault)는 이것을 '에피스테메' 곧 '인식론적 틀'이라 지칭하였다. 〈이양역우(以羊易牛)〉의 진행 과정을 살펴볼 계제(階梯)다.
 이 수필의 사태를 요약 도식화하면 다름이 아닌 의식의 그물망인 'E+P=O'이다. 여기 'E'는 삶에서 일어나는 '사건[Event]'이요, 'P'는 그것을 받아들이는 '태도[Perception]'이다. 그리고 'O'는 그 '결과[Out-come]'를 뜻한다. 이 도식은 인생에서 일어나는 '사건'들은 우리가 통제할 수 없지만 이를 받아들이는 '태도'는 우리가 결정할 수 있음을 보여 준다. 그러니 '결과'에 영향을 줄 수 있는 변수는 우리의 '태도'일 뿐이다. 지금 우리가 맞고 있는 여러 존재 사태에 대한 접근 역시 이와 다르지 않을 것이다.

이 수필의 '사건[Event]'인 'E'는 을미년 새해맞이다. ["지난해만큼 어이없고 답답한 해도 없었을 것이다." → "더욱 가관인 것은 언론과 정치 모리배들의 행태였다. -그리고 그들은 사건 앞에서 무능하기만 한 졸개들이었을 뿐이었다."] 이렇게 이 수필은 세월호 사건을 담론으로 하고 있지만, 꼭 그것만도 아니다. 화자는 새해 아침 최근에 있었던 여러 사건, 사고들을 떠올린다. 이런 사건은 태도와 상호 밀접한 관계에 있다. 사건은 태도[Perception]를 불러온다. ["우리가 감당하기에는 그 충격이 너무 컸던 탓일까," → "이제 우리들이 새해를 어떻게 만들어 가야 할 것인가 하는 문제는 비교적 쉽게 정리할 수 있을 것이다." → "우리가 해야 할 일은 바로 책임감 있는 비판의식과 예리한 비평 정신으로 현실을 감시하고 행동하는 양식을 보여 주는 일이다."] 사건을 보는 이런 태도(Perception)는, ["을미년 올 한 해는 양의 온순함과 순수함, 그 인내와 희생을 배우는 한 해가 되었으면 좋겠다. 대통령도, 언론인도, 정치인도, 그리고 우리 갑남을녀들까지 모두 양의 미덕을 배워 우리 대한민국의 병폐를 치유하고 이 나라를 만 년 반석 위에 세울 수 있었으면 좋겠다."]라는 결과(Outcome)'와 연결된다.

이런 의미의 그물망은 소재주의적 발상에 의한 현상에 대한 직시보다는 우회적 현실 비정의 목소리를 담아냄으로써 문학작품이 갖는 설득력을 배가시키면서 작가의 또 다른 내면 의식의 단면들을 보여 준다. 이와 같은 현실 인식은 수필문학이 비평적 사명까지 수행해야 한다는 당위성을 갖게 한다. 존재 사태의 또 다른 사유의 악보일 것이다.

종곡(終曲)

　지금까지 홍태식의 수필집 「장미를 위하여」의 작품세계를 탐색해 보았다. 그의 수필 세계를 바라보는 관점은, 여타의 작품을 보는 것과는 그 시각을 좀 달리하고자 하였다. 그의 수필을 읽는 동안 하이데거의 언명들이 자주 떠올랐기 때문인데, 그런 까닭으로 그의 수필의 경향성을 존재 규명이라는 문제에 초점을 맞춰, 하이데거의 존재 사태와 진실로서의 진리와의 만남, 드러남과 물러남의 이중구조적 경향에 대입하고자 했고, 무엇보다 그의 수필을 사유의 결과물로 보고자 하였다. 새롭게 짜 맞추고 조율하여 연주하는 몇 개의 악보처럼 수필이란 이름으로 기보(記譜)된 그의 창작물을 통해 존재 사태의 해석이 어떤 양태를 보이고 있는가를 규명해 보고 싶었다는 것이다.

　이런 측면에서 수필작가 홍태식의 수필 세계는 [제1악장-존재, 유형지(流刑地)에서의 사색], [제2악장-삶의 여백의 구체화], [제3악장-아포리즘, 그 의식의 내면 풍경], [제4악장-미적 체험의 확대], [제5악장-현실 비정(批正)의 목소리]로 구체화할 수 있다고 보았다. 그의 수필은 존재 사태의 해석을 사유(思惟)의 악보(樂譜)처럼 펼쳐 놓고 있다.

　작가 홍태식이 창조해 낸 수필들은 참인 존재가 놓여 있는 형편, 그 진실 혹은 진리를 규명하기 위한 사유의 결과물들이라 하겠다. 퍼즐처럼 수놓은 그의 수필의 자락은 그가 살고 있는 이 시대의 기쁨이자 우울함이기도 하다. 그런 때문에 그가 보여 주는 사유의 지층(地層)은 어느 한 곳에 국한되어 있지 않다. 정서적, 서사적 수사(修辭)들이 점령하고 있는 수필 문단의 관행을 벗어나, 이 작가는 삶과 진실에 대한 사유의 광맥을 찾아 나서고 있는 것으로 평가할 수 있다.

  수필문학의 새 지평을 열어 주길 소망하는 마음을 이 종곡(終曲)에 덧붙이고자 한다.